KB000761

국립국어원 문학 속의 방언 총서 05

# 문학 속의 북한 방언

국립국어원
문학 속의 방언 총서 5

# 문학 속의
# 북한 방언

## 곽충구 · 박진혁

소설과 시, 수필과 같은 문학 작품 안에는 작가의 고향이나 작중 인물들의 성격, 출신 지역에 따라 여러 지역의 방언이 반영되어 있다. 그러므로 문학 작품을 바르게 이해하기 위해서는 작품에 반영된 방언을 자세히 살펴보는 일이 매우 필요하다.

문학 작품에 쓰인 여러 지역의 방언은 언어에 대한 감각이 있는 작가들이 비교적 상세하고 안정되게 사용하고 있기 때문에 방언으로서 매우 중요한 가치를 갖는다. 작품에 쓰인 방언의 여러 모습들은 상당히 정제된 형태로 나타나기 때문에 비교적 안전하게 사용할 수 있다. 흔히 국어사전을 편찬할 때 문학 작품을 가지고 예문을 뽑는데 이는 작가들의 국어에 대한 감각을 높이 평가하기 때문일 것이다.

그간 문학 작품을 읽으면서 평소에 들어보지 못한 방언의 출현으로 인하여 시와 소설을 제대로 이해하기 어려웠을 것이다. 전혀 해독이 안 되어 오랫동안 궁금한 채로 해독을 미루어 온 어휘들도 많았을 것이다. 전문가들조차도 해독이 잘 안 되는 방언 어휘들을 일반인들이 읽고 이해한다는 것은 매우 어려운 일이다. 이 책에서는 문학 작품에 나오는 독특하고 난해한 방언 어휘들을 지역별로 나누어 해설하고자 노력하였다.

이 책은 국립국어원에서 수행한 '21세기 세종계획'(국어 정보화 중장기 발전 계획) 중 '한민족 언어 정보화' 분과에서 2004년부터 2007년까지 수행한 '문학 작품 속에 사용된 방언 검색 프로그램 개발을 위한 기초 연구'의 작업 결과물을 보완하고 다듬어서 편찬한 책이다. 이 책에서는 방언 어휘를 표준어와 대비하여 독자들이 이해하기 쉽게 해설하였다. 따라서 앞으로 방언 어휘를 연구하는 데 하나의 지표가 될 것으로 생각한다. 논문을 제외하고는 아직까지 지역 방언의 어휘를 모아 자세하게 해설하고 풀이한 책이 없기 때문이다. 따라서 이 책은 향후 국어사전을 편찬하는 데에도 크게 기여하리라 생각한다.

이 사업에서 '이북 방언'은 서강대 곽충구 교수, '제주 방언'은 제주대 강영봉 교수, '강원 방언'은 관동대 박성종 교수, '충청 방언'은 세명대 박경래 교수, '경상 방언'은 경북대 이상규 교수와 영남대 신승용 교수, '전라 방언'은 전북대 이태영 교수가 맡아서 집필하였다. 이 선생님들은 사업이 끝나고 책으로 펴내기 위해 보완과 마무리 교정 작업에 참여해 주셨다. 이 가운데 '강원 방언'에 대한 사업 결과물은 미리 출판한 바 있다. 이 사업에 함께 참여한 연구보조원은 서강대 박진혁, 삼척대 전혜숙, 세명대 김남정, 경북대 홍기옥, 영남대 전명미, 제주대 김순자, 제주대 김동윤 교수, 전북대 황용주, 김응용, 신은수, 백은아, 여은지 선생님 등이다.

이 사업을 하면서 참고한 문학 작품은 시와 소설, 그리고 수필 등이다. 주옥과 같은 작품에서 방언을 감칠맛 있게 표현해 주신 여러 작가들께 진심으로 감사드린다.

21세기 세종계획 한민족 언어 정보화 분과의 책임자로 여러 해 동안 함께 수고해 주신 전 연세대 홍윤표 교수, 경기대 박형익 교수께 진심으로 감사드린다. 아울러 용역을 할 수 있도록 배려해 주시고 책으로 나올 수 있도록 도와주신 국립국어원 관계자 여러분들께 감사드린다. 상업성이 없는 이 책을 아름답게 출판해 주신 글누림출판사의 최종숙 사장님과 편집을 위해 수고하신 이태곤 부장님, 추다영 선생님께 고마움을 전해드린다.

2010. 10.
21세기 세종계획 한민족언어정보화 분과 연구책임자
전북대학교 이태영

## 머리말

이 책은 21세기 세종계획 '한민족언어정보화 사업'의 일환으로 2005, 2006년도에 개발한 <문학 작품에 나타난 방언 검색 프로그램>의 내용 일부를 수정하여 펴내는 것이다.

이 책에는 '김남천, 김소월, 백석, 안수길, 윤동주, 이용악, 이정호, 황순원' 여덟 분의 작품에서 가려 뽑은 방언 어휘 및 문법 형태에 대한 간략한 뜻풀이가 수록되어 있다. 따라서 서북방언과 동북방언의 어휘와 문법을 다룬 셈인데, 각 항목은 가급적 그 방언의 음운·문법·어휘 체계를 고려하면서 기술하고자 하였다. 몇 항목에 대해서는 이 분야를 연구해 온 분들의 견해를 수용하기도 하였다. 사업 기간이 짧아 많은 방언을 함께 다루지 못한 것이 아쉽다. 때문에 표제 항목에 오르지 못한 방언에 대해서는 본문 뒤에서 간단히 뜻풀이하고 이들을 모아 권말에 색인을 두었다.

이러한 주석 작업을 위해서는 작가의 생애는 물론이거니와 그 작품이 쓰인 배경이나 동기를 이해해야 하고 또 현지 조사 연구, 문헌 고증, 치밀한 언어학적 분석이 이루어져야 한다. 또 표기법과 작가의 방언에 대한 체계적인 이해가 뒷받침되어야 한다. 그러나 필자는 그러한 것들을 두루 살필만한 시간을 갖지 못하였다. 집필 대상 방언이 현지 조사 연구가 불가능한 북부 방언인 데다가 또 길게는 70~80년 전에 쓰였던 방언이어서 그 존재를 확인하는 일만으로도 벅찼다. 필자는 오래 전부터 북부 방언에 대한 조사 자료를 축적해 왔지만 이러한 일을 수행하기에는 턱없이 부족하였다. 주석의 완성도를 높이기 위해서는 앞으로 실증적인 현지 조사 연구가 뒤따라야 할 것이다. 따라서 이 책에서 풀이한 내용은 앞으로 더 수정·보완될 필요가 있다는 점을 밝혀 둔다.

　방언은 한 지역의 문화와 역사 속에서 싹트고 형성되어 독자적으로 발전해 온 국어의 한 하위 변종이다. 백석, 소월, 이용악 시인의 시어 중 난해한 방언 어휘는 대부분 바로 이 작가들이 태어나고 자라난 지역의 고유한 문화와 관련된 것들이다. 그러므로 그 시어들은 그 지역에서 살아온 사람들이 오랜 동안 일구어 온 삶의 세계를 비추어 주는 거울과 같다. 그런데 한 방언을 이루는 각각의 언어적 요소들은 그들 나름대로 날과 씨로 얽히어 하나의 체계를 이룬다. 예컨대, 방언 어휘는 저 홀로 독립적으로 존재하는 것이 아니라 다른 방언 어휘와 일정한 관계를 맺고 있다. 따라서 방언의 체계 또는 그 지역의 역사나 문화를 고려하지 않고 특정 방언을 표준어로 바꾸어 쓴다거나 이해하고자 하는 일은 어쩌면 무모한 일일 수도 있다. 필자도 그런 면에서 자유로울 수 없음은 물론이다.

　이 책에서는 '서북방언', '동북방언' 등과 같은 학술 용어 대신 각각의 방언형이 쓰이는 행정 구역 명칭을 사용하였다. 또 '지역어', '방언', '방언형'이라는 명칭을 대부분 '방언'으로 통일하여 썼다.

2010. 10.

곽충구 씀

# 차 례

## ㄷ

# 문학 속의
# 북한 방언

갈기다
목 중기는 끝에 갈기늘아서 그거 살서 …단편 어버 서울,
주섬기네 오 성비 경 의회에 750여 축기 가지니다.
강소로 안남 남편 1693.8)

## ▌일러두기▐

1. 표제어는 방언형의 가나다순으로 배열하였다.
2. 표제어에는 어휘뿐만 아니라 문법 형태소, 구, 관용어, 속담 등이 포함되어 있다.
3. 표제어에 대응하는 표준어가 있으면 대응 표준어를 제시하고, 대응하는 표준어가 없으면 '대응 표준어 없음'이라 표시하였다. 표제어와 유사한 표준어가 있으면 유사 표준어 앞에 #을 넣기도 하였다.
4. '품사'는 표제어로 제시된 방언형의 품사를 제시하였다.
5. '뜻풀이'는 주로 제시된 예문에 쓰인 용법을 중심으로 하고, 지역어 조사에서 추출한 용법도 참고하여 기술하였다.
6. '다른 방언형'에는 같은 방언권에서 사용되는 방언형들을 우선 제시하였고, 다른 방언형이 없는 경우는 표제어를 제시하였다. '다른 방언형'이 확인되지 않은 경우에는 이 항목을 뺀 경우가 있다.
7. 표제어(방언)는 '사용 지역'에 제시된 지역 외의 다른 지역에서도 사용될 수 있다.
8. '예문'은 표제어의 의미와 용법을 잘 파악할 수 있도록 문학 작품에서 찾아 가급적 문장 또는 소단락 단위로 제시하였다.
9. '설명'은 제시된 방언 표제어의 역사와 어휘 체계, 지역의 문화 등을 고려하여 종합적으로 설명하였다.

# 가름째

- 표준어 : 대응 표준어 없음
- 품　사 : 명사
- 뜻풀이 : 두 지역으로 갈리는 곳에 있는 등성이나 고개.
- 사용 지역 : 평안북도

겨우나 새벽녘에 이룬 잠이/털빛 식컴한 개 한 마리/우리집 大門 웃지방에/목매달려 늘어저 듸룽듸룽/숨이 끊어지는 마즈막 몸부림에/가위 눌려 깨여 보니/멍클도 하다 내 마음에/무엇이 있는가, 아아 빗이로다./아아 괴로워라, 다리우는 내 마음의 **가름째**야. 〈김소월, 빗, 女性, 1937.7.〉

'가름째'는 '가름재'를 소리 나는 대로 표기한 것이다. '가름재'는 두 지역이 갈라지는 갈림길에 있는 등성이나 고개를 이르는 말로서 북한의 문화어이다. '가르다'의 명사형에 '높은 산의 고개' 또는 '높은 산의 마루'를 뜻하는 '재'가 결합한 합성어이다. 혹 '빗'과 관련지어 '가름째'를 '가르마'의 방언으로도 볼 수 있으나 소월의 고향인 평안도 지방에서는 가르마를 내는 것을 '골을 탄다'라 하고, 이웃 함경도 지방에서는 '금우 낸다(금을 낸다)'라 한다. 북부 방언에는 표준어 '가르마'에 대응되는 명사가 없는 것이다. 따라서 '가름째'가 '가르마'일 가능성은 적다. 또한 '가름째'가 '가르마'의 방언이라면 그 음성형은 〔가름째〕보다는 〔가름재〕가 되어야 한다. '가르마'의 방언 '가름자'는 경기도 일원에서 쓰인다.

한편, 위 시에서 '아아 빗이로다'의 '빗'도 그 해석이 구구하다. 앞뒤 문맥을 고려해도 '빗'이 무엇을 뜻하는지 헤아리기 어렵기 때문이다.

소월은 대체로 근대국어 단계에 형성된 전통적 표기법을 준용(準用)하였다. 된소리를 합용병서 'ㅺ, ㅼ, ㅳ'으로 표기한 것이 그 한 예이다. 그리고 명사의 끝소리가 유기음 'ㅊ, ㅌ'일 때에는 그 끝소리를 'ㅅ'으로 적되 모음으로 시작하는 조사가 연결되면 끝소리를 그 조사의 첫소리로 적었다. 예컨대, '빛〔光〕'은 '빗치, 빗츨, 빗도'처럼 적고, '끝〔終, 端〕'은 '끗티, 끗틀, 끗도'처럼 적었다. '빛〔光〕'의 표기 예를 보자.

> 뜰에는 반짝는 金모래빗(〈엄마야 누나야〉)
> 아츰볏 빗나는데(〈紫朱구름〉)
> 봄이 왓네, 봄빗치 왓네(〈金잔듸〉)
> 별빗체푸르도록푸른밤이고요하고(〈길손〉)

따라서 앞 예시문의 제목과 본문에 나오는 '빗'은 '빛〔光〕'이라 할 수 없다. 그런데 끝소리가 본디 'ㅅ'인 명사는 전통적 표기처럼 '비시(빗〔梳〕-이)', '빗도'처럼 적지 않고 '빗이', '빗도'처럼 적어 어간을 밝혔다. 그리고 끝소리가 'ㅈ'일 때는, '밝은대낫에(〈꿈으로오는 한사람〉)', '젓먹이를 건넌房에다(〈함박눈〉)'처럼 표기하였다. 따라서 '빗'은 '빗〔梳〕'을 표기한 것일 가능성이 높고 '빚〔債〕'일 개연성도 있다. '빚〔債〕'은 '곳〔處〕', '뜻〔意〕' 등과 함께 중세국어 단계에서는 끝소리가 'ㄷ'이었는데, 이들은 근대국어 단계에서는 '곳이, 곳을'처럼 적었다. 소월의 표기도 그와 같다.

한편, '웃지방'은 '문지방'(출입문 밑의 두 문설주 사이에 마루보다 조금 높게 가로 댄 나무)과 아래 위로 마주보는 '심방(心枋)'을 가리키는 말로 보인다. '다리우다'는 '축 처지거나 느러지다'라는 뜻을 지닌 동사이다.

# 가맛목

- 표준어 : 부뚜막, 아랫목
- 품   사 : 명사
- 뜻풀이 : 부뚜막과 정지방이 맞닿은 주변의 공간.
- 다른 방언형 : 가맷묵, 가맷전
- 사용 지역 : 함경도

> 봉당에서 **가맛목**에 자빠지듯이 하고 짐을 내려놓았다. 〈안수길, 북간도, 1995, 21〉

> 당황하게 지고 들어와서 **가맛목**에 자루를 벗어놓던 아버지의 모습이 눈앞에 떠올랐다. 〈안수길, 북간도, 1995, 24〉

전통적인 함경도 지방의 가옥 구조는 양통형집(쌍통형집·田字집)의 유형에 속한다. 때문에 중부 지방에서 볼 수 있는 가옥 구조와는 퍽 다르다. 중앙에 '정지(정지방+부수깨+바당)'가 있고 이를 중심으로 하여 뒤쪽에 밭 전(田) 자형으로 방 4개가 배치되어 있으며 앞쪽에는 방앗간과 외양간이 정지와 잇닿아 있다. 이러한 특이한 가옥 구조의 발달은 이 지방이 다른 지방에 비하여 매우 추운 곳이라는 기후 조건과 관련된다. 방언 어휘의 형성이 자연 지리 환경 또는 그 지역의 역사나 문화와 밀접히 관련되어 있음을 보여주는 한 예이다. 〈북간도〉에 나오는 가옥 구조 명칭에 대한 이해를 돕기 위해 함경도의 전통 가옥 구조(8칸 집)를 아래에 보이고 약간의 설명을 덧붙이기로 한다.

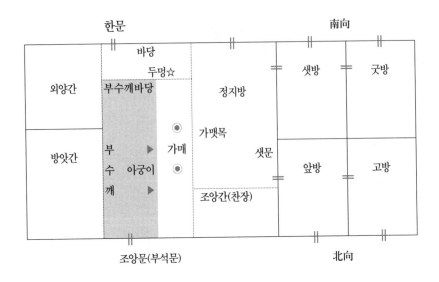

'정지'(또는 '하랑')는 '정지방', '부수깨(부엌)', '바당'을 아우른 공간을 지칭하기도 하고 그냥 '정지방'(또는 '정지 구들')만을 가리키기도 하는데 흔히 후자의 의미로 쓰인다. 집채의 바깥에서 안으로 문('한문')을 열고 들어서면 흙바닥을 밟게 되는데 이곳이 '바당'이다. 위 〈북간도〉에서 '봉당'이라 한 곳은 바로 이 '바당'을 말한 것이다. 이곳에서 신을 벗고 정지방으로 올라선다. 또 이곳에서 밥을 짓는 '부수깨'로 내려가기도 한다. '부수깨'는 깊이가 1m가 채 안 되는 움푹 파인 곳으로 여기서 불을 땐다. 그 흙바닥을 '부수깨 바당'이라 한다.

'봉당'이라는 말은 지방에 따라 그 지시하는 공간이 다르다. 가옥의 구조가 다르고 형태와 용도가 조금씩 다르니 그 명칭이나 지시 의미가 다를 수밖에 없다. 남북의 사전에서 '봉당'은 아래와 같이 뜻풀이되어 있다.

20

≪조선말대사전≫

  량통집, 세겹집에서 토방 또는 실내작업장으로 쓰는 방. 살림방, 부엌, 사랑방, 외양간과 련결된다. 바닥은 흔히 흙다짐으로 된다.

≪표준국어대사전≫

  안방과 건넌방 사이의 마루를 놓을 자리에 마루를 놓지 아니하고 흙바닥 그대로 둔 곳.

  뜻풀이가 현저히 다름을 알 수 있다. ≪조선말대사전≫은 북부 지방의 가옥 구조를 충분히 고려하여 뜻풀이한 반면 ≪표준국어대사전≫은 대체로 중부 지방의 가옥 구조를 바탕으로 뜻풀이하였음을 알 수 있다.
  함경북도에서는 '봉당' 또는 '맨봉당', '맨봉닥'이라 하는데 잘 쓰이지 않는 말이다. 흔히 '자리를 깔지 않은 방바닥 또는 실내의 흙바닥'을 가리킨다. 이전에, 삿자리가 없어서 깔지 못한 방바닥이나 또 집안에서 일을 하기 위해 삿자리를 깔지 않은 방바닥을 '봉당'이라 하였다.
  한편, '정지방'은 '하랑'이라고도 하며 그 집안의 주장이 되는 젊은 부부가 거처한다. 이곳은 가족 구성원들이 모여 이야기를 나누고 식사하는 공간이기도 하고 또 손님을 맞아 접대하는 곳이어서 생활의 중심이 되는 공간이다.
  그런데 밥을 짓는 '부수깨'와 정지방 사이에는 벽이 없다. 물론 부수깨와 잇닿아 있는 외양간이나 방앗간도 벽이 없다. 겨울철에 추위가 심한 함경도 지방은 남쪽 지방과 달리, 이렇게 불을 때고 조리를 하는 부엌과 거주 공간인 방이 서로 분리되지 않은 채 한 공간 내에 배치되어 있는 것이다. 이는 부수깨에서 불을 땔 때의 온기가 그대로 방안에 전달될 수 있도록 배려한 것이다.

'가맛목'은 '가마(＝솥)＋ㅅ＋목'의 구성으로 된 합성어이다. 이 지방에서는 '솥'을 '가매'라 한다. 함북 지방에서는 '솥'이란 말을 쓰지 않는다. 따라서 표준어의 '가마'와는 그 뜻이 다르다. '가맛목'은 흔히 '가맷목'이라 하는데, 솥을 걸어 놓은 부뚜막과 정지방이 이어진 공간을 가리키는 말이다. 다시 말하면, 솥을 걸어 놓은 주변 공간과 아랫목을 아울러 이르는 말이다. 앞에서 말한 바와 같이 부엌과, 안방이라 할 수 있는 '정지방'은 벽이 없이 이어져 있다. 때문에 불은 '부수깨'에서 때지만, 밥을 푸거나 반찬을 조리하는 일 또는 상을 차리는 일은 모두 '가맛목' 또는 '정지방'에서 이루어진다. 아궁이에서 지핀 불기운이 오래도록 가시지 않고 남아 있기 때문에 겨울에는 사람들이 이 '가맛목'에 옹기종기 모여 앉아 이야기를 나눈다. 이 때문에 흔히 '가맛목'을 '부뚜막'이나 '아랫목'으로 풀이하지만 그러한 풀이가 타당하다고 하기는 어렵다.

예문에서, "봉당에서 가맛목에 자빠지듯이 하고 짐을 내려놓았다." 라고 한 것은, 집안으로 들어선 다음 봉당 즉, 구들을 놓지 않은 정지방의 한 편에서 몸을 비스듬히 하여 가맛목에 짐을 내려놓았다는 뜻이다.

# 가매

- 표준어 : 솥
- 품　사 : 명사
- 뜻풀이 : 밥을 짓거나 국 따위를 끓이는 쇠붙이로 만든 그릇.
- 다른 방언형 : 가마
- 사용 지역 : 함경도

> "부엌에 **가매** 걸었던 자리만 휑하게 남아 있구는 싹 쓸어 가지구 갔데."
> 〈안수길, 북간도, 1995, 21

'가매'는 '가마'에 '이'가 결합된 방언이다. '가마'는 중부 방언에서 흔히 '가마솥'을 의미하지만 함경도 방언에서는 '솥'을 의미한다. 함경도 지방에서는 '솥'이란 말을 쓰지 않는다. 가마를 걸기 위해 둥그렇게 파 놓은 자리를 '후런'(또는 '가매후런')이라 하는데 작가는 이 말을 쓰지 않았다.

함경도 방언의 두드러진 특징 중의 하나는 명사에 '이'가 결합된다는 점이다. 이 때문에 모음이나 자음 'ㅇ'으로 끝나는 명사에는 '이'가 아예 그 명사에 녹아 붙어 그 명사의 일부를 이루었다. 함북 북부 방언에서 그러한 예를 보이면 아래와 같다.

가매(鼎, 旋毛, 較), 쟈래(자랑), 치매, 쵸매(치마), 쟈래(자라), 고두에(고등어), 체(妻), 감튀(감투), 샹튀(상투), 감지(〈감쥬+이, 甘酒), 념튀(〈념통+이, 염통), 구내(〈구냥+이, 구멍), 고내(〈고냥이〈*고니+앙이, 고양이), 승내, 싱내(승냥이)

23

# 가부춤

- 표준어 : 고의춤
- 품　사 : 명사
- 뜻풀이 : 고의나 바지의 허리를 접어서 여민 사이.
- 사용 지역 : 함경남도

> 새벽 내내 버스럭거리더니 웃방문이 열렸다. **가부춤**에 손을 찌르고 마당 복판에 선 종섭은 동쪽 하늘에 우뚝 솟은 차일봉(遮日峰)을 향해 한바탕 기지개를 켜고 나서 각담에다 소변을 보았을까. (이정호, 감비 천불붙이, 안개, 1994, 4)

‘가부춤’은 표준어 ‘고의춤, 괴춤(=‘고의춤’의 준말), 바지춤’에 해당하는 함남 방언이다. ‘가부’는 ‘고의’의 방언인데, 흔히 ‘가비’라 한다.

역사적으로 ‘가부, 가비’의 선대형은 멀리 12세기 초의 계림유사(鷄林類事)에서 볼 수 있다. 12세기 초의 경기도 개성 방언을 기록해 놓은 계림유사에는 ‘珂背’라 적혀 있는데 이는 ‘*ᄀᆞ뵈’로 재구할 수 있다. 이 ‘*ᄀᆞ뵈’는 중부 방언권에서 ‘ᄀᆞ뵈〉ᄀᆞ외〉괴’로 발달하여 현재 ‘괴, 고의, 고이’라 한다. 위 ‘고의춤’의 ‘고의’는 그 중 하나이다. 한편, ‘ᄀᆞ뵈〉가븨〉가뷔[kabuj]〉가부, 가비’로 발달한 것이 함경도 방언이다. 함경도 방언에서는 명사에 ‘이’가 덧붙기 때문에 ‘가부’가 단독으로 쓰이는 일은 없다. 단독으로 쓰일 때에는 ‘가비’라 한다. 함경남도 일부 지역에서 ‘거미줄’을 ‘거무줄’이라 하는 것처럼 ‘가부’는 합성어 ‘가부춤’에서만 그 흔적을 남기고 있다. 함경북도에서는 ‘가비’와 ‘가비춤’이 널리 쓰인다.

# 가스집

---

- 표준어 : 처갓집
- 품   사 : 명사
- 뜻풀이 : 아내의 친정집.
- 다른 방언형 : 가시집
- 사용 지역 : 함경도, 평안도, 황해도

---

"**가스집**에서 묵구 갔구만?" 〈안수길, 북간도, 1995, 176〉

'가시'는 고어(古語)로서 '처(妻)'를 뜻하는 말이다. 중부 지방에서는 이 말이 거의 사어(死語)가 되어 쓰이지 않지만 북부의 함경도, 평안도, 황해도 지방에서는 접두사 '갓' 또는 '가시'의 형태로 널리 쓰인다. '가스집'은 '가시+으+집'의 구성으로 이루어진 말로서 '처갓집'을 뜻한다. '으'는 함경도 방언의 속격조사이다. 이 속격조사 '으' 앞에서 '가시'의 끝소리 '이'가 탈락한 것이다.

이 밖에 '가시아바지, 가새:비(장인)', '가시어마니, 가시어마이, 가세:미(장모)', '가시집(처갓집)' 따위와 같은 합성어가 북부 지방에서 쓰인다. 평안도 지방에서는 '가시아바지, 가시오마니'라 한다. 이들 친족명칭은 모두 지칭어로만 쓰인다. 북한의 문화어로 '장인'은 '가시아버지', '장모'는 '가시어머니', 처갓집은 '가시집'이라 하는데, 이처럼 북한에서 '가시' 계통의 말을 문화어로 삼은 것은 '가시'라는 말이 함경도, 평안도, 황해도에서 널리 쓰이기 때문이다.

# 가이

- 표준어 : 개
- 품　사 : 명사
- 뜻풀이 : 갯과의 포유동물. 가축으로 사람을 잘 따르고 영리하다. 일반적으로 이리·늑대 따위와 비슷하게 생겼으며 날카로운 이빨이 있다. 냄새를 잘 맡으며 귀가 밝아 사냥이나 군용, 맹인 선도와 마약 및 폭약 탐지에 쓰인다. 애완용으로 기르거나 식용하기도 한다. 전 세계에 걸쳐 모양, 크기, 색깔이 다양한 200여 품종이 있다.
- 다른 방언형 : 가:이, 개
- 사용 지역 : 평안도, 황해도, 충청도

　　이제는 영낙없는 밤이다. 자복사골목을 올케와함께 올라가서 살그머니 뒷문으로 들어가는데 개가 뿌르르 쫓아나오며, 앞발을들고 킁킁 냄새를 맛노라 군지 콧그를 박는다.

　　"이 가이, 이가이."

　　올케가 회청백이신으로 개를 뿌리치며 가는것을, 보부는 나즉히,

　　"월아, 월아."

하며 손을 내둘르며 따라갔다. 〈金南天 大河, 1939, 56〉

　　큰동장이 대문을 나서는데 마침 저녁을 먹고 이리로 나오던 작은동장이 신둥이를 보고 이 개가 오늘 아침에 자기가 방앗간에서 쫓은 개라는 것과 지금 또 이 개가 형한테 쫓겨 달아나는 사실에 미루어, 언듯 보지 못하던 이놈의 개새끼가 혹시 미친개나 아닌가 하는 생각이 든 듯, 갑자기 야무진 목청으로, 미친가이 잡아라! 하고 고함을 지르는 것이었다. 그러자 큰동장편에서도 지금 꼬리를 뒷다리 새로 끼고 달아나는 뒷배가 찰딱 올라붙은 저놈의 낯선 개새끼가 정말 미친갠지도 모른다는 생각이 든 듯, 데놈의 미친가이 잡아랏 소리를 따라 질렀는가 하자 대문 안으로 몸을 날려 손에 알맞는 몽둥이 하나를 집어들고 나오더니 신둥이의 뒤를 쫓으며 연방, 미친가이 잡아랏 소

리를 질렀다. 〈황순원. 목넘이 마을의 개, 1981, 173〉

'개'의 중세국어형은 '가히'이다. 변화 과정에서 모음 사이의 'ㅎ'이 탈락되고 또 두 모음이 축약된 것이 오늘날의 '개'이다. 국토의 서부에 위치한 평안도, 황해도, 충청도 일대에서는 얼마 전까지도 단모음화 (單母音化)하기 이전의 형태인 '가이(또는 '가:이')'가 널리 쓰였다. 한편, '개'처럼 중세국어에서 상성(上聲)의 성조를 지녔던 '게〔蟹〕, 새 〔鳥〕, 매〔鷹〕' 따위도 역시 서부 지역에서는 '거:이(또는 '그:이'), 사이, 마이'라 한다. 이는 중세국어에서 이중모음이었던 'ㅔ〔əj〕, ㅐ〔aj〕'가 중앙어처럼 단모음화(單母音化)하지 않고 그대로 남아 옛 모습을 보여 주는 예이다. 하지만 지금은 '거:이'(또는 '그:이')를 제외하고는 이런 방언형을 거의 들을 수 없다.

예문에 보이는 '회청배기신'은 '청배기'를 넣어 곱게 삼은 미투리를 말한다. 색이 있는 천 또는 밀〔蠟〕을 먹인 창호지에 색을 넣어 땋은 신총을 '청배기'라 한다. '데놈'은 '저 놈'의 방언이다. 지시관형사 '뎌'가 '데'로 변화한 것이다.

# 가제

---

- 표준어 : 갓
- 품   사 : 부사
- 뜻풀이 : 이제 막.
- 다른 방언형 : 가재, 가주, 가즈
- 사용 지역 : 평안도

---

이렇게해서 아린가슴이 싹기도전이다/어데서 좁쌀알만한 알에서 **가제**깨인 듯한 발이 채 서지도못한 무척적은 새끼거미가 이번엔 큰거미없어서진곬으로 와서 아물걸인다 〈백석, 修羅, 사슴, 1936, 48〉

'가제'는 '금방, 막'의 뜻을 지닌 부사로서 표준어 '갓'과 같은 계통의 방언이다. 평안남도 일원(개천, 순천, 영원 등)에서는 '가재'라 한다. 표준어의 '갓'도 본디 '갗'에서 나온 말이다. 이 밖에 같은 의미를 가진 부사 '가주'가 평안도 전역 및 함경도 일부 지역에서 쓰인다. 함북 지방에서는 대체로 '가즈'라 한다.

방언형 '가제'(또는 '가재'), '가주', '가즈'는 '갗'에 각각 '-에', '-우(〈오)', '-으'가 결합하여 파생된 말이다. 함북 방언의 부사 파생 접사는 '-으'(또는 '-르')가 가장 생산적이다. 예: 딸르(따로), 모디르(모딜+으, 몹시), 바르(바로), 억지르(억지로). ⇒갖사둔.

# 가중잽이

- 표준어 : 궐지(蹶躓)
- 품   사 : 명사
- 뜻풀이 : 발을 헛디디거나 무엇에 걸려 넘어짐.
- 사용 지역 : 함경남도

늑대가 울었다. 가부춤을 추키면서 종섭의 뒷모습에 눈을 박은 채 발을 옮기다가 모탕이에 걸려서 **가중잽이**를 하였다. 아무 일 없었다고 열심히 설명은 하였지만 한 가지 빼놓은 것이 있었다. 어쩌면 그것이야말로 종섭이가 궁금해 하는 것이 아닐까 하는 짐작이 쩡양쇠에게도 있었다. 〈이정호, 뚜깔리, 늪과 바람, 1989, 235〉

'가중잽이'는 그 뜻을 알기 어렵다. '잽이'가 붙은 것으로 보아 본디 어떤 민속놀이나 풍물에서 쓰이던 말이 아닌가 추측된다. 예문을 참고하면, '모퉁이나 돌 따위에 걸려 넘어지거나 고꾸라짐' 정도로 풀이할 수 있을 듯하다.

예문 속의 '가부춤'은 '고의춤, 괴춤', '모탕이'는 '모퉁이'의 방언이다. '쩡양쇠'는 '쩡양'(=변소)과 '쇠(일부 단어에 붙어 특징적인 성질이나 습성을 가진 남자를 홀하게 이르는 말)'가 결합한 인명(人名)이다. '쩡양쇠'의 '쇠'는 '돌쇠, 먹쇠, 마당쇠, 장쇠' 따위에서 볼 수 있다.

# 갈기다

- 표준어 : 답답하다
- 품　　사 : 형용사
- 뜻풀이 : 답답한 마음에 어찌할 바를 몰라 갈피를 잡지 못하다.
- 다른 방언형 : 갈개다
- 사용 지역 : 평안도, 함경도

> 부승기는 맘에 **갈기는** 쯧에/그지업시 씨달핀 이내 넉을./쥬님한테 온전히 당신한테/모아 묵거 밧칩니다. 〈김소월, 달밤, 培材, 1923.3.〉

'갈기다'는 함경도, 평안도에서 쓰이는 방언이다. 일이 복잡하게 얽히거나 하여 결단을 내리지 못하고 답답하고 불안한 마음에 무엇을 어찌하지 못할 때 쓰이는 말이다. 위 '갈기는 쯧에'라고 한 부분은 일이 복잡하게 뒤얽혀 답답하고 불안한 시인의 심리적 분위기를 나타낸다.

위 시에서 '부승기다'는 '버성기다(사귀어 지내는 사이가 벌어져 서먹하다)'의 방언으로 생각된다. '씨달핀'은 문맥으로 보아 '시달린'의 방언으로 보이는데 그 분포 지역을 확인하기 어렵다.

# 감비

ㄱ
ㄴ
ㄷ
ㄹ
ㅁ
ㅂ
ㅅ
ㅇ
ㅈ
ㅊ
ㅋ
ㅌ
ㅍ
ㅎ

- 표준어 : 가문비나무
- 품  사 : 명사
- 뜻풀이 : 소나뭇과의 상록 침엽 교목. 암수한그루로 높이는 30미터 이상이며, 잎
  은 바늘 모양이다. 나무껍질은 비늘 모양의 검은 갈색으로, 6월에 수꽃
  이삭은 황갈색의 원기둥 모양으로 피고 암꽃이삭은 붉은 보라색의 달걀
  모양으로 핀다. 방울 모양의 열매를 맺으며 재목은 건축재, 펄프 원료로
  쓴다. 한국, 일본, 우수리 등지에 분포한다.
- 사용 지역 : 함경북도

---

장진강 지류인 부전강을 막아서 호수를 만들고, 그 호수의 물을 반대 방향
인 남으로 돌려 동해로 흐르게 하면서, 부전령으로 굴러 떨어지는 낙차의 힘
으로 전기를 일으킨다는 어마어마한 공사가 불모의 땅 한대(漢垈)에 일어나
서 무진년 대홍수의 수난을 극복할 수는 있었지만 자갈을 지고 산을 오르내
리는 중노동이 힘에 차지 않았다. 덕구와 둘이서 짬짬이 원시림의 굽이를 돌
아보다가 이 '감비 천불붙이'를 발견한 것이다.

행정적으로 땜 주위를 통틀어서 한대리라고 하지만 골짜기마다 전해오는
옛이름이 있었다. '천불'이란 '天火'를 말하고 '감비'는 '가문비나무'의 약칭이
아닐까. 이 골짜기에는 가문비나무가 많다. 〈이정호, 감비 천불붙이, 안개, 1977, 18〉

'감비'는 이정호의 소설 〈감비 천불붙이〉의 제목에 나오는 지명이다.
위 예문에서 말하고 있는 바와 같이 '가문비나무'의 '가문비'를 줄여서
이르는 말로 보인다.

# 감쥐

- 표준어 : 감자
- 품 사 : 명사
- 뜻풀이 : 가짓과의 여러해살이풀 또는 이것의 덩이줄기. 높이는 60~100cm이며, 잎은 겹잎이고 어긋난다. 초여름에 흰색 또는 자주색의 통꽃이 줄기 끝에 핀다. 비교적 찬 기후에서 잘 자라고 성장 기간이 짧다. 남아메리카 칠레가 원산지로 온대, 한대에서 널리 재배된다. 덩이줄기는 둥글고 황록색이며 녹말이 많아 식용하거나 가공용으로 널리 쓴다.
- 다른 방언형 : 감제, 감재, 감지, 강게, 갱게, 갱기
- 사용 지역 : 함경도

"흥, 꿈자리구 뭐구, 얼핏 건너가서 아시 **감쥐**라두 캐와야지 꿈타러엉 하다가 뭇 주검이 나는 거 기다리겠음……"⟨안수길, 북간도, 1995, 14⟩

'감쥐'는 '감자'의 함경남도 함흥 인근 지역의 방언이다. '아시 감쥐'는 아직 여물지 않아 알이 굵지 않은 감자를 말한다. ⇒아시.

함경도 지방에 분포하는 '감자'의 방언형은 아주 다양하다. '감쥐'와 '감지'는 주로 함남에 분포하고 '감제', '감재'는 함경도 전역에 분포하며 '갱게'는 함남 북부 지방과 함북 남부 지방에 분포한다. 어떤 함경도 방언 화자는 19세기에 국내에 유입된 '감자'의 전파 경로를 말하면서 '갱게'가 평북 '강계(江界)'에서 유래한 말이라고 하나 분명하지는 않다.

예문의 '뭇 주검'은 '떼송장(갑자기 한꺼번에 많이 죽어서 생긴 송장)'을 뜻하는 말이다.

# 감치우다

- 표준어 : 감추다
- 품　사 : 동사
- 뜻풀이 : 남이 보거나 찾아내지 못하도록 가리거나 숨기다.
- 다른 방언형 : 곰치우다, 곰추다, 꼼치우다
- 사용 지역 : 함경남도

　　아버지의 목소리를 듣자, 장손이는 얼른 제기를 집어 호주머니에 꾸겨 넣
듯이 했다. 황겁한 태도는 마치 무얼 도둑하다가 들킨 것 같은 행동이었다.
　　한복이의 머릿속에 번쩍 하는 것이 있었다. 감자 세 알이었다. 새깃 제기
와 관련이 있는 게 아닐까? 아들의 수상한 몸가짐…….
　　"제기르 어째 **감치우니**?"
　　어깨에 메었던 옥수수 자루를 내려놓고 장손이 앞에 다가섰다. 〈안수길, 북간
도, 1995, 35〉

　　'감치우다'는 '감추다, 숨기다'의 뜻을 지닌 함경도 방언이다. 함경도
방언에서는 사동사와 피동사 또는 동사 어간에 '-이우-'를 덧붙이는 일
이 흔한데 '감치우다'도 '감추-'에 '-이우-'가 결합하여 파생된 말이다.
'감치우다'는 함남 지방에서 널리 쓰인다.
　　'감추다'의 고어형(古語形)은 'ᄀᆞ초다'이다. 'ㅊ' 앞에 'ㄴ'이 삽입된
'ᄀᆞᆫ초다'도 보인다. 그런데 특이하게도 'ᄀᆞᆷ초다'가 나타나 세력을 확장
하였다. 'ᄀᆞᆷ초다'는 지금은 사어(死語)가 된 '갊다[藏]'의 영향으로 생겨
난 것으로 보인다. 중부 방언과 함남 방언에서는 'ㆍ〉ㅏ' 변화에 따라
'ᄀᆞᆷ초다〉감초다〉감추다'가 되었다. 그러나 함북 지방에서는 'ㆍ〉ㅗ'(원
순모음화)를 입어 '곰치우다', '꼼치우다', '곰추다'가 되었다.

33

# 갓사둔

- 표준어 : 대응 표준어 없음
- 품 사 : 명사
- 뜻풀이 : 방금 새로 인연을 맺은 사돈.
- 사용 지역 : 평안북도

재당도 초시도 門長늙은이도 더부살이아이도 새사위도 **갓사둔**도 나그네도 주인도 할아버지도 손자도 붓장사도 땜쟁이도 큰개도 강아지도 모두 모닥불을쪼인다. 〈백석, 모닥불, 사슴, 1936, 14〉

'갓사둔'의 '갓'은 '이제, 막'의 뜻을 지닌 표준어 '갓'에 해당하는 말이다. 이 '갓'을 평안도 방언에서는 '가주', 함경도 방언에서는 '가즈'라 한다. '가즈'는 명사로 쓰여 '지금과 아주 가까운, 지나간 시간의 때'라는 의미를 갖는다. 아래 함경도 방언의 예를 보기로 한다. 〔′〕는 고조 표시.

언′니, 가즈부터′ 이런 말으 쓰지, 전에느′ 들어 못′ 밧지('언니'라 하는 말은, 얼마 전부터 이런 말을 쓰기 시작했지 전에는 못 들어 봤지)
가즈꺼′지두 잇엇다더만(얼마 전까지만 해도 있었다고 하더구먼)

이 '가즈'가 줄어들어 접사화한 것이 '갓'이다(표준어에서는 '갓'). 따라서 '갓사둔'은 '인연을 맺은 지 얼마 안 되는 사돈'이란 뜻이다. 갓난아이를 평안도 방언에서는 '갓난아'라 하고 함경도 방언에서는 '가즈난아'라 한다.

# 개니빠디

- 표준어 : 이빨
- 품  사 : 명사
- 뜻풀이 : '이'를 낮잡아 이르는 말.
- 다른 방언형 : 니빠디
- 사용 지역 : 평안도, 함경북도

새끼오리도 헌신짝도 소똥도 갓신창도 **개니빠디**도 너울쪽도 집검불도 가락닢도 머리카락도 헌겁조각도 막대꼬치도 기와장도 닭의 짗도 개털억도 타는 모닥불 〈백석, 모닥불, 사슴, 1936, 14〉

'니빠디'는 '이빨'의 평안도 및 함경북도 북부 지방의 방언으로 '이[齒]'를 낮잡아 이르는 말이다. 따라서 '개니빠디'는 '개 이빨'이란 뜻이 된다.

위 예문에서 '갓신창'은 '가죽으로 만든 신창'을 뜻하는 말이고 '집검불'은 '짚 검불'을 표기한 것이다. '너울쪽'의 '너울'은 평안도 및 함경도 지방에서 '넌출', '면사포', '널[板]'의 방언인데 '쪽'이 붙은 점(예컨대, '판자쪽'의 '쪽')과 앞뒤의 문맥으로 보아 '널빤지'를 뜻하는 말로 보인다.

# 갤슴하다

- 표준어 : 대응 표준어 없음
- 품    사 : 형용사
- 뜻풀이 : 곱살스럽고 트인 맛이 나게 좀 길다.
- 다른 방언형 : 개름하다, 갤쑴하다, 갤쭉하다
- 사용 지역 : 평안남도

"아니 참 샛시방두 곱기는 한걸. 키는 자그막한이가, 얼굴이 **갤슴하구** 눈이 또 자그막하니, 생글생글 한게, 퍽 정지가있고 상낭하실게라구 말슴이 많습데다. 거저 복받으시는 집안덜은, 사위를 맞어두, 고렇게 얌전한이만 쏙 쏙 뽑아다가 삼으신단말이에요. 자, 어서마음 놓구 원반이나 좀 잡수아보시굴랑. 인제 아마 누가 초벌단장시기려 오실게구만요." 〈金南天, 大河, 1939, 49〉

'갤슴하다'는 '트인 맛이 나게 좀 길다'라는 뜻을 가진 형용사로, 실제 음성형은 〔갤쑴하다〕이다. 평안도 방언에는 '갤슴하다'와 어감상 약간의 차이를 보이는 '개름하다', '갤쑴하다', '갤쭉하다' 따위와 같은 방언이 있다. 이들은 모두 〔길다〕라는 뜻을 가진 어근 '갤'(〈걀)에 어근형성소 '-음-', '-쑴', '-쑥', '-쭉'이 결합하여 복합 어근을 형성한 다음 파생된 형용사들이다. '갤'은 '길이'를, 어근형성소 '-쑴', '-쑥', '-쭉'은 대상이 지닌 모양을 섬세하게 나타낸다. 남한 사전에는 '-쑴'이 결합한 형용사가 보이지 않는데, 《조선말대사전》에는 '길쑴하다'와 '걀쑴하다'가 실려 있다. 전자는 '시원스레 좀 기름하다', 후자는 '깜찍스러우면서도 트인 맛이 나게 갸름하다'라 풀이해 놓았다. '-쑴'이 '곱살스럽고 좀 트인' 모양을 나타냄을 알 수 있다.

# 갤족하다

- 표준어 : 대응 표준어 없음
- 품  사 : 형용사
- 뜻풀이 : 보기에 곱게 좀 길다.
- 다른 방언형 : 개름하다, 갤쑥하다, 갤쭉하다
- 사용 지역 : 평안북도

> 이 적고 가부엽고 **갤족한** 히고 깜안 씨가/조용하니 또 도고하니 손에서 입으로 입에서 손으로 올으날이는 때/벌에 우는 새소리도 듣고싶고 거문고도 한곡조 뜯고싶고 한 五千말 남기고 函谷關도 넘어가고싶고/기쁨이 마음에 뜨는 때는 히고 깜안 씨를 앞니로 까서 잔나비가 되고/근심이 마음에 앉는때는 히고 깜안 씨를 혀끝에 물어 까막까치가 되고 〈백석, 수박씨, 호박씨, 人文評論2-6, 1940.6.〉

'갤족하다'는 '갈쭉하다'와 근사한 의미를 가진 평북 방언이다. '갤족하다'의 실제 음성형은 〔갤쪽하다〕이다. 이 방언형은 '갈'이 변화한 어근 '갤'에 어근형성소 '-쪽-'이 결합하여 파생된 형용사이다. '갤쭉하다'와는 약간의 어감상의 차이를 보인다. 함북 지방에서는 '갈죽하다〔갈쭈카다〕', '갈쿰하다' 따위의 방언형이 쓰인다.

# 거랑질

• 표준어 : 동냥질
• 품  사 : 명사
• 뜻풀이 : 거지나 동냥아치가 돌아다니며 돈이나 물건 따위를 거저 달라고 비는
         짓.
• 사용 지역 : 평안남도

> 이년! 이 백번 쥑에두 쌀 년! 앓는 남편두 남편이디만, 어린자식을 놔두구
> 그래 도망을 가? 것두 아들놈같은 조수놈 하구서⋯⋯그래 지금 한창나이란
> 말이디? 그렇다구 이년, 내가 아무리 늙구 병들었기루서니 **거랑질**이야 할 줄
> 아니? 이녀언! 하는데, 옆에 누웠던 어린아들이, 아바지, 아바지이! 하였으
> 나 송영감은 꿈속에서 자기 품에 안은 아들이, 아바지, 아바지이! 하고 부르
> 는 것으로 알며, 오냐 데건 네 에미가 아니다! 하고 꼭 품에 껴안는 것을, 옆
> 에 누운 어린 아들이 그냥 울먹울먹한 목소리로 아버지를 불러, 잠꼬대에서
> 송영감을 깨워 놓았다. 〈황순원, 독 짓는 늙은이, 1973, 361〉

 '거랑질'은 '동냥질'의 평안도 방언으로, '걸+앙+질'의 형태소 구성
으로 이루어진 말이다. 김동인(평양 출신)의 〈감자〉에 "젊은 거이 거
랑질은 왜?"라 한 구절이 있는데 여기서도 '거랑질'을 볼 수 있다. 평안
도 일대에서 쓰이는 '거지'의 방언형 '거랭이'도 '걸+앙이'로 분석된다.
 평안·함경 지방에서 널리 쓰이는 '거지'의 방언형은 '걸(乞)-'계(거
래이, 거렁뱅이 등. 평안도, 황해도), '뉴걸(流乞)-'계(유걸이, 누걸이.
함남 남부 및 평안도), '빌-'계(비렁배, 비렁뱅이 등. 함경도)가 있다.

# 건치

- 표준어 : 거적
- 품  사 : 명사
- 뜻풀이 : 짚을 두툼하게 엮거나, 새끼로 날을 하여 짚으로 쳐서 자리처럼 만든 물건.
- 사용 지역 : 함경북도

> 산을 허물어/바위를 뜯어 길을 내고/길을 따라 집터를 닦는다/쓰러지는 동무……/피투성이 된 頭蓋骨을 **건치**에 싸서/눈물 없이 묻어야 한다 〈이용악, 오늘도 이 길을, 分水嶺 1937, 44〉

'건치'는 볏짚으로 엮은 '거적'을 이르는 말로서 주로 보온을 위하여 무엇을 덮는 데 사용한다. '거적'은 예로부터 관을 마련할 형편이 되지 못할 때 관 대용으로 쓰였다. 위 시에서도 그 같은 상황을 그리기 위하여 '건치'를 시어로 사용하였다.

# 고누다

- 표준어 : 대응 표준어 없음
- 품  사 : 동사
- 뜻풀이 : 발굽을 세워 디디다.
- 사용 지역 : 함경북도

> 삼 년 만에 고향 찾아드는/산골 나그네의 발걸음이/타박타박 땅을 **고눈다.**/
> 벌거숭이 두루미 다리같이…… 〈윤동주, 곡간(谷間), 정본 윤동주 전집, 2004, 44〉

'고누다'는 '발굽을 세워 제겨디디다'라는 뜻을 지닌 동사로 북한의 문화어이다. 함북 지방에서는 '울퉁불퉁한 것을 가지런히 고르다'의 뜻으로도 쓰인다. 시인 윤동주는 북간도 명동촌(현재 중국 길림성 조선족자치주 용정시 명동촌) 출신으로, 그의 작품 곳곳에서 함북 방언 어휘를 시어로 사용하고 있다.

# 고아내다

- 표준어 : 고함치다
- 품　사 : 동사
- 뜻풀이 : 시끄럽게 큰소리를 질러대다.
- 다른 방언형 : 고다, 과대다, 과따티다
- 사용 지역 : 평안도

집에는 언제나 센개 같은 게산이가 벅작궁 **고아내고** 말 같은 개들이 떠들
석 짖어대고 그리고 소거름 내음새 구수한 속에 엇송아지 히물쩍 너들씨는
데 〈백석, 넘언집 범 같은 노큰마니, 文章1-3, 1939.4.〉

'게산이가 벅작궁 고아내고'라 한 것은 거위가 시끄럽게 큰 소리로
우는 모습을 묘사한 것이다. 거위는 낯선 사람을 보면 큰소리로 울기
때문에 개 대신 집을 지키는 일을 하기도 한다. '벅작궁'은 거위의 울
음소리를 나타낸 의성어이다. '고아내다'는 '시끄럽게 큰 소리를 질러
대다'라는 뜻을 가진 말로, '고다'와 '내다'가 결합한 합성동사이다. 유
의어로 '과따티다', '과대다'가 있다. '게사니'는 평안, 함경, 황해도에서
널리 쓰이는 방언이기 때문에 북한의 문화어가 되었다. 지방에 따라
'게상이, 게사이'로 발음하기도 한다. '엇송아지'는 '아직 다 자라지 못
한 송아지'를 뜻한다. '히물쩍'은 '히물거리다(입술을 조금 실그러뜨리
며 소리 없이 능청스럽게 자꾸 웃다, ≪조선말대사전≫)'의 어근 '히물'
에 어떤 동작이 이루어지는 모양을 나타내는 '쩍'이 결합한 말이다. 즉,
'슬쩍', '어물쩍'의 '쩍'과 같은 말이다. '쩍'과 결합하는 말은 저 홀로 쓰
이지 못하고 단어를 만드는 어근으로만 쓰이는 경우가 대부분이다.

# 고톨밤

- 표준어 : 도토리
- 품  사 : 명사
- 뜻풀이 : 갈참나무, 졸참나무, 물참나무, 떡갈나무의 열매를 통틀어 이르는 말.
- 다른 방언형 : 가둑밤, 고투밤, 도톨밤, 밤, 빰
- 사용 지역 : 함경도

> 우물쭈물할 밖에 없었다. 삼봉이 오금을 박았다.
> "고톨밤이니?"
> '흥, 그까지 고톨밤?'
> 우쭐하는 생각이 들어 '감줘'가 입 밖에 나가려고 했으나 참았다. 〈안수길, 북간도, 1995, 24〉

'고톨밤'은 함남 지방과 함북 남부 지방에서 쓰이는 '도토리'의 방언이다. '고투밤'이라 하기도 한다. 이 밖에 함경도에서는 '도톨밤'이라는 방언이 쓰이기도 한다. 중세국어에서는 '도토밤, 도톨왐'이라 하였는데 '도톨왐'은 '도톨밤'에서 변화한 말이다. 따라서 중세국어와 함경도 방언은 다음과 같이 대응된다.

| | |
|---|---|
| 중세국어 | 도토밤, 도톨왐(〈도톨밤〈도톨밤) |
| 함경도 | 밤, 빰, 도톨밤, 고투밤, 고톨밤, 가둑밤 |

'도톨밤'은 '돝〔豚〕+익+밤〔栗〕'에서 기원한 것으로 보기도 하는데, 이는 차자표기 '猪矢栗'에 근거한 것이다. 그러나 '돝익밤'에서 '도토리'가 나오기까지의 변화 과정을 설명하기가 쉽지 않다.

'밤'은 '밤나무의 열매'를 이르는 말이다. 그러나 함경도 방언에서는 참나무(떡갈나무, 신갈나무, 굴참나무, 갈참나무, 졸참나무 등)의 열매도 '밤' 또는 '뺨'이라 한다. 밤나무와 참나무는 분류학상 모두 '참나무과'에 속하니 '참나무과'에 속하는 나무의 열매를 모두 '밤'이라 하는 셈이다. 또 함북 지방에서는 참나무를 '가둑낭기'라 하는 까닭에 '가둑밤'이라 부르기도 한다. 이렇게 참나무에서 열리는 열매를 '밤'이라 부르는 까닭에 밤나무의 열매와 참나무의 열매를 구별하여 말하고자 할 때에는 '밤'을 '참밤'이라 부르기도 한다. 함경도 지방은 '밤나무'가 자생하지 않으므로 참나무의 열매를 '밤'이라 불러도 의사 소통에는 별 지장이 없다. 또 물가에서 자라는 '마름'의 열매도 이전에는 '말밤〔藻栗〕'이라 하였다.

그러면 '고톨밤'과 '고투밤'은 어떻게 해서 생겨난 말일까. '고톨밤'은 위에서 말한 바에 의거 '고톨+밤'으로 분석할 수 있다. 함경북도 북부 방언에서는 '누에고치(고티, 느베고티)', '작은 물방울(고티, 물고티, 오줌고티(오줌 방울)', '빗방울(빗고티)', '불꽃(고티, 불고티)', '콩과 식물의 열매를 싸고 있는 껍질(고티, 꼬투리)', '알사탕의 낱개' 따위를 모두 '고티'라 한다. 또 '고토리'는 어린 남자아이의 생식기를 지칭하는 말로도 쓰인다. 작고 동그스름한 것을 '고티'라 하는 것이다. '고톨밤'의 '고톨'은 바로 이 '고티'에서 기원한 말로 보인다. 즉, '곹+올+밤'(고톨밤), '곹+우+밤'(고투밤)과 같은 형태소 구성체에서 유래한 것이다. 함북 방언에서 명사의 끝소리 '이'는 합성어를 이루거나 대격조사(또는 속격조사)와 결합할 때 흔히 탈락한다.

# 곱새담

- 표준어 : 대응 표준어 없음
- 품　　사 : 명사
- 뜻풀이 : 용마름을 얹은 담.
- 다른 방언형 : 곱새, 농말기, 용말기
- 사용 지역 : 평안북도, 함경북도

섣달에 내빌날이 드러서 내빌날밤에눈이오면 이 밤엔 쎄하얀할미귀신의눈 귀신도 내빌눈을받노라못난다는말을 든든히녁이며 엄매와나는 앙궁옹에 떡 돌웋에 **곱새담**웋에 함지에 버치며 대냥푼을놓고 치성이나 들이듯이 정한마 음으로 내빌눈약눈을받는다/이눈세기물을 내빌물이라고 제주병에 진상항아 리에 채워두고는 해를묵여가며 고뿔이와도 배앓이를해도 갑피기를앓어도 먹 을물이다 〈백석, 古夜, 朝光2-1, 1936.1.〉

초가의 지붕마루나 담장을 덮는 'ㅅ' 자형으로 엮은 이엉을 '용마름' 이라 하는데 '곱새'는 그 '용마름'의 방언이다. 위 시에 쓰인 '곱새담'은 '곱새(＝용마름)를 덮은 담'을 이르는 말이다. '곱새'는 북한의 여러 지 역에서 쓰이는 말이기 때문에 북한의 문화어로 올라 있다. 이 밖에 함 북 방언에는 '용마름'의 방언으로 '농말기', '용말기' 따위가 있다.

'곱'은 '곱다'(＝곧지 아니하고 한쪽으로 휘어 있다)에서 나온 말이다. 그리고 '새'는 '띠', '갈대', '달', '억새' 따위와 같은 볏과 식물을 통틀어 이르는 말이다. 예전에는 이 '새'를 가지고 지붕을 이었기 때문에 고어 (古語)에서는 '이엉'을 뜻하는 말로 쓰이기도 하였다. 지금도 일부 지방 에서는 '이엉'을 '이엉새', '용마름'을 '용구새'라 하고, 썩은 지붕에서 떨 어지는 붉은 낙숫물을 '이스샛물'이라 한다. 따라서 '곱새'는 '곱＋새'의

44

구성으로 된 합성어라 할 수 있다.

한편, '곱새'는 흔히 '곱사등이'의 방언으로 함경, 평안, 강원, 경상, 경기도 등 많은 지역에서 쓰이는데 어원이 같은 말일 것으로 생각된 다. ⇒등곱새.

위 시에서 '내빌물'(또는 '눈세기물')은 '눈석임물' 즉, '납일(臘日)에 받아 녹인 물'을 말한다. '납일(臘日)'은 '동지 뒤의 셋째 미일(未日)'이 다. '눈석임물'을 김소월의 〈찬저녁〉에서는 '눈석이물'이라 하였고, ≪평 북방언사전≫에서는 '눈세깃물'이라 하였다. 위 시는 이전에 정주 지방 에서 납일날 행하던 민속(民俗)을 세세하게 그리고 있다. 즉, 떡돌(떡 을 칠 때 쓰는 넓적하고 반반한 돌)이나 용마름을 얹은 담 위에 함지며 아가리가 떡 벌어진 버치며 큰 양푼 따위를 얹어 아주 정갈한 마음으 로 '약눈'을 받아 제주(祭酒) 병(瓶)이나 항아리에 담아 두었다가 '고뿔 (감기)'이며 '배앓이'며 '갑피기(이질)'과 같은 병을 다스리는 데 썼음을 알 수 있다. 이기문(1982)에서는, "이 물로 빨래를 하면 옷이 깨끗하 게 잘 빨아진다고 한다."고 하였다.

'갑피기'는 이질(痢疾)을 말하는데 평안도와 함남 지방에서 널리 쓰 이는 말이다. '가피기, 가피게, 가핌증, 개피게' 따위의 방언형이 있다.

# 광살구

- 표준어 : 대응 표준어 없음
- 품  사 : 명사
- 뜻풀이 : 너무 익어 저절로 떨어지게 된 살구.
- 사용 지역 : 평안북도

> 뒤우란 살구나무 아레서 **광살구**를찾다가/살구벼락을맞고 울다가웃는나를 보고/미꾸멍에 털이 멫자나났나보자고한것은 가즈랑집할머니다 ⟨백석, 가즈랑집, 사슴, 1936, 4⟩

뜻풀이는 이동순(1987)의 풀이를 따른 것이다. 명사 어기 '살구'에 접두사 '광-'이 결합한 파생어로 생각된다. 위 뜻풀이를 참고한다면 이때의 '광-'은 '너무 익은'의 뜻을 더하는 접두사로 보인다.

# 구덕살이

ㄱ
ㄴ
ㄷ
ㄹ
ㅁ
ㅂ
ㅅ
ㅇ
ㅈ
ㅊ
ㅋ
ㅌ
ㅍ
ㅎ

- 표준어 : 대응 표준어 없음
- 품  사 : 명사
- 뜻풀이 : 구더기가 한 곳에 모여 욱실대는 것처럼 변변치 못한 좁은 공간에서 바글거리며 살아가는 모양을 비유적으로 이르는 말.
- 사용 지역 : 평안북도

> 일가들이 모두 범같이 무서워하는 이 노큰마니는 **구덕살이**같이 욱실욱실하는 손자 증손자를 방구석에 들매나무 회채리를 단으로 쩌다두고 딸이고 싸리갱이에 갓진창을 매여 놓고 딸이는데 〈백석, 넘언집 범 같은 노큰마니, 文章1-3, 1939.4.〉

'구덕살이'는 '구더기'의 끝소리 '-이'가 탈락한 '구덕'에 접사 '살이'가 결합하여 형성된 말이다. '종-살이', '머슴-살이', '감옥-살이'에서 볼 수 있는 접미사 '살이'는 '어떤 신분으로서의 삶, 또는 어디에 기거하여 사는 생활'이라는 의미를 갖는다. 따라서 '구덕-살이'는 '구더기의 삶'이라는 뜻을 갖는다. 욱실대며 살아가는 손자들을 비유적으로 묘사하기 위하여 '구덕살이'라 한 것이다. '구더기'의 평안도 방언형은 '구데기'이다. 그러나 북부 방언에서는, '구데기'처럼 'ㅣ'로 끝나는 말이 합성어의 어기가 될 때에는 'ㅣ'가 탈락되는 일이 많다. 예컨대, '가대기-줄'은 '가닥줄'이고 '저고리-섶'은 '저굴섶'이라 한다.

예문 속의 '노큰마니'는 '증조할머니'의 방언이다. '딸이고'는 '때리고'의 방언으로 중세국어 '쩌리다[碎, 打]'에서 변화한 말이다.

# 구묵

---

• 표준어 : 굴뚝
• 품    사 : 명사
• 뜻풀이 : 불을 땔 때에 연기가 밖으로 빠져나가게 만든 구조물.
• 다른 방언형 : 구목, 구새, 구새통, 굴뚝, 굴묵, 굼묵
• 사용 지역 : 함경도

---

"앙이 땐 **구묵**에 내굴이 나겠음?" 〈안수길, 북간도, 1995, 205〉

 

'구묵'은 함경도에 분포하되 주로 함남 지방에서 널리 쓰이는 방언형이다. '구묵' 외에 '굼묵', '구목'과 같은 소수의 변이형이 있다. 그리고 '구새'도 함경도 전 지역에서 두루 쓰인다.

'굴뚝'의 함경도 방언은 어원상 크게 세 유형으로 나누어 볼 수 있다. 첫째는 '구멍[穴]' 계통의 방언으로, 이들은 중세국어 '굼/구무'와 어원이 같은 것들이다. '구묵, 구목, 굼묵' 등이 이에 속한다. 두 번째 유형은 '구새'이다. 함경도에서 널리 쓰이는 말로 '구새먹다'가 있는데 이말은 '고목에 벌레가 들거나 속이 썩어서 속이 텅 비거나 구멍이 뚫리다'라는 뜻을 지닌 동사이다. 이 '구새먹다'의 '구새'와 '굴뚝'을 뜻하는 '구새'는 같은 어원을 가진 말이다. 세 번째 유형으로는 사용 범위가 좁은 '굴묵'이다.

# 국떼기

- 표준어 : 가래떡
- 품   사 : 명사
- 뜻풀이 : 가는 원통으로 길게 뽑아 일정한 길이로 자른 흰떡.
- 다른 방언형 : 국때기
- 사용 지역 : 함경남도

새끼손가락 모양인 떡이 건더기요, 쌀가룻물이 국물인 멀건 음식이었다. 소금으로 간을 맞춰 먹는다. **국떼기** 먹으러 가자 그러면 지붕에 흙을 올리러 가는 것이었고, 새울 치러 가자 하면 **국떼기**를 먹기 위해 가는 것이었다. 〈안 수길, 북간도, 1995, 375〉

'국떼기'는 '가래떡'의 방언이다. 위 예문에서는 가래떡에 물을 붓고 소금으로 간을 했다고 했으니 '떡국'과 같은 음식을 말한 것이다. '국떼기'는 '국+떡'에 '이'가 결합하고 여기에 'ㅣ' 모음역행동화가 적용된 방언형이다. 함흥, 북청 등 함경남도 중부 이북 지방에 '국떡' 계의 방언형이 분포한다. 이전에, 함경도 지방에서는 '조', '피' 따위가 주식이었으므로 입쌀로 빚은 가래떡은 귀한 음식의 하나였을 것이다. 이 '국떼기'를 '수제비'의 방언으로 보기도 하나 재료나 떡의 모양으로 보아 '가래떡'(또는 '떡가래')으로 이해하는 것이 옳을 것이다.

예문에 보이는 '새울'은 '갈대, 띠, 달, 억새' 따위와 같은 '새〔草〕'를 베어 엮어서 둘러친 울타리를 말한다. 이전에는 새, 풋나무, 싸리나 버들, 수수깡 따위를 엮거나 널빤지를 잇대어 울타리를 만들었다.

# 군입심감

- 표준어 : 입방아
- 품  사 : 명사
- 뜻풀이 : 좋지 아니한 일로 사람들의 입에 오르내리는 대상.
- 사용 지역 : 평안남도

그와 동갑되는 맛도련님 형준이가 삭명으로 장가를 드는날 밥도않 먹고 밤에는 뒤뜰에있는 벌통앞에서 한숨을 짚었다는 것이, 그뒤 늙은종이나 작인의 마누라들간에 한갓되지않은 주둥아리의 **군입심감**이 되었다고하나, 그거라고 별로 도련님에게 마음이 달렸던 때문도 아니었다. 〈金南天, 大河, 1939, 143〉

'군입심감'은 '군+입심+감'으로 분석된다. '입심'은 '기운차게 거침 없이 말하는 힘'을 뜻하는 말이고, '군-'은 '쓸데없는'의 뜻을 가진 접두사, '감'은 '재료'를 뜻하는 말이므로 '군입심감'은 '쓸데없이 입에 올려 지껄이는 이야기 감'이라는 뜻을 갖는다.

예문에 보이는 '한갓되다'는 '겨우 하찮은 것밖에 안 되다'라는 뜻을 지닌 형용사이다. '한갓되지않은'은 '하찮은 것도 되지 않는'의 뜻으로 쓰였다.

# 굴통

- 표준어 : 굴뚝
- 품    사 : 명사
- 뜻풀이 : 불을 땔 때에 연기가 밖으로 빠져나가게 만든 구조물.
- 다른 방언형 : 꿀통, 굴묵, 구묵
- 사용 지역 : 평안북도, 황해도

나는 뛰쳐나와 얼른 고방으로 숨어버리면 고방에는 또 시렁에 데석님/나는 이번에는 **굴통** 모퉁이로 달아가는데 굴통에는 굴대장군/얼혼이 나서 뒤울 안으로 가면 뒤울 안에는 곱새녕 아래 털능구신/나는 이제는 할 수 없이 대문을 열고 나가려는데/대문간에는 근력 세인 수문장 〈백석, 마을은 맨천 구신이 돼서, 新世代3-3, 1948.5.〉

'굴통'은 평안도와 황해도 지방에서 널리 쓰이는 '굴뚝'의 방언이다. '땅 밑을 뚫어 만든 길'이라는 뜻을 가진 '굴'과 '둥글고 긴 동강으로 속이 빈 물건'이라는 뜻을 가진 '통'이 결합한 합성어이다. 이 밖에 함경도와 인접해 있는 평안북도 후창 지역에는 함경도에 분포하는 '구묵'이 쓰이며, 평안북도 용천, 평안남도 개천 등 일부 지역에서는 '굴묵'이 쓰인다. ⇒구묵.

'데석님'은 '제석(帝釋)' 곧, '수명·자손·운명·농업 등을 관장하고 하느님 성격을 갖는 것으로 믿어지는 신령'을 말한다. 평안도 방언에서는 치음 뒤에서 반모음 'ㅣ'가 탈락하므로 '데셕〉데석'의 변화를 입었다. 이전에, 함경도나 평안도 지방에서는 '고방'에 시렁을 얹고 그 위에 이 제석신을 모시는 단지를 올려놓았다. 고방은 보통 쌀독이나 가재도구 따위를 보관하는데, 양통식(田字型) 가옥 구조인 함경도 지방에서는 정지방의 위쪽 북편(北便)에 있다. 보통 이 방에는 사람이 들지 않는다. 위 시에 나오는 '고방'은, 평안도가 보통 一 또는 二 자형 가옥 구조이므로 아마 안채와 마주보는 바깥채에 있었을 것으로 생각된다.

'달아가다'는 '달려가다'이다. 북부 방언 특히 함경도 방언에서는 아직까지도 '닫다[走]'라는 말을 흔히 쓴다. 때문에 '닫-'을 어기로 한 합성동사들이 많다. '달아오다(달려오다), 달아댕기다(뛰어다니다), 달아나가다(달려나가다), 달아놓다(달음질쳐 놓다), 닫각질(달리기)'와 같은 말들이 일상적으로 많이 쓰인다.

'곱새녕'은 '곱새니엉'의 준말이다. '니엉'은 '이엉'의 방언이다. ⇒곱새.

'굴대장군'은 민속에서 '굴통(굴뚝)을 관장하는 귀신'을 이르는 말이다. 사전에는 '굴때장군'이라는 말이 실려 있는데, '키가 크고 몸이 굵으며 살갗이 검은 사람을 놀림조로 이르는 말'이라 풀이해 놓았다. 이 '굴때장군'은 위 '굴대장군'에서 유래한 말일 것이다.

'털능구신'은 이동순(1987)에서 '철륜대감(鐵輪大監, 대추나무에 붙어 있다는 귀신)'으로 풀이하였고, 이숭원(2008)에서는 '철륭귀신'이라 하고 '집 터와 장독대를 관장하는 신'이라 하였다. '철륭(鐵輪)'은 평안도식 발음으로 '털눈(〈털늄'이 되어야 하는데, 시에서는 '털는'('털능'은 자음동화를 입은 어형)이라 하였다.

# 궈래

- 표준어 : 그대
- 품    사 : 대명사
- 뜻풀이 : 듣는 이가 친구 또는 아랫사람일 때, 그 사람을 높여 이르는 2인칭 대명
  사.
- 다른 방언형 : 궐래
- 사용 지역 : 함경도

> "앙이 됩메. 앙이 됩메. 그게 좋으문. 박첨지 **궈래**가 그럽세." 〈안수길, 북간도,
> 1995, 90〉

> "애갸개. 오미불멍하는 **궈래**나 가서 물어 볼 끼지 내가 무슨 상관이 있음
> 둥." 〈안수길, 북간도, 1995, 173〉

주로 '하오'할 자리에서 쓰이는 2인칭 대명사이다. 이 밖에 변이형으
로 '궐래'가 있다. 함경도에서 두루 쓰였던 대명사이지만 지금은 쓰이
지 않는다.

# 귀밀

- 표준어 : 귀리
- 품  사 : 명사
- 뜻풀이 : 볏과의 한해 또는 두해살이풀. 높이는 60~90cm이며, 잎은 가늘고 길
          다. 봄에 두세 개의 꽃이 수상(穗狀) 꽃차례로 핀다. 열매는 식용하거나
          가축의 먹이로 쓴다. 산지(山地)에 심어 가꾼다.
- 다른 방언형 : 귀밀이, 구밀, 구밀이, 귈, 귈미
- 사용 지역 : 함경북도

**귀밀** 짓는 두멧사람아/멀리서래두 너의 강아지를 짖겨다오 〈이용악, 등불이 보고 싶다, 낡은 집, 1938, 62〉

'귀밀'은 '귀리'의 함북 방언이다. 중세국어에 '귀밀'이 보인다. 함경북도에서도 특히 육진 지방에는 중세국어 및 근대국어 시기에 쓰였던 어휘가 많이 잔존해 있다.

# 그믈다

- 표준어 : 사그라지다
- 품　사 : 동사
- 뜻풀이 : 불꽃, 빛 따위가 스러질 듯이 점차 약해지거나 희미해지다.
- 다른 방언형 : 그물다
- 사용 지역 : 평안북도

> 손의 집 單間房에 밤이 깁헛고/젊음의 불심지가 마자 **그므는**/사람의 잇는 서름 말을 다하는/참아할 相面까지 보앗더니라 〈김소월, 벗마을, 東亞日報, 1925. 2.2.〉

'그믈다'는 '불꽃, 빛 따위가 스러질 듯이 점차 약해지거나 희미해지다'라는 뜻을 지닌 평북 방언의 동사이다.

'그믈다'는 지금은 사어(死語)가 되어 쓰이지 않고 고어(古語)로 남아 있다. 고전 작품에서 '그믈다'가 쓰인 예를 볼 수 있다. 예: 가디록 새 비츨 내여 그믈 뉘롤 모론다(갈수록 새 빛을 내여 스러질 때를 모른다. 鄭澈, 松江歌辭).

현대국어에서는 '그믈다'에서 파생된 파생어를 볼 수 있을 따름이다. '그무러지다(구름이 껴 날이 흐리고 어둠침침하게 되다)', '그믐달'이 그 예이다. 소월 시에서는 '그믈다'에서 파생된 '그무리다'(불빛을 희미하게 하다. 〈서울밤〉, 〈녀름의달밤〉, 〈써도라가는게집〉), '그무러지다'(불빛이 스러질 듯이 희미해지다, 〈돈과밥과맘과들〉), '그믓거리다'(불빛이 자꾸 스러질 듯이 희미해지다. 〈蘇小小무덤〉)를 볼 수 있다. 이들 파생어를 통해 시인이 사물의 움직임을 아주 섬세하게 표현

55

하고자 했음을 알 수 있다. 고어(古語)에서는 '그물다'(또는 '그몰다')
가 '날이 저물다'라는 뜻도 지니고 있었지만 소월의 시어에서는 '불빛
이 희미해지다'의 뜻으로만 쓰였다.


　등잔불그무러지고닭소래는자즌데(〈돈과밥과맘과들〉)

　電燈은그무립니다(〈서울밤〉)

　瓦斯火丁불빗츨어섬푸러히적셧서그무리고(〈써도라가는게집〉)

　조고마한푸릇한 그무러진靈(〈女子의냄새〉)

　달빗츤 그무리며 넓은宇宙에/일허젓다나오는 푸른별이요(〈녀름의달
밤〉)

　푸릇한불빗싼/그뭇거리는데요/西陵에는바람싼/그물비를그어라(冷翠
燭勞光彩西陵下風吹雨, 蘇小小〈蘇小小무덤〉)

# 그시다

- 표준어 : 기이다
- 품    사 : 동사
- 뜻풀이 : 어떤 일을 숨기고 말하지 아니하다.
- 다른 방언형 : 그이다
- 사용 지역 : 함경도

> 괴로운 사람아 괴로운 사람아/옷자락 물결 속에서도/가슴속 깊이 돌돌 샘물이 흘러/이 밤을 더불어 말할 이 없도다./거리의 소음과 노래 부를 수 없도다./**그신** 듯이 냇가에 앉았으니/사랑과 일을 거리에 맡기고/가만히 가만히/바다로 가자./바다로 가자. 〈윤동주, 산골 물, 정본 윤동주 전집, 2004, 101〉

'그시다'는 '겉으로 드러내지 않고 숨기다, 감추다'라는 뜻을 가진 함경도 방언이다. 중세국어형 '그싀다', 표준어 '기이다'는 모두 같은 어원에서 갈려 나온 말이다. 위 예문에서 '그신 듯이 냇가에 앉았으니'는 '현실로부터 도피하여 몸을 숨긴 듯이 냇가에 앉았으니'로 풀이 된다. 함경도 방언에서는 주로 '어떤 사실이 남에게 알려지는 것을 꺼리어 숨기다'라는 뜻으로 쓰인다.

# 글거리

- 표준어 : 그루
- 품 사 : 명사
- 뜻풀이 : 나무나 곡식 따위의 줄기 밑동
- 다른 방언형 : 글기, 글걱지
- 사용 지역 : 함경도

> 지금은 아무도 살지 않는 집/마을서 흉집이라고 꺼리는 낡은 집/제철마다 먹음직한 열매/탐스럽게 열던 살구/살구나무도 **글거리**만 남았길래/꽃피는 철이 와도 가도 뒤울안에/꿀벌 하나 날아들지 않는다 〈이용악, 낡은 집, 낡은 집, 1938, 72〉

함경도 방언 '글거리'는 '그루'라는 뜻도 있고 '그루터기'라는 뜻도 있다. 이 밖에 '애초에 뿌리를 내리고 살던 터전이나 또는 그 때의 사람'이란 뜻으로도 쓰인다. 위 시에서는 '그루터기'라는 뜻으로 쓰였다.

표준어 '그루'의 함경도 방언은 '긁/그르'(또는 '글거리')인데, 모음으로 시작하는 조사 앞에서는 '긁'으로 교체되고 자음으로 시작하는 조사 앞에서는 '그르'로 교체된다. 예: 글기(그루-가), 글게(그루-에), 글그느(그루-는), 그르두(그루-도). 위 예문의 '글거리'는 모음으로 시작하는 조사 앞에서의 교체형 '긁'에 접미사 '-어리'가 결합한 파생어이다. 함경도 지방에서는 '긁/그르'보다 '글거리'라는 방언을 더 많이 쓴다. 이와 같은 예로 '노루[獐]'의 방언 '놁/노루', '놀가지'가 있다.

# 금덤판

- 표준어 : 금점판
- 품  사 : 명사
- 뜻풀이 : 예전에, 주로 수공업적 방식으로 작업하던 금광의 일터.
- 다른 방언형 : 금뎜판
- 사용 지역 : 평안북도, 함경북도

平安道의 어늬 山깊은 **금덤판**/나는 파리한女人에게서 옥수수를샀다/女人은 나어린말아이를따리며 가을밤같이차게울었다 〈백석, 女僧, 사슴, 1936, 46〉

'금덤판(金店-)'은 '금점판'의 평안도 방언이다. 이 말은 '금뎜판'에서 변화한 말이다. 잘 알려진 바와 같이 평안도 방언은 치음(ㄴ, ㄷ, ㄸ, ㅌ, ㅅ, ㅈ)뒤에 'ㅑ, ㅕ, ㅛ, ㅠ'와 같은 이중모음이 연결되면 반모음이 탈락하여 'ㅏ, ㅓ, ㅗ, ㅜ'가 된다. 예컨대, '댜, 뎌, 됴, 듀'는 '다, 더, 도, 두'가 된다. 예: 둏다〉돟다(좋다), 뎡거댱〉덩거당(정거장), 녀자〉너자(여자). 위 '금뎜판'도 반모음이 탈락하여 '금덤판'이 된 것이다. 백석의 시 '돌덜구의 물'의 '덜구'도 반모음이 탈락한 예다. 뎔구〉덜구. '금덤판'은 지금도 평안도와 함경북도 일부 지방의 노년층에서 쓰인다.

평안도와 함경북도 북부 지역을 제외한 지역에서는 구개음화 현상에 의하여 '댜, 뎌, 됴, 듀, 디'가 '자(〈쟈), 저(〈져), 조(〈죠), 주(〈쥬), 지'가 되었다.

# 기르매

- 표준어 : 길마
- 품    사 : 명사
- 뜻풀이 : 짐을 싣거나 수레를 끌기 위하여 소나 말 따위의 등에 얹는 틀
- 다른 방언형 : 기러마, 기리매, 소기리매
- 사용 지역 : 평안북도

소는 **기르매**지고 조은다 〈백석, 三千浦, 朝鮮日報, 1936.3.8.〉

'길마'는 주로 소의 등에 얹어 짐을 나를 때 쓰던 기구이다. 말굽쇠 모양으로 구부러진 나무 두 개를 앞뒤로 나란히 놓고, 안쪽 양편에 두 개의 막대기를 대어서 이들 말굽쇠 모양의 나무를 고정시킨다. 그리고 안쪽에 짚으로 짠 언치를 대어서 소의 등에 얹는다.

# 기울떡

• 표준어 : 대응 표준어 없음
• 품  사 : 명사
• 뜻풀이 : 밀이나 귀리 등의 곡식에서 떨어져 나온 껍질인 '기울'로 만든 떡.
• 사용 지역 : 평안남도

그래 이런 신둥이개를 데리고 나서기는 했지만, 전라도면 전라도, 경상도
면 경상도같은 데서 이 평안도까지 오는 새에, 해가지고 떠나온 **기울떡**같은
것도 다 떨어져, 오는 길길에서 빌어먹으며 굶으며 하는 동안, 이 신둥이에
게까지 먹일 것은 없어, 생각다못해 길가 나무같은 데 매놓았었는지도 모른
다. 〈황순원, 목넘이 마을의 개, 1981, 165〉

'기울'은 밀이나 귀리, 보리, 호밀 같은 곡식의 속껍질이다. 기울은
대개 가축의 사료로 쓰이는데, 과거 궁핍한 시절에는 이 기울을 가지
고 떡을 해 먹기도 하였다. 위 예문에서는 남도의 고향을 떠나 멀리
간도로 이주하는 사람들이 길을 가다가 도중에 먹는 음식으로 나온다.
가축들이나 먹는 거친 재료로 만든 기울떡을 통해, 식민 치하의 조국
을 등지고 머나먼 곳으로 이주하는 농민들의 가난한 삶을 상징적으로
그리고 있다.

# 길신가리

- 표준어 : 대응 표준어 없음
- 품    사 : 명사
- 뜻풀이 : 죽은 이의 명복을 빌어 주기 위해 행하는 굿의 하나.
- 사용 지역 : 평안도

> 밤마다 닭소래라 날이 첫時면/당신의 넉마지로 나가볼 째요/그믐에 지는 달이 산에 걸니면/당신의 **길신가리** 차릴 째외다 〈김소월, 님의 말슴, 朝鮮文壇, 1925.7.〉

'길신가리'는 문맥으로 보아 천도(薦度) 의식과 관련될 듯한데 전거(典據)를 찾기 어렵다. 이기문(1982)에서는, "사람이 죽은 뒤에 갈 길을 인도하기 위하여 소경을 데려다 '길신 가린다'고 하는 풍습이 있다고 한다."고 하였다. 전정구(2007:221)에서는, '길신'을 '운이 좋거나 상서로운 날'이란 뜻의 길신(吉辰)으로 보고, '길일(吉日)을 정해 죽은 사람의 복을 빌어주는 것'이라 하였다. 길신(吉辰)은 길일(吉日)과 유의어인데, 앞에 나오는 '넉마지(넋맞이)'로 보아 그렇게 풀이할 수 있을 듯하다. 한편, 김용직(2001:21)에서는 '길신가리'를 '굿'으로 보고 '죽은 사람을 위해 하는 굿 가운데 하나'라 하였다. '길신가리'의 '가리'는 분명하지 않다.

# 꺼꿉서다

- 표준어 : 대응 표준어 없음
- 품  사 : 동사
- 뜻풀이 : 서서 허리를 45도 이상으로 굽히다.
- 다른 방언형 : 꺼꿉세다
- 사용 지역 : 평안도

머리채가 드리여서, 해애 꺼실리지 않은곳이 유난히 희었다. 뒷 데석이가 헛청하야 솜털만이 보르르하고, 덜미가 형선이 자신에게도 행결 거뿐 하다. 온순한 얼굴이, 덥부룩 하든 머리카락을 다듬어 올리니, 개름하야 더욱 이쁘작 스럽다. 코밑에 수염으로 될락말락한 솜털이, 아직 애숭이답게 보수수 하다. 그러나 웃통을 벗어 붙이고 **꺼꿉서서** 세수를 하는걸보니, 팔과 어깨와 가슴이 어룬 부럽지 않게 두드럭 두드럭 하다. 〈金南天, 大河, 1939, 28〉

올케는 젖먹이를 아이에게 업히여 밖으로 내몰드니 부엌으로 가서 물을 끄려왔다. 웃옷을벗고 속적삼만 입으니, 가슴이 구능처럼 부풀어서 앞이 잘 여미어지지 않는다. 꼭 잡어 허리띠에 꽃아놓으나, **꺼꿉서면** 흰가슴이 팡파짐하니 엿뵈여서 부인네들 끼리지만 부끄러웠다. 〈金南天, 大河, 1939, 54~55〉

'꺼꿉서다'는 서서 허리를 45도 정도로 굽힌다는 뜻을 가진 평남 방언이다. 김이협의 ≪평북방언사전≫에는 '꺼꿉세다'가 평안북도 지방에서 널리 쓰이는 것으로 되어 있다. 위 작품에서 '꺼꿉서면 흰가슴이 팡파짐하니 엿뵈여서'는 '선 상태에서 몸을 숙여 앞가슴을 바라보면 여인네의 흰 가슴이 엿보인다'는 뜻으로 한 말이다. '꺼꿉서서 세수를 하는 걸 보니'는 허리를 반쯤 굽히고 세수하는 장면을 묘사한 것이다.

63

예문에는 평남 방언이 다수 들어 있다. 몇 가지만 보기로 한다.

'꺼실리다'는 '그을리다'의 방언이고 '뒷데석'은 '뒤통수'의 방언이다. '헛청하다'는 '헛헛하다(채워지지 아니한 허전한 느낌이 있다)'의 방언이다. '뒷 데석이 헛청하다'라 한 것은 목덜미와 뒤통수 부분의 머리카락이 적다는 뜻으로 한 말이다.

예문에는 얼굴에 난 솜털의 모양을 아주 섬세하게 표현하고 있다. '보르르하다'는 '솜털이나 가는 털 같은 것이 보드랍게 하르르하다'라는 뜻이며, '보수수하다'는 '가는 털이나 솜털 같은 것이 짧고 부드럽게 나오거나 좀 흐트러져 있다'라는 뜻이다. 이와 어감상의 차이를 보이는 말로 '보시시하다'도 있다.

'두드럭 두드럭'은 신체의 이곳저곳이 두드러지게 나온 모양을 나타내는 의태 부사이다. '구능'은 '구릉(丘陵)'을 달리 표기한 것으로, 여인의 앞가슴이 솟아오른 것을 비유적으로 표현한 것이다.

# 꼬창질

- 표준어 : 고자질
- 품　사 : 명사
- 뜻풀이 : 남의 잘못이나 비밀을 일러바치는 짓.
- 다른 방언형 : 고장질, 꼬챙이질, 꼬자질
- 사용 지역 : 평안도

"맛서방님이 제욕심 못 채우시군, 공연한 **꼬창질**을 해서, 인제 우리는 이 고장을 떠나야 될 판국이야요. 평시에 마음에 드는 사람이라믄 산속이믄 어떻구 물속이믄 어떻겠오만은, 팔자에두 없구한걸 어떻게 서늘쩍하게 살어간답니까. 그런데 그 화상은 부득부득 찰거머리처럼 못살게만 구는구만요. 이렇게 아씨랑, 마나님이랑 게실땐, 이런거 저런거 마음이래두 씨워서 그런대루 살어가든걸, 인제 단둘이 떠나서 허구헌날 그 화상을 눈앞에 보구, 어떻게 살어간단 말이웨까." 〈金南天 大河, 1939, 347〉

'꼬창질'은 표준어의 '고자질(告者-)'을 뜻하는 평안도 방언이다. 이 외에 '꼬챙이질', '꼬자질', '고장질' 따위의 방언형이 더 있다. 함경도 지방에서는 '꼬장질'이라 한다. 북부 방언권에서 많이 쓰이는 위 방언형들은 한어(漢語) '告狀〔gàozhuàng〕'을 차용한 말이다.

그런데 방언형 중에는 '꼬챙이질'도 있다. 이 방언형은 음운이나 어형성 면에서 볼 때, 고유어 '꼬챙이' 또는 차용어 '꼬창'에서 유래한 것으로 볼 수 있다. 남의 잘못을 다른 사람에게 일러바치는 행위를 '찔러박는다'라 하므로 고유어 '꼬챙이'에서 나왔다고도 할 수 있는 것이다. 차용어에서 나온 말이라면, 〔〔꼬창+이〕+질〕이 될 것이다. 이에 대한 어원은 앞으로 더 생각해 볼 문제이다.

# 꼴기

- 표준어 : 골기
- 품　사 : 명사
- 뜻풀이 : 억센 기질. 또는 억센 기운.
- 다른 방언형 : 꼭기
- 사용 지역 : 함경도

"그런데 어째 사포대가 **꼴기**르 못 추는가 말이야?" 〈안수길, 북간도, 1995, 168〉

"이 사람, 젊은 사람들이 **꼴기**르 채레야지⋯⋯" 〈안수길, 북간도, 1995, 168〉

'꼴기'는 '억센 기질이나 기운'이라는 뜻을 가진 한자어 '골기(骨氣)'가 방언화한 것이다. 함경도 지방에서 흔히 쓰이는 말이다. 같은 뜻을 가진 방언으로 '꼭기'라는 말도 있다. '꼴기르 못 추다'는 '당차고 억센 기운을 못 추어올리다'라는 뜻이고 '꼴기르 채리다'는 '당차고 억센 기운을 차리다'라는 뜻이다. 남에게 자기 의사를 분명히 표현하고 당당하게 나서서 말할 때에는 '꼴기 있다'라 한다.

# 끈단

- 표준어 : 끝마무리
- 품   사 : 명사
- 뜻풀이 : 일의 뒤끝을 수습하여 맺는 일.
- 다른 방언형 : 끈당이
- 사용 지역 : 함경남도

원천댁의 일손이 거칠고 빨라졌다. 껍질을 여물가마에 쏟고, 월렁월렁 감자를 씻어서 더러는 밥솥에 얹고, 숭덩숭덩 썬 것은 동가마의 국물에 넣고, 이런 일을 순식간에 해치우고 종섭을 내려다보았다. 보면서 무안하여 비시시 웃었다.

원천댁의 눈에는 불을 더 넣으라는 뜻 이외에 또 다른 의지가 있었다.

'만길애비가 오면 **끈단**을 내자. 중이 제 머리르 못 깎는다구……'

종섭이도 원천댁의 의지를 전혀 모르지는 않았다. 〈이정호, 감비 천불붙이, 안개, 1977, 14〉

'진작 결론을 짓지 못하고 미뤄두었던 일을 매듭짓는 일'이라는 뜻을 가진 함경남도 방언이다. 따라서 '끈단을 내다'는 '끝장을 내다', '결판을 내다'라는 뜻이 된다. 위 예문에서는 주인공 종섭의 어머니 원천댁이 죽은 며느리의 여동생인 정분과 아들 종섭을 혼인시키려는 마음을 품고 있다가, 이를 실행에 옮기려고 마음먹는 장면에서 '끈단을 내다'라는 표현을 쓰고 있다. 이 밖에 '끈단이 없다'라는 말도 쓰이는데 '맺고 끊음이 없이 그저 되는대로 행동하다'라는 뜻이다. 그리고 '끈단가리'는 '사리판단'이라는 뜻을 지닌 합성명사이다. '가리'(또는 '가리새')는 '일의 갈피와 조리'라는 뜻을 지닌 명사.

# 끼애리

- 표준어 : 꾸러미
- 품 사 : 명사
- 뜻풀이 : 달걀을 10개 단위로 하여 짚으로 길게 묶어 동인 것.
- 다른 방언형 : 깨리, 깨애리, 꾸레기, 꾸레미, 꽁제기, 꽁제미, 꽁지.
- 사용 지역 : 평안북도

> 황토 마루 수무낡에 얼럭궁 덜럭궁 색동헌겊 뜯개조박 뵈짜배기 걸리고 오쟁이 **끼애리** 달리고 소삼은 엄신같은 딥세기도 열린 국수당고개를 몇 번이고 튀튀 춤을 뱉고 넘어가면 골안에 아늑히 묵은 넝동이 무겁기도 할 집이 한 채 안기었는데 〈백석, 넘언집 범 같은 노큰마니, 文章1-3. 1939.4.〉

표준어 '꾸러미'의 평북 방언이다. '끼애리'는 그 어원이 분명하지 않으나 평안도 심마니들의 은어 가운데 '닭'을 가리키는 '끼애기', '끼아기'라는 말이 있어 이들 은어와 '끼애리'가 어떤 관련이 있을 듯 여겨진다.

위 시에 나오는 '수무낡'은 '시무나무'의 방언이다. 북한의 문화어로는 '스무나무'. 느릅나뭇과에 딸린 갈잎큰키나무이다. '엄신'은 상제(喪制)가 초상 때부터 졸곡(卒哭) 때까지 신는 짚신이다. 총을 드문드문 따고 흰 종이로 총 돌기를 감는다. '딥세기'는 '짚신'의 방언이다. 넝동은 '영동(楹棟)' 즉, '기둥과 마룻대'를 이르는 말이다.

# 나죗손

- 표준어 : 저녁때
- 품 사 : 명사
- 뜻풀이 : 해가 질 무렵.
- 다른 방언형 : 나좨, 나주켄, 나주켠
- 사용 지역 : 평안도

---

외로운 생각만이 드는 때쯤 해서는,/더러 **나죗손**에 쌀랑쌀랑 싸락눈이 와 서 문창을 치기도 하는 때도 있는데, 〈백석, 南新義州 柳洞 朴時逢方, 學風1, 1948.10.〉

'나죗손'은 '나주+ㅅ+손'으로 분석된다. '나주'는 '저녁'을 가리키는 평북 방언으로, 중세국어 '나조'의 후대형이다. '나주' 외에 '나조, 나죄, 나졔, 나쥐' 따위의 방언형이 평안도에서 쓰인다. 인접한 함경남도 일부 지방에서도 '나조'라는 말을 쓴다. 소월의 시에서는 '나주, 나조'를 볼 수 없지만 백석의 시에는 '나주'가 몇 차례 등장한다. 예: 나주볕 (저녁 볕. 〈촌에서 온 아이〉, 〈澡塘에서〉).

'손'은 '무렵', '때', '녘' 정도의 의미를 갖는 명사로 추정된다. 이기문 (1982)에서는 이것이 평안도 방언 특유의 형태소가 아닌가 추정하면서, 김이협의 《평북방언사전》에 보이는 '땟손'의 설명을 참고로 제시하였다. 《평북방언사전》에서는 '땟손'을, "소정의 때. 기다리던 시간. 끼니때를 뜻하는 말로도 쓰이지만, 주로 술꾼들이 한 잔 생각이 나는 저녁때를 두고 하는 말임. 이런 때에 이 말을 한 걸음 수식하여 '석양 (夕陽) 걸림손'이라고도 함."이라 풀이하고 있다.

# 난뜨럭

- 표준어 : 뜰
- 품  사 : 명사
- 뜻풀이 : 집 밖의 뜰
- 사용 지역 : 평안남도

그러나 당자가 욱여대는 판국이니, 지금 이자리에서 아옹 다웅 다투고있을수도 없는형편이다. 소견대로 하라고 내맡기니, 최관술이는 자개수염을 한번 부비고, 성큼성큼 개화장을 둘러가며 노새있는쪽으로 걸어간다. 말을타고 개화장을 둘을수도 없는터이라, 말옆에 우뚝 서서 몽둥이를 횡횡 객적게 둘러본뒤에, 그놈을 **난뜨럭** 말안장옆에다 가루찔러 끼운다. 〈金南天. 大河. 1939. 35〉

'난뜨럭'의 '뜨럭'은 '뜰'의 방언이므로 '난'은 '뜰'의 모양이나 상태를 뜻하는 말임을 알 수 있다. 그런데 평안도 방언에는 '난뜨럭'과 같은 조어 방식으로 만들어진 단어가 있다. 소월의 시에 보이는 '난바다', '난벌'이 그것이다. '난바다'는 '육지에서 멀리 떨어진 넓은 바다'를 뜻하는 말이고 '난벌'은 '탁 트인 벌판' 또는 '마을이나 집에서 멀리 떨어져 있는 벌'을 뜻하는 말이다. 또 '난들'이라는 말은 '마을에서 멀리 떨어진 넓은 들'을 이르는 말이고 '난데'는 '집의 바깥'이란 말이다. 그러므로 '난-'은 '멀리 떨어진'의 의미 자질을 가진 접두사라 할 수 있다. 그러므로 위 예문에 등장하는 '난뜨럭'은 '집에서 벗어난 집 밖의 뜰'이라는 뜻을 지닌 말이라 할 수 있다.

# 날기

- 표준어 : 알곡
- 품  사 : 명사
- 뜻풀이 : 껍질을 벗기지 아니한 곡식.
- 다른 방언형 : 나록, 나룩, 나락
- 사용 지역 : 평안북도

**날기**명석을저간다는 닭보는할미를차굴린다는 땅아래 고래같은기와집에는 언제나 니차떡에 청밀에 은금보화가그득하다는 외발가진조마구 뒷산어늬메도 조마구네나라가있어서 오줌누러깨는재밤 머리맡의문살에대인유리창으로 조마구군병의 새깜안대가리 새깜안눈알이들여다보는때 나는이불속에자즐어붙어 숨도쉬지못한다 〈백석, 古夜, 朝光2-1, 1936.1.〉

'날기'는 탈곡을 하고 아직 껍질을 벗기지 않은 곡식의 낟알을 뜻하는 말이다. 따라서 위 시에 등장하는 '날기멍석'은 '곡식의 낟알을 널어 말리는 멍석'을 말한다. '구들날기(말리기 위하여 방구들 위에 널어 놓은 알곡)', '날기질(낟알을 햇볕에 널어 말리는 일)' 등의 합성어도 있다. 이 '날기'를 평안도와 인접한 황해도 및 강원도 북부 지역에서는 '나락, 나룩'이라 한다. 강원도 북부 지방에서는 '나락'이 '조, 벼, 메밀의 알곡'을 뜻하는 말인데, 경기 북부 지방에도 그 같은 의미를 가진 '나락, 나룩'이란 방언형이 쓰인다. 따라서 평안도 방언의 '날기'는 '나락+이>날기'의 변화를 겪은 것이라 할 수 있다. 국어에는 이처럼 명사(또는 용언의 어간)의 끝 모음이 모음으로 시작하는 조사(또는 어미)를 만나면 탈락하기도 한다. 중세국어에서 '나무'가 모음으로 시작하는 조사

71

앞에서는 '낡'으로, 자음으로 시작하는 조사 앞에서는 '나무'로 교체되는 것도 그와 같다. 즉, 이 명사는 기원적으로 '\*나목'이었는데 이것이 모음으로 시작하는 조사를 만나면 '남기, 남글, 남근 ……'으로 실현되었던 것이다. 이 같은 특이한 곡용이 아직도 함경도 전 지역과 평안도 북부 지방에 남아 있다. 때문에 평북 출신인 백석의 방언에서도 '날기'가 보이는 것이다. 한편, 남부 방언 및 중부 방언권의 일부 지역(충청, 강원)에서는 '나락'이 '벼'의 방언형으로 쓰인다.

이를 종합하면, '나락, 나록, 나룩'은 '날'에 접사 '-악, -옥, -욱' 따위가 결합하여 형성된 말이고, 그 본래의 뜻은 '날(곡식의 알)'이었음을 알 수 있다. 파생어 형성 당시의 의미가 북한 지방의 방언에는 그대로 남아 있고, 남부 방언과 중부 방언권의 일원(충청남북도, 강원도 남부)에는 지시 의미가 축소되어 대표적인 곡식인 '벼'만을 뜻하게 된 것이다. 이는 '쟁기'가 본디 '도구'나 '연장'을 뜻하다가 밭을 갈아엎는 농기구를 지시하게 되었다거나 '쌀'이 '볏과에 속한 곡식(벼, 보리, 수수, 조, 기장 따위)의 껍질을 벗긴 알'을 이르는 말로 쓰이다가 점차 '벼의 껍질을 벗긴 알'만을 지시하게 된 것과 같다.

오구라신페이(小倉進平)의 논저에는 북부 지방에도 '벼'의 방언형으로 '나락' 계통의 어형이 분포하는 것으로 소개되어 있지만 이는 착오이다. 필자의 조사 경험으로는 북부 지방에 분포하는 '나락', '날기'는 '알곡'을 뜻하는 말이다.

# 내굴

• 표준어 : 내, 연기
• 품  사 : 명사
• 뜻풀이 : 물건이 탈 때에 일어나는 부옇고 매운 기운.
• 다른 방언형 : 내굴이, 냉과리, 냉굴
• 사용 지역 : 경상도, 평안도, 함경도, 황해도

"앙이 땐 구묵에 **내굴**이 나겠음?" 〈안수길, 북간도, 1995, 205〉

'물건이 타면서 내는 연기 또는 매운 기운'을 뜻하는 함경도 방언이다. 한편, 함경도 지방에서는 표준어의 '내다(연기나 불이 아궁이로 되돌아 나오다)'에 대응되는 동사 '내굴다'도 쓰인다. 명사가 직접 동사어간으로 쓰이는 예이다. 이 '내굴다'는 형용사로도 쓰이는데, 이 '내굴-'에 접미사 '-업-'이 결합한 '내구럽다'도 쓰인다.

위 예문에서 "앙이 땐 구묵에 내굴이 나겠음?"은 "아니 땐 굴뚝에 연기가 나겠소?"라는 속담의 함남 방언이다.

'내굴', '내굴다', '내구럽다'는 모두 북한 지역에서 널리 쓰이는 말이기 때문에 북한의 문화어로 올라 있다. '말다듬기운동'을 전개하면서 한자어인 '연기(煙氣)' 대신 순수 고유어인 '내굴'을 살려 쓰고자 한 것이다. 뿐만 아니라 '연기'와 관련된 일련의 한자도 모두 고유어로 다듬어 쓰고 있다. 예컨대, 연도(煙道)는 '내굴길', 연무(煙霧)는 '내굴안개', 훈제(燻製)는 '내굴찜'으로 바꾸어 쓰고 있다.

# 내임

- 표준어 : 배웅
- 품    사 : 명사
- 뜻풀이 : 떠나가는 손님을 일정한 곳까지 따라 나가서 작별하여 보내는 일.
- 다른 방언형 : 냄, 냄:, 내앰
- 사용 지역 : 평안북도

> 쌔하얗게 얼은 自動車 유리창박게/內地人 駐在所長가튼 어른과 어린아이
> 둘이 **내임**을 낸다 〈백석, 八院, 朝鮮日報, 1939.11.10.〉

'배웅'의 평안도 방언이다. '내다', '하다'와 결합하여 '냄내다', '냄하다'와 같이 쓰이기도 한다. 이웃 함경도 지방에서는 '여니' 또는 '연송'이라 한다.

# 낸내

- 표준어 : 연기
- 품  사 : 명사
- 뜻풀이 : 무엇이 불에 탈 때에 생겨나는 흐릿한 기체나 기운.
- 다른 방언형 : 내, 냉괄, 냉과리, 내굴이
- 사용 지역 : 평안북도

쏘는 비난수하는 나의 맘, 헐버슨 山우헤서,/쩌러진 닙 타서 오르는, **낸내**의 한줄기로./바람에 나붓기라 저녁은, 흐터진 거믜줄의/밤에 매든 이슬은 곳 다시 쩌러진다고 할지라도. 〈김소월, 비난수하는 맘, 진달내꼿, 1925, 160〉

'연기'의 평안북도 정주 방언이다. ≪평북방언사전≫에는 '냇내'로 실려 있는데, 이기문(1982)에서는 '낸내'에 대하여, 이것은 시인이 실제 발음을 충실하게 반영한 표기일 것이라고 하였다. 이 밖에도 평북 지방에는 '연기, 내'의 방언으로 '내굴이, 내굴, 냉과리, 냉굴, 내' 따위가 있다. 이 중에서 '내굴'은 북한의 문화어가 되었다.

# 너부주룩하다

- 표준어 : 넙주룩하다
- 품　사 : 형용사
- 뜻풀이 : 어수선하게 약간 길고 넓죽하다.
- 다른 방언형 : 넙주룩하다
- 사용 지역 : 평안남도

　　십이봉 밑을 꽉 얼어 붙었든 두터운 땅 덩지같은 어름이, 시루떡처럼 구멍이 숭숭 뚜러저서 그것이 노전떼 만큼식이나 크게 틈이 갈러지드니, 연사흘을 두고 쉬일새없이 **너부주룩**하니 흘러내렸다. 이것이 맑히 흘러 내린뒤엔, 물이 유난히 탁해지고, 수위가 눈에 띠이게 부풀어 올은다. 다시 물이 맑어지고 수위도 제대로 가라앉을 무렵이면, 십이봉 양지바른곳엔 산들산들 바람이 불고, 나뭇가지마다 물이올라서 목화씨같이 엄눈에 살이 올은다. 아침저녁은 추우나, 대낮에 해가 쨍쨍 내려쪼일때엔 포근하게 따스하다. 긴 하로해가 지리하게 졸림을 부르는 시절이다. 바로 오눌이 그런 날세다. 〈金南天, 大河, 1939, 31~32〉

　'넙주룩하다'는 《조선말대사전》에 올라 있다. 북한 지역에서 널리 쓰이는 말이기 때문에 문화어가 된 것이다. 위 예문에서는, 이른 봄 얼음이 녹을 때 그 녹은 물이 그리 넓지 않은 폭으로 길게 흘러내리는 모습을 가리켜 '너부주룩하다'라 하였는데, 이 때의 '너부주룩하다'는 '넙주룩하다'와 기본 의미는 같고 다만 표현상 정서적 가치가 반영되어 모음이 더해졌다는 차이만이 있을 뿐이다.

# 너얼다

- 표준어 : 물어뜯다
- 품   사 : 동사
- 뜻풀이 : ① 이로 뼈 따위를 물어서 뜯거나 씹다.
          ② 아이가 엄마의 젖을 물고 씹듯이 하다.
          ③ 다른 사람의 말이나 행동을 되짚어 가며 꼬집거나 비난하다.
- 다른 방언형 : 널다, 너헐다, 무널다, 무너얼다
- 사용 지역 : 함경도

> 서창(西窓)에 걸린 해말간 풍경화./옷고름 너어는 고아의 설움 〈윤동주, 황혼
> 이 바다가 되어, 정본 윤동주 전집, 2004, 62〉
>
> 할머니는 바구니를 들고/밭머리에서 어정거리고/손가락 너어는 아이는/할
> 머니 뒤만 따른다. 〈윤동주, 고추밭, 정본 윤동주 전집, 2004, 93〉

'너얼다'는 '물어뜯어 씹다'의 뜻을 지닌 함북 방언으로 중세국어형 '너흘다'의 후대형이다. '너얼다'는, 이로 뼈 따위를 물어뜯어서 씹거나 우물거리는 동작만을 뜻하여 '씹다'와 의미차를 보인다. 그리고 아이들 이 엄마의 젖을 물고 씹듯이 한다거나 다른 사람의 말이나 행동을 되 짚어 가며 꼬집거나 비난할 때에도 '너얼다'라는 말을 쓴다. 예문의 '너 얼다'는 각각 옷고름과 손가락을 입에 넣고 잘근잘근 씹거나 우물거리 는 동작을 표현한 것이다. 이 '너얼다'에서 파생된 동사가 있다. '무너 얼다'는 '물다[嚙]'와 결합한 합성동사로 '이로 물어서 뜯어 씹다'라는 뜻을 지닌다. 그리고 '즛너얼다'는 접두사 '즛'이 결합한 파생어로 '함부 로 마구 씹다' 또는 '말을 함부로 되는대로 내뱉다'라는 뜻을 지닌다.

# 너울

- 표준어 : 넌출, 덩굴
- 품  사 : 명사
- 뜻풀이 : 길게 뻗어나가면서 다른 물건을 감기도 하고 땅바닥에 퍼지기도 하는
  식물의 줄기.
- 다른 방언형 : 너출, 넌출
- 사용 지역 : 함경도

하얀 박꽃이 오들막을 덮고/당콩 **너울**은 하늘로 하늘로 기어올라도/고향
아/여름이 안타깝다 묽어진 돌담 〈이용악, 고향아 꽃은 피지 못했다, 낡은 집, 1938, 66〉

　　표준어의 '넌출, 덩굴'에 해당하는 함경도 방언이다. 함경도 지방에
서는 '너울' 외에 '너출'도 널리 쓰이는데, '너출'은 중세국어 시기에도
쓰였던 고어(古語)이다. '당콩 너울'은 '강낭콩의 덩굴'을 말한다.

# 넉줄

- 표준어 : 덩굴
- 품   사 : 명사
- 뜻풀이 : 길게 뻗어 나가면서 다른 물건을 감기도 하고 땅바닥에 퍼지기도 하는
         식물의 줄기.
- 다른 방언형 : 넉굴, 넉제기
- 사용 지역 : 평안도

아유유-그것은 이 입으로 나온 소리엇다. 그것은 넝감을 욕해버리고 달어난 넝감의 원수-세상의 사랑과 정과 힘과 위엄과 갑들의 뒤를 쫓차가는 듯하엿다. 그것들을 잡어 죽일 듯이 하엿다. 그것들을 잡어 죽일 듯이 작고 쫓차가는 듯하엿다. 그동안 넝감은 울엇다. 한업시 압허서 울엇다. 한어비 설거워 울엇다. 그것은 지난해 마가을 바람결에 굴어 떨어진 **넉줄** 마른 오구랑박 한동이 한업시 압허서 울엇슬 듯이. 한업시 설거워 울엇슬듯이. 〈백석, 마을의 遺話, 白石全集, 1990, 106〉

표준어 '덩굴, 넝쿨'의 평안도 방언이다. 음소 배열이나 음절 구조로는 중세국어의 '너출' 현대국어의 '넌출', '넝쿨', '너울'(함경도 방언)과 관련되어 있음을 알 수 있는데 이들 단어의 형성 과정에서 빚어진 음운 상의 차이를 분명히 말하기는 어렵다. 즉, '너울, 넌출, 넝쿨, 넉굴'은 '너울'의 '너'와 '울' 사이에 각각 'Ø-Ø', 'ㄴ-ㅊ'(치조음), 'ㅇ-ㅋ'(연구개음), 'ㄱ-ㄱ'(연구개음)이 삽입된 모양이다.

예문 속의 '설거워'는 '서럽다'의 방언 '설겁-'에 '-어'가 결합한 활용형이다. 이 '설겁다'는 '섧다〉섦다'의 변화를 입은 후 다시 파생 접미사 '-업-'이 결합한 것이다. 평안도 방언에서 어간말 자음군 'ㄼ〉ㄺ'의 예

로는 '맑다(짧다)' 등 몇 예가 있다.

# 넘석하다

- 표준어 : 넘성하다
- 품　사 : 동사
- 뜻풀이 : 담 따위의 너머로 넘겨다보다.
- 다른 방언형 : 넘성하다
- 사용 지역 : 평안북도

시생이는 더펑영감장네 담 밑에서 살기같이 한 번 쌕하고 웃었다. 닭의 장이 가까운 쪽으로 가서 담을 **넘석해** 보았다. 〈백석, 닭을 채인 이야기, 朝鮮日報, 1935. 8.〉

'넘석하다'는 담 등의 장애물 한쪽에 서서 다른 쪽의 동태를 살피기 위해 슬쩍 넘겨다본다는 뜻을 지닌 동사이다. 이 말은 시 〈노루〉에서도 쓰였다. 예: 長津땅이 집웅넘에 넘석하는거리다(장진 땅이 지붕 너머로 넘겨다 볼 수 있는 거리다).

'살기'는 평안, 함경 지방에 분포하는 '살쾡이'의 방언이다.

# 네굽질

- 표준어 : 네굽질
- 품  사 : 명사
- 뜻풀이 : 팔다리를 내저으며 몸부림치는 짓을 속되게 이르는 말.
- 사용 지역 : 평안남도

성난 호랑이처럼 쌍네의 몸을 낚우어들고, 성큼 앞으로 바꾸어 안은뒤에 그는 으슥한 솔밭속으로 뛰어들어간다.

색시는 발버둥을치며 **네굽질**을 하는듯 하더니, 그대로 털석 몸을 도련님께 실리며 두팔로 그의 목을 둘러감는다. 뜨거운 입김을 사나히의 목덜미에 쏟으면서, 그러나 그것과 한께 형걸이의 귀에들린말은 뜻밖이었다. 〈金南天, 大河, 1939, 96〉

　　표준어 '네굽질'에 대응되는 방언형이다. '네굽질'의 '굽'은 '말, 소, 양 따위 짐승의 발 끝에 있는 두껍고 단단한 발톱'을 뜻하는 명사 '굽'이다. 문헌 자료에서 '굽'은 중세국어로부터 현대국어에 이르기까지 '굽'으로 나타난다. 현대의 방언자료에서 '굽'이 '급'으로 나타나는 예로는 '말굽'의 전남방언형 '말끕'이 있다. '굽〉급'은 원순모음 'ㅜ'가 원순자음 'ㅂ'의 영향으로 역행적인 비원순모음화를 겪어 생겨난 방언형이거나 또는 'ㄱ' 아래에서 후설 고모음 'ㅡ'와 'ㅜ'가 대립을 잃게 되면서 형성된 방언형으로 보인다. 현재 평남 방언에서는 'ㅡ'와 'ㅜ'의 대립이 중화되어 잘 구별되지 않는다.

# 노나리군

- 표준어 : 대응 표준어 없음
- 품   사 : 명사
- 뜻풀이 : ① 농한기 따위와 같이 한가할 때, 소나 돼지를 잡아 그 고기를 서로 나
  누어 가지는 사람. ② 소나 돼지를 밀도살하는 사람.
- 사용 지역 : 평안북도

아배는타관가서오지않고 山비탈외따른집에 엄매와나와단둘이서 누가죽이
는듯이 무서운밤집뒤로는 어늬山곬작이에서 소를잡어먹는**노나리군**들이 도적
놈들같이 쿵쿵걸이며다닌다// 날기멍석을저간다는 닭보는할미를차굴린다는
땅아래 고래같은기와집에는언제나 니차떡에 청밀에 은금보화가그득하다는
외발가진조마구 뒷山어늬메도 조마구네나라가있어서 오줌누러깨는재밤 머리
맡의문살에대인유리창으로 조마구군병의 새깜안대가리 새깜안눈알이들여다
보는때 나는이불속에자즐어붙어 숨도쉬지못한다 〈백석, 古夜, 朝光2-1, 1936.1.〉

'노나리군'에 대해서는 여러 해석이 있다. 김영배(1987)에서는 '노
나리군'에 대하여, "농한기나 그 밖에 한가할 때, 소나 돼지를 잡아 내
장은 즉석에서 술안주로 하고, 고기는 소요량을 나누어 가지는 것을
'노나리하다'고 하는 바 여기에 참여한 사람을 이름."이라 하였다. 그러
나 이동순(1987)에서는 '소를 밀도살하는 사람', 이숭원(2008)에서는
'소나 돼지를 훔쳐 밀도살하는 사람'으로 각각 풀이하였다.

# 노모노모

---

- 표준어 : 천천히
- 품    사 : 부사
- 뜻풀이 : 동작이나 태도가 급하지 않고 느리게.
- 다른 방언형 : 나아랑, 놀메, 놀메놀메, 놀멘, 놀며, 놀미, 놀명, 놀무놀무
- 사용 지역 : 함경남도

---

"산소에 불이 났구나. **노모노모** 해라."

이 말보다 앞서 원천댁이 혀를 갈기었다. 심사가 사나와져서 아주 빠른 속도로 혀를 갈기었다. 원천댁이 심사가 뒤틀린 것은 양풍 깨진 소리만도 못한, 콧노래부터가 비위에 거슬려서였지만 마뜩잖은 일솜씨만을 입에 담은 것이었다. 원천댁은 지팡목에 앉아서 씨앗감자의 눈을 뜨고 있었다. 정분이를 돌아보지는 않았다. 보나마나 정분은 뽀얀 안개 속에 있을 것이었다. 〈이정호, 뚜깔리, 늪과 바람, 1989, 222〉

'노모노모'는 함남 지방에서 쓰이는 부사이다. '놀모놀모'라는 방언도 있으므로 '노모노모'는 동사 '놀-〔遊〕'에 어미 '-면'의 함경도 방언 '-무'(또는 '-문')가 결합하여 파생된 것임을 알 수 있다. 그런데 국어에서는 일반적으로 'ㅁ' 앞에서 'ㄹ'이 탈락하지 않는다. 따라서 '노모노모'는 특이한 입말 형태가 굳어져 쓰이게 된 것으로 보인다. 이 밖에 '천천히'의 함경도 방언으로는 '놀-'에 어미 '-면'이나 '-며'가 결합한 '놀면', '놀며' 따위가 있고 '-면', '-며'가 'ㅕ〉ㅔ' 변화를 겪은 '놀멘', '놀메'가 있다. 또 '놀미'가 쓰이기도 한다. 예문의 '혀를 갈기다'는 '혀를 차다(불만스럽거나 유감 등의 뜻을 나타낼 때 혀끝으로 입천장을 차는 소리를 내다)'를 좀 강하게 표현하고자 할 때 쓰는 말이다.

# 노큰마니

- 표준어 : 증조할머니
- 품   사 : 명사
- 뜻풀이 : 아버지의 할머니, 또는 할아버지의 어머니.
- 사용 지역 : 평안북도

일가들이 모두 범같이 무서워하는 이 **노큰마니**는 구덕살이같이 욱실욱실 하는 손자 증손자를 방구석에 들매나무 회채리를 단으로 쩌다 두고 딸이고 싸리갱에 갓진창을 매여 놓고 딸이는데 〈백석, 넘언집 범 같은 노큰마니, 文章 1-3, 1939.4.〉

'노-(老)'는 직계 존속의 친족명칭 중에서 '증조부모(曾祖父母)'를 가리키는 접두 요소이다. '노큰마니'는 '할머니'의 방언인 '큰마니'에, 조부모의 바로 앞 선대를 나타내는 서열 징표 '노'를 붙인 것이다. 우리 말의 친족명칭 중에서 '조부(祖父)'를 가리키는 말은 대체로 부모 호칭어에 '할/한'이나 '큰/클'을 붙여서 만든다. '할/한'은 지금은 사어(死語)가 되어 쓰이지 않는 '하다〔多, 大〕'에서 나온 말이고 '큰/클'은 '크다'에서 나온 말이다. 이중에서 '큰/클'이 붙은 조부모 호칭어는 경북 일원 및 주로 함북 및 평북 지방에서 쓰인다. 예: 큰마니, 컬마니, 큰아매, 클아매 등(이상 할머니). 큰아바니, 큰아바이, 클아바이, 한아바지, 한아바니 등(이상 할아버지).

# 놀민놀민

- 표준어 : 천천히
- 품　사 : 부사
- 뜻풀이 : 동작이나 태도가 급하지 않고 느리게.
- 다른 방언형 : 놀메, 놀:메, 놀메놀메, 놀멘, 놀며, 놀미, 놀명
- 사용 지역 : 평안도, 황해도

두 마리의 개가 토장국 속에서 끓어날 즈음, 오른골을 포마드로 진득이 재워붙인 곤돌동장과 잠자리 날개같이 모시 고의적삼에 감투를 쓴 뚱뚱이 박초시가 이곳 동장네 절가 어깨에다 소주 두 되를 지워가지고 왔다.

곧 술좌석이 벌어졌다. 먼저 익었을 내장부터 꺼내 술안주를 했다. 술이 두어 순배 돌자 큰 동장이 먼저 저고리를 벗어젖히며,

"자 웃통들 벗읍세. 그리구 우리 **놀민놀민** 한번 해보세."

했다. 〈황순원, 목넘이 마을의 개, 1981, 184〉

함경도 방언의 '놀멘', '놀멘놀멘'에 대응되는 평안도, 황해도의 방언이다. '놀면'의 '면'이 '면〉멘〉민'의 변화를 겪어 '놀민', '놀민놀민'이 된 것이다. 이는 용언 어간과 어미의 결합형이 그대로 부사로 굳어져 쓰이는 독특한 방언이다. 이 밖에 함경도에서는 '노올명'과 같은 방언이 쓰인다. '천천히'라는 뜻을 지닌, 북부 방언의 부사들이 동사 '놀다'에서 파생되었다는 점이 흥미롭다.

예문에서, '동장네 절가 어깨에다'의 '절가'는 '머슴'의 방언이다. 김남천의 〈대하〉에서는 '절게'라 하였다. 본디 '절가'에 '이'가 결합하여 '절개'라는 방언형이 생긴 것이다('절게'와 '절개'는 표기상의 차이로 보인다).

86

# 농이

- 표준어 : 노
- 품  사 : 명사
- 뜻풀이 : 삼, 실, 종이 따위를 가늘게 비비거나 꼬아서 만든 끈.
- 다른 방언형 : 노이낀, 농, 농낀, 농이낀
- 사용 지역 : 평안도

> 밑으로 따아 내렸든 머리카락을 잡어올려다 밧작조여서 상투를 틀고, **농**
> **이**로 바드득 바드득 죄이니 머리밑이 아픈지, 형선이는 눈쌀을 잔뜩 찌푸리
> 고 꿇어 앉어 있다. 〈金南天, 大河, 1939, 27〉

'농이'는 '노'의 평안도 방언이다. 함경도 방언에서는 '농' 또는 '농낀'
이라 한다. '농낀'은 '농'과 '긴'이 결합한 합성어이다. '긴'은 '끈'의 방언
이자 고어이다. '농이'는 주로 삼[麻]으로 만든다. 삼을 물에 넣어 불
려서 그 껍질을 벗겨낸 다음 그 가는 오리를 비벼 꼬아서 만든다. 삼
을 거두어 좋은 것은 삼아서 베를 짜고 거친 것은 따로 모아 '농이'의
재료로 쓴다. 매우 질기기 때문에 실이나 끈이 귀하던 시절에는 물건
을 묶거나 매는 데 이 '농이'를 썼다. 한편, '농'의 중세국어형은 '놓'이
므로 '농'의 'ㅇ'은 'ㅎ〉ㅇ'의 변화라 할 수 있다. '따[地]〉땅'과 같은 변
화이다. '농이'의 '-이'는 북부 방언에서 흔히 명사에 붙어 어간을 이루
는 접사이다.

# 뇌우치다

- 표준어 : 뇌다
- 품　사 : 동사
- 뜻풀이 : 지나간 일이나 한 번 한 말을 여러 번 거듭 말하다.
- 사용 지역 : 평안남도

　　모든사람은 적지않이 실망하였다. 서당공부도상당히 했고, 벌서 몇년채 기독학교니 동명학교니를 단니는 학도니만큼, 십여장의단자같은건 훌훌 써내갈길줄 알았든 그들은, 아여 디리댁적도 않 하는 신랑의태도에 실망을 느낀 것이다. 그러나 어쩔수없는일이다. 상을 않 주겠다면 커니와, 딴말없이 물리라는데는 다시 두말이 있을수없다. 인접이 대신하여 커다라케 '退'짜를 써서 내깔리니, 이소리를 부엌에서 들은 신랑의 장모는,

　　"단자상은 따루채려 올릴게니, 큰상은 그대루 둬두소."

하고 밖을향하여 소리를 질렀다

　　"큰상은 웃어룬들이 게시다니 보내올리야하겠소."

하고 다시 **뇌우친다**. 〈金南天, 大河, 1939, 42〉


　　'뇌우치다'는 '지난 일이나 누가 한 번 했던 말을 거듭 말하다'라는 뜻을 지닌 동사 '뇌-'에 접미사 '-우-'와 '강조'의 뜻을 갖는 접미사 '-치-'가 결합한 동사이다.

# 누굿이

- 표준어 : 눅눅히
- 품　사 : 부사
- 뜻풀이 : 습기가 배어들어 부드럽게.
- 사용 지역 : 평안북도

이즉하니 물기에 **누굿이**젖은 왕구새자리에서 저녁상을받은 가슴앓는사람은 참치회를먹지못하고 눈물겨웠다 〈백석, 柿崎의 바다, 사슴, 1936, 59〉

'습기가 스며 물렁하다', '습기를 받아 부드럽다'의 뜻을 갖는 '눅다'에서 파생된 부사이다. '눅-'에 어근형성소 '웃'이 결합하여 '누굿-'이 되고 여기에 부사 파생 접미사인 '-이'가 결합하여 '누굿이'가 되었다.

# 누지르다

- 표준어 : 지지르다
- 품    사 : 동사
- 뜻풀이 : 무거운 물건으로 내리누르다.
- 다른 방언형 : 지줄구다
- 사용 지역 : 함경남도

집은 통나무로 엮은 귀틀집이다. 지붕엔 봇(白樺皮)을 이고 돌을 **누질렀** 다. 강풍에 돌은 잘 굴러 떨어진다. 산을 그만두고 지붕에 돌이나 얹을까 망 설이다가 에라 하고 발을 옮겼다. 〈이정호, 감비 천불붙이, 안개, 1977, 17〉

'누지르다'는 표준어 '지지르다'의 방언으로, '누르다'와 '지지르다'의 혼성어(混成語)이다. '누지르고, 누질러'와 같이 활용한다. 함경도 지 방에서는 흔히 '지즐구다'라 한다. 돌 따위와 같이 무거운 물건으로 '내 리 누른다'는 뜻이다. '지지르다' 자체가 '무거운 물건으로 내리누르다' 라는 뜻을 지니고 있지만 '내리누르다'라는 뜻을 좀 더 강조하고자 하 는 심리 작용으로 혼성어가 형성된 것이다.

# 눈석이물

- 표준어 : 눈석임물
- 품　사 : 명사
- 뜻풀이 : 쌓인 눈이 속으로 녹아서 흐르는 물.
- 사용 지역 : 평안북도

그러나 나는, 오히려 나는/소래를 드러라, **눈석이물**이 씩어리는, 〈김소월, 찬 저녁, 진달내꼿, 1925, 162〉

　평북 방언 '눈석이물'과 '눈석임물'은 북한의 문화어이기도 하다. '눈 〔雪〕+석+이+물'로 분석되며, '석다'는 '쌓인 눈이 속으로 녹다', '담 근 술이나 식혜 따위가 익을 때 괴는 물이 속으로 사라지다'의 의미를 갖는 동사이다. 백석의 〈古野〉에는 '눈세기물'이라 하였고, ≪평북방언 사전≫에서는 '눈세깃물'이라 하였다. ⇒내빌날.

# 눈

- 표준어 : 눈시울
- 품  사 : 명사
- 뜻풀이 : 눈언저리의 속눈썹이 난 곳.
- 사용 지역 : 평안북도

벌개늪역에서 바리깨를뚜드리는 쇠ㅅ소리가나면 누가눈을앓어서 부증이
나서 찰거마리를 불으는것이다/마을에서는 피성한 **눈숡**에 절인팔다리에 거
마리를 붗인다 〈백석, 오금덩이라는곧, 사슴, 1936, 56〉

'눈숡'의 '숡'은 근대국어에서 볼 수 있는 '시욹'( =언저리, 가장자리)
이 변화한 말이다. 따라서 '눈숡'은 '눈의 언저리' 또는 '눈의 가장자리'
라는 뜻을 갖는다. 이 방언에서는 '입술'도 '입숡'이라 한다.
위 시에 나오는 '거마리'는 '거머리'의 방언으로 황해, 평안, 함경도에
분포하는 전형적인 북부 방언이다.

# 눈포래

ㄱ
ㄴ
ㄷ
ㄹ
ㅁ
ㅂ
ㅅ
ㅇ
ㅈ
ㅊ
ㅋ
ㅌ
ㅍ
ㅎ

- 표준어 : 눈보라
- 품    사 : 명사
- 뜻풀이 : 바람에 불리어 휘몰아치는 눈.
- 다른 방언형 : 눈보래, 눈보래비
- 사용 지역 : 함경도

삽살개 짖는 소리/**눈포래**에 얼어붙는 섯달 그믐/밤이/얄궂은 손을 하도 곱게 흔들길래/술을 마시어 불타는 소원이 이 부두로 왔다 〈이용악, 우라지오 가까운 항구에서, 낡은 집, 1938, 56〉

온갖 방자의 말을 품고 왔다/**눈포래**를 뚫고 왔다/가시내야/너의 가슴 그 늘진 숲속을 기어간 오솔길을 나는 헤매이자/술을 부어 남실남실 술을 따르어/가난한 이야기에 고히 잠거다오 〈이용악, 절라도 가시내, 오랑캐꽃, 1946, 60〉

'눈포래'는 함경남도, 평안남도 일부 지방에 분포하는 '눈보라'의 방언이다. 함경도 방언은 명사 끝에 'ㅣ'가 덧붙는 특징이 있다. 특히, 모음이나 'ㅇ'으로 끝난 명사에 'ㅣ'가 결합되면 그 'ㅣ'는 그 명사의 일부로 굳어져 쓰인다.

# 느렁차다

- 표준어 : 너렁청하다
- 품    사 : 형용사
- 뜻풀이 : 집이 텅 비고 널따랗다.
- 사용 지역 : 평안북도

밤은 漸漸 깊어갑니다. 食口도 없이 **느렁찬** 집에는 어린 아기의 잠들은 숨소리도 하염업는 슯음만을 말하는듯합니다. 近來에는 別로 보지도 아니하는 案頭의冊 몇 卷이 어수선한 題目을 드러내놓코 있읍니다. 〈김소월, 窓을 열어 놓아, 朝光48, 1939.10.〉

'느렁차다'는 '집이 텅 비고 널따랗다'라는 뜻을 지닌 표준어 '너렁청하다'의 평북 방언이다.

# 닢성내

- 표준어 : 잎성냥
- 품　사 : 명사
- 뜻풀이 : 성냥의 한 가지. 얇은 소나무 개비의 한끝을 삼각형으로 만들고, 그 끝
　　　　에 유황을 묻혀서 불에 대어 불이 옮아 붙게 한다.
- 사용 지역 : 평안남도

　관술이는 윗목에 깔었든 요 속에서 닝큼 일어나서, 조끼주머니를 만지드니 담배곽을 끄낸다.

　"히로가 마츰 두대 남었으니, 형님 이거 한가치 피어 보소."

하고, 한가치는 제가물고 또 한가치를 내 대이면서, 이편 한손으론 담배곽을 부비어 내 버린다.

　"응 히로."

하고 입속으로 중얼거리드니, 담뱃대에 담으랴는 닢담배를 놓고, 관술이가 주는 궐연을 받어든다. 입술 가운데에 오무라처 물고 주머니에서 부싯돌을 꺼내서 불뛰가 튀게 마주 치고 있는데,

　"아니 이 **닢성내**를 쓰지, 거, 머 시끄럽게."

하면서 선반우에 올려놓은 긴 대패밥을 하나 끄낸다. 대패밥 끝에는 노란 인(燐)이 유황색으로 반짝반짝 한다. 〈金南天, 大河, 1939, 23〉

　'닢성내'는 '잎성냥'의 평남 방언이다. '잎[葉]'의 평안도 방언인 '닢'과 역시 '성냥'의 평안도 방언인 '성내'가 결합한 합성어이다. 성냥은 본디 석류황(石硫黃)에서 변화한 말이며, '성내'는 '성냥+이〉성냥이〉성내이〉성내'의 변화를 겪어 방언으로 굳어진 것이다. 평안도 방언은 자음 뒤에 이중모음이 연결되지 않는 제약이 있어 '성냥〉성냥'이 되었고 또 함경도와 그 인근 지역에서는 명사 뒤에 'ㅣ'가 결합되는 현상이 두드

러진 까닭에 '성냥이'가 된 것이다. 이후 'ㅣ' 모음역행동화가 이루어져 '성내'라는 방언형이 형성되었다. 함경도에서는 흔히 러시아 어를 차용한 '비지깨'(←спичка)라는 말을 쓴다.

'잎성냥'은 '딱성냥'이나 '안전성냥'처럼 마찰을 이용해 불을 일으키는 것이 아니라 얇은 나뭇개비나 대팻밥 끝에 노란 인을 묻혀 놓았다가 필요할 때 화롯불 따위에 대어 불이 옮아 붙도록 한 성냥이다.

예문 속의 '불뛰'는 '불똥'의 방언이다. '불+똥+이〉불똥이〉불뛰'의 변화를 겪은 것이다.

# 달궤

- 표준어 : 달구
- 품 사 : 명사
- 뜻풀이 : 집터나 땅을 단단하게 다지는데 쓰는 기구.
- 다른 방언형 : 달구, 달괘, 달괘돌
- 사용 지역 : 평안북도

山곬에서는 집터를츠고 **달궤**를닦고/보름달아레서 노루고기를먹었다 〈백석, 노루, 사슴, 1936, 52〉

'달궤'는 굵은 원통형의 나무나 돌, 쇳덩이에 줄이나 손잡이를 달아 고르지 못한 땅이나 집터를 다지는 데 쓰는 기구이다. 김이협의 ≪평북방언사전≫에 따르면 '달궤'는 평안북도의 신의주, 의주, 용천, 철산, 선천, 삭주, 운산 및 시인 백석의 고향인 정주 일대에서 쓰인다.

'츠다'는 다의어(多義語)인데 위 시어와 관련될 듯한 뜻만을 제시하면 아래와 같다.

① 불필요하게 쌓인 물건을 파내거나 옮기어 깨끗이 하다.
② 똥이나 외양간 두엄 따위를 내다.
③ 땅을 파내거나 고르다.

따라서 본문의 '집터를 츠다'는 '집터 자리의 흙을 파내거나 고르다'의 뜻이 된다.

# 달은치

- 표준어 : 다래끼, 바구니
- 품    사 : 명사
- 뜻풀이 : 장방형에 운두가 높고 끈이 달린 바구니.
- 다른 방언형 : 다랑치, 다랭이, 달뱅이
- 사용 지역 : 평안북도

오리야 나는 네가 좋구나 네가 좋아서/벌논의 늪 옆에 쭈구렁 벼알 달린 집검불을 널어놓고/닭이젖을코에 새끼**달은치**를 묻어놓고/동둑넘에 숨어서/ 하로진일 너를 기달인다 〈백석, 오리, 朝光2-2, 1936.2.〉

《평북방언사전》에는 '다랑치', '다랭이'가 등재되어 있다. 바닥이 네모진 장방형이고 운두가 높다는 점에서 '다래끼', '바구니'와 비슷하지만 메고 다닐 수 있도록 끈이 달려 있다는 점에서 차이가 있다. '새끼달은치'는 새끼줄을 결어서 만든 다래끼를 말한다.

예문의 '널어놓다'는 '늘어놓다'(＝여기저기에 어수선하게 벌여 놓다)의 평북, 함경도 방언이다.

# 당세

• 표준어 : 당수
• 품  사 : 명사
• 뜻풀이 : 우리나라 전래 음식의 하나. 쌀, 좁쌀, 보리, 녹두 등의 곡식을 물에 불
         려서 간 가루나 마른 메밀가루에 술을 조금 넣고 물을 부어 미음처럼
         쑨다.
• 사용 지역 : 평안북도

뒤우란 살구나무 아래서 광살구를 찾다가/살구벼락을 맞고 울다가 웃는
나를 보고/미꾸멍에 털이 몇 자나 났나 보자고 한 것은 가즈랑집 할머니다/
찰복숭아를 먹다가 씨를 삼키고는 죽는 것만 같이 하루종일 놀지도 못하고
밥도 안 먹은 것도/가즈랑집에 마을을 가서/**당세** 먹은 강아지같이 좋아라고
집오래를 설레다가였다 〈백석, 가즈랑집, 사슴, 1936, 1〉

'당세'는 '당수'의 방언이다.

예문의 '집오래를 설레다가'의 '집오래'는 '집 부근이나 근처'를 뜻하
는 말이다. '오래'는 지방마다 그 뜻이 조금씩 차이가 나는데 대체로 다
음과 같다.

① 자기 집과 그 주변의 가까운 이웃을 아우른 공간.
② 집채의 주변. 울안.
③ 마을.
④ 거리에서 대문으로 통하는 좁은 길.

위 ①~④ 중에서 ①, ②, ③은 주로 함경도 방언에서 쓰이는 의미

이다. 평안도는 대체로 ①의 의미로 쓰인다. 따라서 위 백석 시의 '집 오래'는 '집 부근이나 근처'라는 뜻으로 쓰인 말이다. ④는 제주도 방언에서 쓰이는 의미이다. 제주도 방언에서는 '오래'라 하지 않고 '올레'라 한다.

# 당콩

- 표준어 : 강낭콩
- 품　사 : 명사
- 뜻풀이 : 콩과의 한해살이풀. 줄기가 덩굴을 이루고 여름에 흰색 또는 자주색 꽃
  이 총상(總狀) 꽃차례로 핀다. 열매는 꼬투리로 맺히는데 그 안의 종자
  는 식용한다. 남아메리카 원산의 재배 식물이다.
- 다른 방언형 : 강내콩, 강냥콩, 단콩, 열콩
- 사용 지역 : 평안도, 함경도

> 하얀 박꽃이 오들막을 덮고/**당콩** 너울은 하늘로 하늘로 기어 올라도 〈이용
> 악, 고향아 꽃은 피지 못했다, 낡은 집, 1938, 66〉

'당콩'은 '강낭콩'의 함경도 및 평안도 방언이다. 북한 지역에서 널리
쓰이는 까닭에 북한의 문화어가 되었다. '당콩'의 '당(唐)'은 중국을 뜻
하는 말이다.

함경도에서는 '강내콩'(함경북도 길주, 무산, 학성), '강냥콩'(함경북
도 종성) 등도 적게나마 쓰인다. '열콩'은 육진방언권을 중심으로 한 함
경북도 북부 지역에서 널리 쓰인다. '당콩 너울'은 '강낭콩의 덩굴'이란
뜻이다.

# 댕추가루

---

- 표준어 : 고춧가루
- 품   사 : 명사
- 뜻풀이 : 붉게 익은 고추를 말려서 빻은 가루.
- 다른 방언형 : 고춧가루, 댕거지가루, 고칫갈기
- 사용 지역 : 평안도

---

아, 이 반가운것은 무엇인가/이 히수무레하고 부드럽고 수수하고 슴슴한 것은 무엇인가/겨울밤 쩡 하니 닉은 동티미국을 좋아하고 얼얼한 **댕추가루**를 좋아하고 싱싱한 산꿩의 고기를 좋아하고/그리고 담배내음새 탄수내음새 또 수육을 삶는 육수국 내음새 자욱한 더북한 삼방 쩔쩔 끓는 아르굳을 좋아하는 이것은 무엇인가 〈백석, 국수, 文章3-4, 1941.4.〉

'고추'의 고어(古語)인 '고쵸'는 본디 '후추(胡椒)'를 뜻하는 말이었다. 16세기만 해도 '고추'는 아직 국내에 수입되지 않았다. 때문에 평안도 지방에서는 아직도 '후추'를 '고추'라 한다. 그런데 중부방언권에서는 '고쵸'가 근대국어 중기 이후에 현재의 '고추'의 의미를 갖게 되었다. 즉, '후추'의 의미에서 '고추'의 의미로 변화한 것이다(이기문: 1998).

한편, 위 예문에서 보는 바와 같이 '고추'는 평안도 지방과 함경남도 일부 지방에서는 '당추', '댕추', '댕가지'라 부르는데 이들 방언형의 첫 음절은 중국을 지칭하는 '당(唐)'에서 비롯된 말이다. 즉, 당쵸(唐椒)에서 변화한 것들이다. 평안도 지방에서는 예전처럼 '고추'는 '후추'를 의미하므로 정작 '고추'는 다른 명칭을 쓸 수밖에 없었는데 그래서 생겨난 말이 '당추', '댕추'인 것이다. '당쵸'라는 말은 일본을 거쳐 차용된 말로 추측하기도 한다.

예문 속의 '아르굴'은 '아랫목'의 방언인데, 실제 발음은 '아르꿑(아랫
굴)'이다. 윗목은 '웃굴'이라 한다. '아룻굴, 웃굴'은 함경도 방언권에서
도 널리 쓰이는 말이다. '히스무레하다'는 '선뜻하지 않고 조금 엷게 희
다'라는 뜻을 지닌 형용사이다.

# 더튼하다

- 표준어 : 야무지다
- 품 사 : 형용사
- 뜻풀이 : 깐깐하고 알뜰하다.
- 사용 지역 : 평안북도

다시는 來日날/맑게 개인 하늘이 먼동 터올 째/깨끗한 心情과 **더튼한** 솜씨로/이 자리에 일잡자 내남은 勞力을! 〈김소월, 불탄자리, 朝鮮文壇, 1925,10.〉

'더튼하다'는 '하는 일이 빈틈이 없고 알뜰하다'라는 뜻을 지닌 평북 방언인데 북한의 문화어가 되었다. 북한의 ≪조선말대사전≫에는 '더튼하다'의 용례로 위 예문에 나오는 "깨끗한 심정과 더튼한 솜씨로 일하고 있다."를 들고 있다. 이렇게 김소월의 시에 나오는 평북 방언을 문화어로 올린 예들이 몇이 있다. 앞서 말한 바 있는 '눈석이물'도 그 중의 하나이다.

# 덜거기

- 표준어 : 장끼
- 품　　사 : 명사
- 뜻풀이 : 수꿩
- 다른 방언형 : 덜게기, 덜꺼기, 덜꼬기, 당꿩
- 사용 지역 : 평안북도

산에 오면/큰솔밭에 뻐꾸기 소리/잔솔밭에 **덜거기** 소리 〈백석, 적막강산, 새천지2-10, 1947.12.〉

'덜거기'는 '수꿩'의 평북 방언이다. 평안도와 황해도 일원에 '덜거기, 덜게기, 덜궈기' 따위의 방언형이 분포한다. 이 외에 평안도 지방에서는 '댱꿩'에서 변화한 '당꿩'이라는 방언도 쓴다.

# 데군데군

- 표준어 : 군데군데
- 품　사 : 부사
- 뜻풀이 : 여러군데, 또는 이곳저곳.
- 사용 지역 : 평안북도

퍼르스럿한 달은, 성황당의/**데군데군** 허러진 담모도리에/우둑키 걸니윗고, 바위 우의/가마귀 한 쌍, 바람에 나래를 펴라. 〈김소월, 찬저녁, 진달내꼿, 1925, 162〉

예문 "데군데군허러진 담모도리에"는 '군데군데 낡아서 헌 담 굽이돌이에'라는 말이다. '나래'는 '날개'의 방언이다. 남한에서는 비표준어이지만 북한에서는 '날개'와 함께 문화어이다.

# 도롬도롬

- 표준어 : 대응 표준어 없음
- 품  사 : 부사
- 뜻풀이 : 원을 그리듯이 주위를 맴도는 모양.
- 사용 지역 : 함경북도

물위를 **도롬도롬** 헤야단이던 마음/흐터젓다도 다시 작대기처럼 꼿꼿해지던 마음/나는 날마다 바다의 꿈을 꾸엇다/나를 밋고저 햇섯다/여러해 지난 오늘 마음은 港口로 돌아간다/埠頭로 돌아간다 그날의 羅津이여 〈이용악, 港口, 分水嶺, 1937, 59〉

'도롬도롬'은 '돌-〔廻〕'에 '옴'이 결합하여 형성된 첩어이다. '돌며 돌며' 정도의 뜻을 갖는다.

'헤야단이던'은 '이러저리 돌아다니던'의 뜻이다. 함북 방언의 '헤매다'는 중부방언의 그것과 약간 뜻이 다르다. 아이들이 부산을 피우며 이리저리 왔다 갔다 하는 것도 헤맨다고 하고, 고양이가 방안에서 이리저리 왔다 갔다 할 때도 '헤매다'라는 말을 쓴다.

# 도삽

- 표준어 : 거짓말
- 품　사 : 명사
- 뜻풀이 : 사실이 아닌 것을 사실인 것처럼 꾸며대어 말을 함.
- 다른 방언형 : 거즛뿌레, 거짓뿌레, 도새비, 부끼
- 사용 지역 : 함경도

> **"도삽이 앙이라잉까. 그런데 주인아방이 그거 알아줌둥?"** 〈안수길, 북간도, 1995, 476〉

　'도삽'은 '거짓말'의 함경도 방언이다. 사실과 어긋나는 지어낸 말, 또는 사실이 아닌 것을 사실처럼 꾸며 말하는 것을 '도삽'이라 한다. 옛날이야기처럼 '허황된 이야기', '지어낸 허구의 사실'도 '도삽'이라 한다. 그리고 거짓말을 하는 사람을 '도삽재'라 한다. '도삽'은 항상 '쓰다'와 어울리어 쓰인다. 도삽우 쓰다(거짓말하다). 유의어로 '부끼'가 있는데, 이 말도 역시 '쓰다'와 어울리어 '부끼르 쓰다' 또는 '부끼 쓰다'라 한다.

# 돌재기

- 표준어 : 돌멩이
- 품   사 : 명사
- 뜻풀이 : 돌덩이보다 작고 자갈보다 큰 돌.
- 다른 방언형 : 돌메, 돌째기
- 사용 지역 : 함경도

만돌이가 학교에서 돌아오다가/전봇대 있는 데서/**돌재기** 다섯 개를 주웠습니다. 〈윤동주, 만돌이, 정본 윤동주 전집, 2004, 67〉

　표준어 '돌멩이'의 함경도 방언이다. '돌재기'의 실제 음성형은 〔돌째기〕이다. '돌째기'는 '돌＋짝＋이'로 분석된다.

# 동말랭이

- 표준어 : 도랑둑
- 품  사 : 명사
- 뜻풀이 : 도랑둑의 꼭대기.
- 사용 지역 : 평안북도

오리치를 놓으려 아배는 논으로 나려간 지 오래다/오리는 동비탈에 그림자를 떨어트리며 날어가고 나는 **동말랭이**에서 강아지처럼 아배를 부르며 울다가/시악이 나서는 등뒤 개울물에 아배의 신짝과 버선목과 대님오리를 모다 던져버린다 〈백석, 오리 망아지 토끼, 사슴, 1936, 22〉

'동말랭이'는 '동＋말랭이'의 구성으로 이루어진 합성어이다. '동'은 '도랑둑'의 방언인데 '垌'에서 유래한 것으로 보인다. '말랭이'는 '마루〔頂上〕'의 방언이다. '고갯마루'를 뜻하는 '고개말랭이'도 평안북도의 여러 지방에서 쓰인다. 따라서 '동말랭이'는 '도랑둑의 마루 부분'이라는 뜻이 된다.

한편, 예문의 '동비탈'은 '도랑둑의 경사면'이라는 뜻을 가진 말이고, '오리치'는 '올가미'의 방언으로 평안도, 황해도, 강원도 일원에서 쓰인다.

# 동삼

ㄱ
ㄴ
ㄷ
ㄹ
ㅁ
ㅂ
ㅅ
ㅇ
ㅈ
ㅊ
ㅋ
ㅌ
ㅍ
ㅎ

- 표준어 : 겨울
- 품  사 : 명사
- 뜻풀이 : 한 해의 네 철 가운데 넷째 철. 가장 추운 계절로 양력으로는 12월부터
  2월까지, 음력으로는 10월부터 12월까지를 말한다.
- 다른 방언형 : 동샘이, 겨슬, 결, 겨을, 겨울
- 사용 지역 : 함경도

"딸 덕에 신식 내복으 입어 보구 올 **동삼**에는 뜨뜻이 나기 됐다문서 좋아
하덩이……" 〈안수길, 북간도, 1995, 632〉

'동삼'은 '겨울'의 함경도 방언으로 함경도 전 지역에서 널리 쓰인다.
'동삼'은 한자어 '冬三'에서 나온 말이다. 곧, 겨울에 해당하는 세 달이
란 뜻이다. 이 밖에 함경도 지방에서는 '겨슬', '겨을', '절:', '저슬' 따위
와 같은 방언이 쓰이기도 하지만 흔히 '동삼'이라는 말을 쓴다.

# 되비

---

- 표준어 : 도로
- 품 사 : 부사
- 뜻풀이 : 반대로 되돌리어.
- 다른 방언형 : 대비, 데비, 되려
- 사용 지역 : 함경도

---

> "글쎄 할 줄으 알았네. 난들 좋아서 일본법으 따르자구 하겠능가? 국권이 절반 이상이나 일본에 넘어가구 있는 이 마당에서 말이네. 그러나 그래두 숨으 쉴 수 있는 데가 여기네. 일본 아아들이 영사관이라구 해서 저어 나라 깃발으 높이 달구 있지마는 그기 무슨 상관이 있능가? 가아들이 우리르 보호해 준다문, 그러라구 해두잔 말이네. 그거르 **되비** 이용해 보자능 걸세." 〈안수길, 북간도, 1995, 308〉

'되비'는 함경도의 여러 지역에 분포하는 방언으로 '반대로 되돌리어', '오히려 그 반대로' 정도의 뜻을 지닌다. 위 예문에서 "그거르 되비 이용해 보자능 걸세"는 '주어진 상황을 오히려 거꾸로 이용하여 당면한 문제를 해결해 보자'는 뜻이다. 함북 북부 지방에서는 '대비'라 하는데 이는 '되비'로부터 변화한 말이다.

# 된비

- 표준어 : 비
- 품　사 : 명사
- 뜻풀이 : 몹시 세차게 내리는 비.
- 사용 지역 : 평안북도

소와말은 도로 山으로 돌아갔다/염소만이 아직 **된비**가오면 山개울에놓인 다리를건너 人家근처로 뛰여온다 〈백석, 山地, 朝光1-1, 1935.11.〉

'된비'는 '되다'(=몹시 심하거나 모질다)의 관형사형 '된'과 '비'가 결합하여 이루어진 합성어로 '몹시 세차게 내리는 비'를 말한다.

# 됫세

- 표준어 : 되우, 된통
- 품　사 : 부사
- 뜻풀이 : 아주 몹시.
- 다른 방언형 : 되쎄우, 돼우, 쎄우
- 사용 지역 : 함경도

> "그 고집퉁이가 한번 **됫세** 홍이 나야지……" (안수길, 북간도, 1995, 15)

'됫세'는 '아주 몹시'의 뜻을 지닌 함경도 방언이다. 이 밖에 '되쎄우, 돼우, 쎄우'와 같은 방언도 있다. 인접한 평북 지방에서도 '돼쎄이', '돼쒜'와 같은 방언이 쓰인다. 평안도와 함경도 북부 지방에서는 '외'가 '왜'로 변화하였기 때문에 '돼우', '돼쎄우'라 하는 것이다. 이 방언형들은 '되다〔硬〕'와 '세다, 쎄다〔强〕'의 어간을 어기로 하여 파생된 말이거나 두 어간이 결합한 어기에 부사 파생 접사 '-이' 또는 '-우'가 결합하여 파생된 방언이다.

예문의 '홍이 나다'는 '혼이 나다(정신이 나갈 정도로 호된 시련을 겪다)'의 함경도 방언이다. 함경도 방언에서는 'ㅣ' 모음 앞에 'ㄴ'이 있으면 그 'ㄴ'은 앞뒤 모음을 비모음(鼻母音, 콧소리 모음)으로 만들고 자신은 탈락한다. 이 비모음을 달리 적을 방법이 없기 때문에 작가는 '홍이'라 적은 것이다. 예문을 표준어로 옮기면, "그 고집통이 한번 아주 몹시 혼이 나야지 ……."가 된다.

# 두무꼴

• 표준어 : 두메, 두멧골
• 품    사 : 명사
• 뜻풀이 : 도회에서 멀리 떨어져 사람이 많이 살지 않는 변두리나 깊은 곳.
• 사용 지역 : 평안남도

처음 오자마자는 **두무꼴**에다 작으막하게 집을 세운걸보면, 그말도 따는
그럴듯한 소리다. 몇방 않 되는 적은 집에다 첩 큰댁을 한께 모라넣고, 아이
들 셋을 각각 제어미를 붙여 갈라 넣어 버린 것이다. 그러나 일년이 지내서
피란갔던 읍사람들이 모다 돌아와서 돈에 궁한 이가 집을 팔때, 그는 헐값으
루다 지금 쓰고있는 커다란 거릿집을 사고 장터로 나서면서, 예전 살던 집은
새로 꾸리고 느려서, 첩과 첩의몸에 생긴 아들을 살도록 맡겼다. 〈金南天, 大河,
1939, 4〉

　이 작품에서 고유 지명으로 쓰인 '두무꼴'은 표준어 '두멧골'에 대응
되는 말로 '두무+ㅅ+골〔谷〕'로 분석된다. 함경도에서도 '두메산골'을
'두무산골'이라 하므로 '두무'와 '두메'는 같은 어원에서 파생된 말일 것
으로 추측된다. 현재로서는 이 '두무'와 '두메'의 어원을 분명히 말하기
는 어렵다.
　함경도에서 널리 쓰이는 '두무'는 '두멍(집 안에 먹을 물을 담아 두고
쓰는 독)'의 방언이다. 이 '두무'는 자음으로 시작하는 조사 앞에서는
'두무'로 교체되고 모음으로 시작하는 조사 앞에서는 '둥ㄱ'로 교체된
다. 함경도 방언 화자들은 '두무산골'의 '두무'는 '두멍'을 뜻하는 말이
라고 한다. 즉, 산으로 둘러싸여 마치 두멍처럼 깊게 파인 곳에 있는

산골을 '두무산골'이라 한다는 것이다. 개연성은 있으나 앞으로 더 검토해 볼 문제이다.

한편, 평안도에서는 '멧골', '산골' 따위의 말이 널리 쓰이므로 위 작품에 나타나는 '두무'는 좀 이채롭다 할 수 있다. 다만, 김남천의 고향인 평안남도 성천(成川)은 양덕(陽德)을 사이에 두고 있기는 하나 함경남도 고원(高原)과 비교적 가까운 곳이므로 성천 지역에서 함경도 방언형 '두무'가 쓰일 가능성은 있다.

# 두새없다

- 표준어 : 두서없다
- 품　사 : 형용사
- 뜻풀이 : 수선스럽게 지껄여 말의 내용이나 갈피를 잡을 수 없다.
- 사용 지역 : 평안북도

봄철의 죠흔 새벽, 풀이슬 매쳤서라./볼지어다, 歲月은 도모지 便安한데,/ **두새업는** 저 가마귀, 새들게 울짓는 저 까치야,/나의 凶한 꿈 보이느냐? 〈김소월, 몹쓸꿈, 진달내꼿, 1925, 67〉

'두새없다'는 '이치에 닿지 않게 수선스럽게 떠들어 대어 갈피를 잡을 수 없다'라는 뜻인데 위 시에서는 '무슨 말인지 도무지 알아들을 수 없게 되는대로 마구 지껄이다' 정도의 뜻으로 쓰였다. 한편, 예문의 '새들다'는 '남에게는 말할 기회를 주지 않고 혼자서 독판 떠들어대다' 는 뜻을 가진 말이다.

# 둥에

- 표준어 : 고의
- 품　사 : 명사
- 뜻풀이 : 남자의 여름 홑바지. 한자를 빌려 '袴衣'로 적기도 한다.
- 다른 방언형 : 둥에적삼
- 사용 지역 : 평안도

> 산곬사람은 막베등거리 막베잠방**둥에**를입고/노루새끼를 닮었다/노루새끼
> 등을쓸며/터앞에 당콩순을 다먹었다고하고/설흔닷냥 값을불은다/노루새끼는
> 다문다문 흰점이 백이고 배안의털을 너슬너슬벗고/산곬사람을 닮았다 〈백석,
> 노루, 朝光3-10, 1937.10.〉

　'둥에'는 남자들이 옛날에 입던 여름용 홑바지 즉, '고의(袴衣)'의 평안도 방언으로 평안도 전역에서 널리 말해진다. '둥에'는 '고의'와 유의어인 '中衣'에서 나온 말로, 중세국어형 '듕의(中衣)'의 후대형이다. 이 지역 방언은 구개음화를 일으키는 반모음 'ㅣ'가 탈락하여 '듕의>둥에'로 변화하였다.

　'둥거리'는 소매가 없는 웃옷의 하나로, 여름에 땀받이로 속에 걸쳐 입는 것이 있고 또 겨울에 추위를 막기 위하여 지어 입는 방한복이 있다. 이전에는 개가죽으로 만들거나 솜을 두어서 만들어 입었다.

# 뒤솟다

- 표준어 : 뒤집다
- 품　사 : 동사
- 뜻풀이 : 눈알을 뒤집듯이 위로 치켜올리다.
- 사용 지역 : 평안북도

> 죽는 몸 떨 듯 떨고 죽는 긴 숨을 쉬엇스나 녕감은 죽지는 안헛다. 녕감이 죽으려면 아지고 무엇이 한아 더 남은 듯 하엿다. 그것은 눈을 **뒤솟는** 것인지 모른다. 〈백석, 마을의 遺話, 朝鮮日報, 1935.7.13.〉

'뒤솟다'는 '뒤＋솟다'의 구성으로 이루어진 합성동사이다. '뒤'는 '뒤치다〔飜〕'라는 뜻이므로 '눈을 뒤솟다'는 '사람이 임종할 때 눈의 흰자위를 위로 뒤집듯이 치켜 올린다'는 뜻이 된다.

# 뒤웅치

- 표준어 : 뒤웅박
- 품 사 : 명사
- 뜻풀이 : 박을 쪼개지 않고 꼭지 근처에 구멍만 뚫어 속을 파낸 바가지.
- 다른 방언형 : 뒹치, 뒝끼, 뒝치, 뒤엥치, 뒹치, 뙹퀴
- 사용 지역 : 평안북도

> 연기 그은 첨하 미테는 아모 것도 너허두지 안은 **'뒤웅치'**가 서너 개 걸녀 잇다. 〈김소월, 春朝, 學生界, 1920.10.〉

'뒤웅치'는 '뒤웅박'의 방언이다. 곡식이나 음식 등을 담기 위해 박이나 조롱박의 꼭지 부근에 구멍을 내고 속을 긁어내어 만든 마른 그릇이다. '-치'는 일부 명사 또는 명사형 뒤에 붙어 '물건'의 의미를 더하는 접미사이다.

# 뒤재다

- 표준어 : 뒤적이다
- 품   사 : 동사
- 뜻풀이 : 물건이나 몸을 자꾸 이리저리 뒤집다.
- 다른 방언형 : 뒤적이다, 뒤채다, 뒤척이다, 뒤채기다
- 사용 지역 : 평안북도

야밤중, 불빗치 밝하게/어렴프시 보여라.//들니는 듯, 마는 듯,/발자국소래./스러저가는 발자국소래.//아무리 혼자누어 몸을 **뒤재도**/일허바린 잠은 다시안와라.//야밤중, 불빗치 밝하게/어렴프시 보여라. 〈김소월, 그를 꿈꾼 밤, 진달내꽃, 1925, 69〉

'뒤재다'는 '몸을 이리저리 뒤집는다'는 뜻이니 표준어 '뒤적이다'와 가까운 뜻을 가진 말이라 할 수 있다. '뒤재다'는 '뒤다'와 '재다'가 결합한 합성동사이다. '뒤다'는 본디 '뒤집다'라는 뜻을 가진 '드뵈다'에서 변화한 말이다. 드뵈다〉드위다〉뒤다. 이 '드뵈다'에서 변화하여 갈려나간 '드비다, 디비다' 따위의 방언형이 지금도 함경, 경상 방언권에서 쓰인다. 한편, '뒤재다'의 '재다'는 '차곡차곡 가리거나 쌓다'라는 뜻을 가진 동사이다. 따라서 '뒤재다'는 '몸이나 물건 따위를 뒤집어 놓다'라는 뜻을 갖는다. ≪평북방언사전≫에는 '뒤재다'를, "볕에 널어 말리는 물건이나 쟁여 놓은 물건의 아래 것과 위 것을 뒤바꾸거나 뒤집어 놓다. 엎드린 몸을 가만히 두지 못하고 자주 뒤집다."라 풀이하였다.

'바리다'는 'ᄇ리다'에서 변화한 말이다. 소월의 시에서, 본동사는 대체로 '바리다'로 나타나고 보조동사는 '버리다'로 나타난다.

# 드티다

- 표준어 : 옮기다
- 품　사 : 동사
- 뜻풀이 : 물건 따위를 다루어 위치를 옮기다.
- 다른 방언형 : 드티우다
- 사용 지역 : 함경도

> 더욱이 청국 사람이 되는 일에는 조금도 **드티어** 줄 게 없다고 염불처럼 뇌던 할아버지였다. 〈안수길, 북간도, 1995, 78〉

'드티다'는 본디 있던 자리에서 움직이거나 움직여서 위치를 바꾼다는 말이다. 함경도 전 지역에서 널리 쓰이는 고어(古語)이다. 위 예문에서 "드티어 줄 게 없다."는 '지금 가지고 있는 것을 건드리거나 움직여서 남에게 줄 것이 없다'라는 뜻으로 쓰인 것이다.

# 들죽

ㄱ
ㄴ
ㄷ
ㄹ
ㅁ
ㅂ
ㅅ
ㅇ
ㅈ
ㅊ
ㅋ
ㅌ
ㅍ
ㅎ

- 표준어 : 들쭉
- 품　사 : 명사
- 뜻풀이 : 들쭉나무의 열매. 8~9월에 익고, 그 모양과 맛이 포도와 비슷한데, 자양분이 많다. 빛깔은 진홍색이다. 신맛과 단맛이 있어서 생으로 먹기도 하고 잼과 양주 제조에도 쓴다.
- 다른 방언형 : 들쭉
- 사용 지역 : 평안도, 함경도

七星고기라는 고기의 쩜벙쩜벙 뛰노는 소리가/쩻쩻하니 들려오는 湖水까지는/들죽이 한불 새까마니 익어가는 망연한 벌판을 지나가야 한다. 〈백석, 咸南道安, 文章1-9, 1939.10.〉

'들죽'은 들쭉나무의 열매 '들쭉'을 달리 표기한 것이다. 들쭉나무는 철쭉과에 속하는 낙엽 활엽 관목으로 추운 지방의 높은 산이나 높은 고원 지대에서 자란다. 들쭉은 식용하거나 술에 담가 먹기도 한다.

위 시에서 '七星고기'는 뱀장어와 비슷하게 생긴 '칠성장어'의 방언이고 '쩻쩻하다'는 '소리가 높고 날카롭다'는 뜻을 지닌 형용사이다.

# 등곱새

---

- 표준어 : 곱사등이
- 품 사 : 명사
- 뜻풀이 : 등이 굽고 큰 혹 같은 것이 불쑥 나온 사람.
- 다른 방언형 : 곱새, 곱새등이, 꼽재, 등고부래, 혹재
- 사용 지역 : 함경북도

---

> 욕된 나날이 정영 숨가뿐/곱새는 **등곱새**는, 〈이용악, 해가 솟으면, 오랑캐꽃, 1947, 26〉

'곱새'와 '등곱새'는 모두 '곱사등이'를 지칭하는 함북 방언이다. 이 밖에 함북 지방에서는 '곱새등이', '꼽재', '등고부래', '혹재' 따위의 방언이 쓰인다.

곱사등이의 방언 '곱새'는 '용마름'의 방언 '곱새'(←곱＋새(＝이엉))와 같은 말로 생각된다. '곱사등이'와 '용마름'의 굽은 모양이 같아 '용마름'을 뜻하는 '곱새'를 '곱사등이'를 지칭하는 말로 삼은 것으로 생각되는 것이다. 용마름을 뜻하는 '곱새'에 '등'을 덧붙여 '곱새등이', '등곱새'라 한 것도 그 한 방증이 된다. ⇒곱새.

# 디리댁적

• 표준어 : 대응 표준어 없음
• 품　사 : 명사
• 뜻풀이 : 달려들어 일을 하려는 체하는 태도나 모양.
• 사용 지역 : 평안남도

인접에게서 단자가 온것을 힐끗보드니 들려주는 붓은 받지두 않고, 형선이는, 옆에있는 인접에게,
　"그대루 물레주우."
하고 나직히 말한다. 모든사람은 적지않이 실망하였다. 서당공부도상당히 했고, 벌서 몇년채 기독학교니 동명학교니를 단니는 학도니만큼, 십여장의단자 같은건 훌훌 써내갈길줄 알었든 그들은, 아여 **디리댁적**도 않 하는 신랑의태도에 실망을 느낀것이다. 그러나 어쩔수없는일이다. 상을 않 주겠다면 커니와, 딴말없이 물리라는데는 다시 두말이 있을수없다. 인접이 대신하여 커다라케 '退'짜를 써서 내깔리니, 이소리를 부엌에서 들은 신랑의 장모는,
　"단자상은 따루채려 올릴게니, 큰상은 그대루 둬두소."
하고 밖을향하여 소리를 질렀다.
　"큰상은 웃어룬들이 게시다니 보내올리야하겠소다."
하고 다시 뇌우친다. 〈金南天, 大河, 1939, 42〉

　위 예문에 따르면, '디리댁적'은 '달려들어 일을 하려는 체하는 태도나 모양' 정도의 의미를 갖는다. '들이대다'의 평안도 방언 '디리대다'에서 파생된 말이다. 표준어 '들이대다'는 '어떤 물건을 바싹 가져다 대다', '물을 끌어대다', '돈이나 물건 따위를 대어 주다' 등의 의미를 가진 동사이다. 따라서 위 예문을 통해 추정한 '디리댁적'의 의미와는 거

리가 있다. 그러나 북한의 ≪조선말대사전≫에는 표제어 '들이대다'에 '어떤 일을 힘차게 추진하다'라는 뜻풀이가 있다. 따라서 '들이대다'의 평안도 방언인 '디리대다'도 '어떤 일을 행동에 옮기거나 추진하다'의 의미를 갖고 있을 것으로 보인다.

# 디퍽디퍽

- 표준어 : 지벅지벅
- 품　사 : 부사
- 뜻풀이 : 길이 험하거나 어두워 잘 보이지 아니하거나, 또는 다리에 힘이 없어서
　　　　 휘청거리며 서투르게 걷는 모양.
- 사용 지역 : 평안북도

착한 일 하노라고/길이 늦은 개구리,/형네 집에 왔을 때는/날이 저물고,/쌀 대신에 벼 한 말/얻어서 지고/형네 집을 나왔을 땐/저문 날이 어두워,/어둔 길에 무겁게/짐을 진 개구리,/**디퍽디퍽** 걷다가는/앞으로 쓰러지고/디퍽디퍽 걷다가는/뒤로 넘어졌네. 〈백석, 개구리네 한솥밥, 백석전집, 1997, 253〉

'디퍽디퍽'은 '짚다'의 평안도 방언인 '딮다'에 접사 '억'이 결합하여 형성된 의태어이다. 즉, '딮+억+딮+억'의 형태소 구성으로 이루어진 부사 첩어이다. 구개음화를 겪지 않은 평안도 방언은 '짚다'를 '딮다'라 하는데 여기서 파생된 '디퍽디퍽'은 두 가지 뜻을 가질 수 있다. ①연신 작대기 따위로 땅을 짚어 가며 걷는 모양. ②연신 발로 땅을 디디며 걷는 모양. '짚다'의 뜻을 고려하면 ①이 옳을 듯하지만, 그러나 북부 방언의 뜻을 섬세하게 반영하고 있는 ≪조선말대사전≫에는 '짚다'가 '발을 디디다'라는 뜻을 가지고 있고 또 전후 문맥을 고려하여도 ②의 풀이가 옳을 듯하다. 따라서 '디퍽디퍽'은 표준어 '지벅지벅'의 방언이 된다. 예문의 '디퍽디퍽'은 무거운 짐을 진 개구리가, 날이 어두운 데다가 다리에 힘이 없어 휘청거리며 걷는 모양을 묘사한 것이다.

# 따백이

- 표준어 : 짚신
- 품　　사 : 명사
- 뜻풀이 : 고운 짚신, 곱게 삼은 짚신.
- 다른 방언형 : 딮신
- 사용 지역 : 평안북도

백중날에는 새악씨들이/생모시치마 천진푀치마의 물팩치기 껑추렁한 치마에/쇠주푀적삼 항나적삼의 자지고름이 기드렁한 적삼에/한끝나게 상 나들이옷을 있는대로 다 내 입고/머리는 다리를 서너 켜레씩 들여서/씨뻘건 꼬둘채댕기를 삐뚜룩하니 해 꽂고/네날백이 **따백이** 신을 맨발에 바꿔 신고 〈백석, 七月백중, 文章4-1, 1948.5.〉

짚신은 그 종류가 많다. 재료도 짚, 삼, 왕골 등 다양하고 또 용도에 따라서 섬세하게 삼기도 하고 또 거칠게 삼기도 한다. '따백이'는 네 날로 곱게 삼은 짚신을 말한다.

# 때글다

- 표준어 : 절다
- 품　사 : 형용사
- 뜻풀이 : 옷 따위를 오래 입어 때에 찌들다.
- 사용 지역 : 평안북도

오늘저녁 이 좁다란방의 흰 바람벽에/어쩐지 쓸쓸한것만이 오고 간다/이 흰 바람벽에/히미한 十五燭전등이 지치운 불빛을 내어던지고/**때글은** 다낡은 무명샤쯔가 어두운 그림자를 쉬이고/그리고 또 달디단 따끈한 감주나 한잔 먹고싶다고 생각하는 내 가지가지 외로운 생각이 헤매인다 〈백석, 흰 바람벽이 있어, 文章3-4, 1941.4.〉

'때글다'는 표준어 '절다'와 같은 의미를 가진 방언이다. 이 말은 '때'와 '그을다'가 결합한 합성어이다. 옷이 연기에 까맣게 그은 것처럼 옷에 때가 잔뜩 찌든 것을 나타내는 말이다.

# 뚝장군

- 표준어 : 대응 표준어 없음
- 품   사 : 명사
- 뜻풀이 : 힘만 세고 영리하지 못한 우둔한 사람.
- 다른 방언형 : 뚝재
- 사용 지역 : 함경도

**뚝장군의 전설을 가진 조고마한 늪/늪흘 지켜 숨줄이 말는 썩달나무에서**
〈이용악, 도망하는 밤, 分水嶺 1937, 15〉

'뚝장군'은 '힘만 세고 영리하지 못하고 우둔한 사람'을 일컫는 말이다. '뚝장군의 전설'은 그 내용을 알 수 없다. '썩달나무'는 '오래되어 저절로 썩은 나무'를 말한다.

# 뜯개조박

- 표준어 : 뜨더귀
- 품　사 : 명사
- 뜻풀이 : 조각조각으로 뜯어내거나 찢어낸 천 조각.
- 다른 방언형 : 뜨디개조박
- 사용 지역 : 평안도

황토 마루 수무낡에 얼럭궁 덜럭궁 색동헌겊 **뜯개조박** 뵈짜배기 걸리고 오쟁이 끼애리 달리고 소삼은 엄신 같은 딥세기도 열린 국수당고개를 몇번이고 튀튀 춤을 뱉고 넘어가면 곬안에 안윽히 묵은 넝동이 묵업기도할 집이 한 채 안기었는데 〈백석, 넘언집 범 같은 노큰마니, 文章1-3, 1939.4.〉

'뜯개'는 '뜨더귀'의 평남 방언이다. 천 따위를 조각조각으로 뜯어내거나 찢어내는 일, 또는 그렇게 해서 생긴 조각을 이르는 말이다. 김이협의 《평북방언사전》에도 '뜨디개'라는 방언형이 실려 있는데, "①조각조각으로 갈라 뜯어내거나 찢어내는 짓. ②조각조각으로 뜯어내거나 찢어낸 물건."이라 풀이해 놓았다. 한편, '조박'은 '조각'의 평안도와 함경도의 방언이다. 따라서 위 작품의 '뜯개조박'은 '조각조각으로 뜯어내거나 찢어낸 천 조각'이라는 뜻을 가진 말임을 알 수 있다. 위 작품에서는 서낭당 나무에 걸려 있는 여러 가지의 천 조각을 묘사하기 위해서 쓰였다.

# 띠쫗다

• 표준어 : 대응 표준어 없음
• 품  사 : 동사
• 뜻풀이 : 부리 따위로 찔듯이 쪼다.
• 사용 지역 : 평안북도

아카시아꽃의 향기가 가득하니 꿀벌들이 많이 날어드는 아츰/구신은 없고
부헝이가 담벽을 **띠쫗고** 죽었다 〈백석, 旌門村, 사슴, 1936, 64〉

'띠쫗다'는 앞뒤 문맥으로 뜻을 추측해 볼 수 있다. '띠쫗다'를 '띵+
쫗다'의 구성으로 된 비통사적 합성동사로 보는 경우, '띵다'는 '찧다'의
평안도 방언이 된다. 평안도 방언은 구개음화를 겪지 않아 '띵다'로 남
아 있다. '쪼다[啄]'는 방언에서 흔히 '쫗다'로 나타난다. 이렇게 보면
'띠쫗다'는 '띵쫗다'를 표기한 것이 되어 '부헝이가 담벽을띠쫗고 죽었
다'는 '부엉이가 담벼락을 부리로 부딪어 쪼다가 죽었다'는 뜻으로 해
석된다. '띠'를 평안도 방언의 접두사 '즛', '티'로 볼 수도 있지만 이 두
접사를 '띠'로 표기하였다고 보기는 어렵다.

# 띠팡

- 표준어 : 대응 표준어 없음
- 품　사 : 명사
- 뜻풀이 : 한 지주가 소유한 토지.
- 다른 방언형 : 지팡
- 사용 지역 : 함경북도

**띠팡**을 떠날 때 강을 건늘 때 조선으로 돌아가면 빼앗겼던 땅에서 농사지으며 가 갸 거 겨 배운다더니 조선으로 돌아 와도 집도 고향도 없고 ⟨이용악, 하늘만 곱구나, 李庸岳集, 1949, 40⟩

'띠팡'은 '한 지주가 소유한 토지'라는 뜻을 지닌 말인데 한어(漢語) '地方' 또는 '地盤'에서 유래한 말로 보인다. 위 시는 만주의 한족(漢族) 지주 밑에서 집과 땅을 빌려 농사를 짓고 살다가 그 가혹한 수탈의 현장인 '띠팡'을 벗어나 두만강을 건너 조선에 왔으나 역시 집도 땅도 없어 가난한 신세를 면하지 못하는 일제 강점기 유랑하는 식민지 백성의 간고한 삶을 묘사한 것이다. ⇒지팡집.

# 띨배

- 표준어 : 산사자
- 품　사 : 명사
- 뜻풀이 : 산사나무의 열매. 둥글고 작은 사과 모양이며, 9~10월에 붉은색으로
익는데 겉면에는 흰 점들이 있다. 열매에는 아미그달린, 우르솔산, 클로
르겐산, 레몬산, 포도술산을 비롯한 유기산, 플라보노이드, 비타민 시(C)
가 들어 있다. 한약 재료로 쓴다.
- 다른 방언형 : 딜구배, 띨구배, 띨광이, 찔구배
- 사용 지역 : 평안북도

박을삼는집/할아버지와손자가올은집웅옹에 한울빛이진초록이다/우물의물
이 쓸것만같다//마을에서는 삼굿을하는날/건넌마을서사람이 물에빠저죽었다
는소문이왔다//노란싸리닢이한불깔린토방에 햇츩방석을깔고/나는호박떡을
맛있게도먹었다//어치라는山새는벌배먹어공읍다는곬에서 들배먹고앓븐배를
아이들은 **띨배**먹고나었다고하였다 〈백석, 여우난곬, 사슴, 1936. 6〉

　산사자(山査子)는 '아가위'라고도 하는데 평안도에서는 흔히 '띨광이'
라 한다. 따라서 위 시에 나오는 '띨배'는 평안도에서 널리 쓰이는 방언
형은 아닌 듯하다. 한편, 함경도에서는 '딜구배, 띨구배, 찔구배'라 한
다. 술에 담가 먹기도 하고 소화제로 쓰기도 한다. '산사자'를 평안도
에서 '띨광이'라 부르기 때문에 '띨광이'의 구개음화형인 '찔광이'가 북
한의 문화어가 되었다. 그리고 산사자로 담근 술을 '찔광이술'이라 한
다.

# 마가리

- 표준어 : 오두막
- 품 사 : 명사
- 뜻풀이 : 사람이 겨우 들어가 살 정도로 작게 지은 막. 또는 작고 초라한 집.
- 다른 방언형 : 오두막집, 오막살이
- 사용 지역 : 평안북도

나타샤를 사랑은 하고/눈은 푹푹 날리고/나는 혼자 쓸쓸히 앉어 燒酒를 마신다/燒酒를 마시며 생각한다/나타샤와 나는/눈이 푹푹 쌓이는 밤 힌당나귀 타고/산골로 가쟈 출출이 우는 깊은 산골로 가 **마가리**에 살쟈〈백석, 나와 나타샤와 힌 당나귀, 女性3-3, 1938.3.〉

'마가리'는 '막처럼 비바람이나 막을 수 있을 정도로 간단하게 꾸린 집'이라는 뜻을 가진 말이니 표준어 '오두막'과 상통한다. '마가리'는 평안도, 함경남도, 강원도 일원은 물론 제주도에서도 쓰인다. 주로 북부 방언권에서 널리 쓰이는 까닭에 북한의 문화어가 되었다.

# 마가슬

- 표준어 : 늦가을
- 품     사 : 명사
- 뜻풀이 : 늦은 가을. 주로 음력 9월을 이른다.
- 다른 방언형 : 마가을
- 사용 지역 : 함경도

> 그리고 물이라도 들듯이 샛노라티 샛노란 山골 **마가슬** 벼테 눈이 시울도록 샛노라티 샛노란 햇기장 쌀을 주물으며/기장쌀은 기장찰떡이 조코 기장차랍이 조코 기장감주가 조코 그리고 기장쌀로 쑨 호박죽은 맛도 잇는것을 생각하며 나는 기쁘다 〈백석, 月林장(西行詩抄4), 朝鮮日報, 1939.11.11.〉

'가슬'은 '가을'의 방언으로 북부 지방에서는 함경도에서 쓰인다. 정작 백석의 고향인 평북 지방에서는 '가을, 갈'이라 한다.

한편, 위 시에서 '찻떡'은 '찰떡'의 방언이다. '찻떡'은 '찹쌀(차입쌀)', '찰기장' 따위로 만드는데 입쌀이 귀하던 시절에는 위 시에서 말하고 있는 것처럼 '찰기장'으로 만들어 먹었다. '찰기장'을 쪄서 떡메로 친 다음, 네모지게 썰거나 혹은 손으로 적당히 떼어 내어 그것을 고물에 묻혀 먹는다. '차랍'은 '찰밥'의 방언이다. 옛 시기에는 두 형태소가 결합하여 파생어나 합성어를 이룰 때 앞 말의 끝소리가 'ㄹ'이고 뒤 말의 첫소리가 'ㅂ'이면 'ㅂ'은 'ㅸ'으로 변화하였다. 그리고 그 'ㅸ'은 다시 반모음 '오/우[w]'로 변화하였다. 즉, '차랍'은 '찰＋밥〉찰뱝〉찰왑〉차랍'과 같은 변화를 겪은 것이다. 평안도 방언에는 이 같은 음운변화를 입은 단어들이 몇이 있다. '물압(물에 만 밥, 물밥)'이 그런 예이다.

# 마스다

• 표준어 : 부수다
• 품　사 : 동사
• 뜻풀이 : 단단한 물체를 여러 조각이 나게 두드려 깨뜨리다.
• 다른 방언형 : 마수다, 모수다, 부수다
• 사용 지역 : 함경도

> "머리르 **마스고** 그기 무슨 짓잉냐?" 〈안수길, 북간도, 1995, 240〉

'마스다', '마수다', '모수다'는 '부수다'의 함경도 방언이다. 모두 예전의 'ᄆᆞᅀᆞ다'에서 변화한 말인데 함경도 지역에 그 잔재가 남아 있는 것이다.

예문의 '머리르 마스다'는 '얻어맞거나 부딪히거나 하여 머리를 크게 다치다'라는 뜻으로 쓴 말이다. 위 예문을 표준어로 풀이하면, "머리를 깨고 (대체) 그게 무슨 짓이냐?"가 된다. '짓잉냐?'는 원래 '짓잉양[ʧisîyã]' 정도로 표기되어야 함남 방언이라 할 수 있다. 이는 '냐'의 'ㄴ'이 앞뒤 모음을 콧소리(鼻音)로 만들고 자신은 탈락한 결과이다.

# 마실

- 표준어 : 마을
- 품 사 : 명사
- 뜻풀이 : 저녁 식사를 마치고 동네의 이웃으로 놀러 다니는 일.
- 다른 방언형 : 말
- 사용 지역 : 함경도, 충청도, 경상도, 전라도, 제주도.

> 그날 밤엔 정분이도 **마실**을 갔다. 원천댁이 먼저 가 있었다.
>
> 집나이에 대한 원천댁의 치사가 숨이 넘어갈 지경이었다.
>
> "세상에, 효성스럽구 손부빌이 야물구. 영감 노친네가 딸 하나는 잘 두었음메."
>
> 그것은 입에 바른 치사가 아니었다. 이 두메산골에서 환갑이란 엄두를 내지 못하는 일이었다. 〈이정호, 뚜깔리, 늪과 바람, 1989, 243~244〉

'마을'의 방언 '마실'은 충청, 경상, 전라, 강원, 함경도의 넓은 지역에서 쓰인다. '마실'은 본디 중세국어 'ᄆᆞᅀᆞᆯ'에서 변화한 말로서 'ᄆᆞᅀᆞᆯ'의 어두 음절 모음이 'ㆍ〉ㅏ'로 변화하고 제2음절의 모음이 'ㆍ〉ㅡ'로 변화하여 '마슬'이 되었다가 'ㅅ' 아래에서 'ㅡ'가 다시 'ㅣ'로 변화하여 '마실'이 되었다. 'ㅿ'이 탈락한 뒤에 위와 같은 모음 변화를 겪은 것이 표준어 '마을'이다. '마실'이라는 말이 넓은 지역에서 쓰이기는 하지만 단독으로 쓰일 때에는 '마을'이라는 뜻이고, '가다' 따위의 동사와 어울려 쓰일 때에는 '이웃집에 놀러 가다'라는 뜻이 된다. 또 '마을'의 방언과, '마을 가다'에서의 '마을'의 방언은 지역에 따라 서로 일치하지 않는다. 그 예를 아래에 보인다.

|  | 마을 | 마을 가다 |
|---|---|---|
| 〈가 지역〉 | 마을 | 마을 가다 |
| 〈나 지역〉 | 마을 | 마실 가다 |
| 〈다 지역〉 | 마실 | 마실 가다 |

　〈가 지역〉(서울과 그 인근 지역)에서는 '마을'과 '마을 가다'(또는 '마을 오다', '마을 다니다')라 한다. 〈나 지역〉은 '마을'은 '마을'이라고 하지만 '마을 가다'는 '마실 가다'라 하며, 〈다 지역〉는 '마을'도 '마실'이라 하고 '마을 가다'도 '마실 가다'라 한다. 〈나 지역〉은 주로 충청도 지방을 말하는데 이때 '마실'은 단독으로 쓰이지 못하고 '마실 가다'처럼 관용어로만 쓰인다. 위 소설의 무대가 되는 함남 지역에서도 대체로 '마실 가다'라고 할 때에만 '마실'이 쓰인다(함북 지역에서는 '마스돌이'(〈마슬돌이)라 한다). 이런 까닭에 북한 지역에서 쓰이는 방언을 문화어로 많이 올린 북한에서는 '마실'을 문화어로 올렸다. 그리고 그 뜻풀이를, "(주로 '가다', '다니다', '오다'와 같은 동사와 함께 쓰이어) 이웃에 놀러다니는것."이라 풀이하였다. 이 경우 '마을'은 '여러 사람들이 모여 사는 시골의 동네'를 뜻하고 '마실'은 '주로 저녁 식사를 마치고 마을의 이웃집으로 놀러 다니는 일'이라는 뜻을 지닌다. 비슷한 예로서 '아우'와 '아수 타다'(또는 '아시 타다')라는 말이 있다. '아우'는 '동생'이라는 뜻이지만, '아수 타다'는 '아우가 생겨 어머니의 젖을 먹지 못해 마르다'라는 뜻이다.

ㄱ
ㄴ
ㄷ
ㄹ
ㅁ
ㅂ
ㅅ
ㅇ
ㅈ
ㅊ
ㅋ
ㅌ
ㅍ
ㅎ

# 마우재

- 표준어 : 러시아인
- 품  사 : 명사
- 뜻풀이 : 러시아 사람.
- 사용 지역 : 함경도

철없는 누이 고수머릴랑 어루많으며/우라지오의 이야길 캐고 싶던 밤이면 /울어머닌/서투른 **마우재**말도 들려주셨지. 〈이용악, 우라지오 가까운 항구에서, 낡은 집, 1938, 56〉

'마우재'는 '러시아 사람'을 뜻하는 한어(漢語) '毛子(maozi)'를 차용한 말이다. 지금도 함경도와 중앙아시아의 고려인들 사이에서 널리 쓰인다. '마우재말(러시아 어)', '마우재바름('마우재바람', 北風)', '마우재후우재(이전에 러시아 인 강도를 이르던 말)'와 같은 합성어가 있다. 또 이 말에서 파생된 '얼마우재'라는 말도 있는데, '서양 사람 흉내를 내며 경망스럽게 구는 사람'을 이르는 말이다. 중앙아시아의 고려인들은 '빵'을 '마우재떡'이라 하고 '러시아정교 교회'를 '마우재절당'이라 하기도 한다.

한편, '마우재'는 오장환(吳章煥) 등의 시에도 나타나는 점으로 미루어 일제 강점기에는 함경도 외의 지방에서도 쓰였던 것으로 보인다.

# 마지

- 표준어 : 마저
- 품  사 : 부사
- 뜻풀이 : 남김없이 모두.
- 다른 방언형 : 마즈
- 사용 지역 : 함경도

오락인 양 이잡이를 좋아하는 원천댁을 닮아서 정분이도 옥선이 머리를 잘 뒤졌다. 서캐 하나라도 깡그리 훑어서 옥선이를 잘 울렸다. 한데 원천댁의 머리는 재미가 없었다.
"이가 없소."
오늘 아침엔 우울하여 더욱 좀이 쑤셨다.
"아이구 시원하다. 이쪽두 **마지** 잡아라."
결국 좌우 머리를 다 훑고서 놓여났다. 원천댁의 코고는 소리를 듣고 살며시 빠져나온 것이다. (이정호, 감비 천불붙이, 안개, 1977, 26)

표준어의 부사 '마저'에 대응되는 함남 방언이다. 중세국어형은 'ᄆᆞᆽ'인데, 둘째 음절 모음 'ㆍ'가 'ㅡ'로 변화하여 '마즈'가 된 뒤 다시 부사 파생 접미사 '-이'가 결합하여 '마지'가 되었다. 함남 방언보다 보수적인 함북 방언에서는 아직도 '마즈'가 널리 쓰인다.

# 막서리

---

- 표준어 : 대응 표준어 없음
- 품    사 : 명사
- 뜻풀이 : 지주와 가까운 관계를 유지하면서 지주의 집안 대소사를 보아주고 지주
  의 땅 일부를 소작으로 부쳐 먹는 사람.
- 사용 지역 : 평안도

---

"……금년은 이대로 지내고 내년 추수나 치른뒤에 머리나 올려주고, 물역
쪽 막간을 맡아서 살아 보게나 그래."

이말이 끝난다음 두칠이는 코가 땅바닥에 닷도록 절을하고 제방으로 물러
나왔다. 절게로부터 **막서리**로 되는것이 기쁜게아니다. 〈金南天, 大河, 1939, 140〉

그 남편이 절게면 어떻고, 생기는 딸자식이 대를 이어 종사리를 한단들 무
슨 유한이 있을 거냐. ─더구나 종간나보다 막서리 처가 얼마나 훌륭한 지원
지, 절게보다 **막서리**가 얼마나 월등한 지벌인지, 쌍네에게는 알 수 없는 일
이었다. 〈金南天, 大河, 1939, 140〉

김남천의 〈대하〉는 20세기 초반 평안남도 농촌 사회의 일면을 잘
보여준다. 땅을 가진 지주와 일정한 형태의 계약을 맺고 삶을 영위하
는 가난한 백성들의 모습이 잘 묘사되어 있다. 예문에 보이는 '막서리',
'절게', '작인'을 통하여 이전에 평남 지방에서 볼 수 있었던 사회 제도
의 일면을 엿볼 수 있다. '작인'은 소작인을 가리키는 말이고 '절게'는
주로 부유한 농가에 고용되어 그 집의 농사일과 잡일을 해 주고 대가
를 받는 남자를 일컫는 말이니 '머슴'의 방언이라 할 수 있다. 여기서
파생된 말로 '절게방', '절게살이'란 말이 있다. '절게방'은 머슴이 거처

하는 방이며, '절게살이'는 '머슴살이'를 뜻하는 말이다. 황순원의 소설 〈목넘이 마을의 개〉에서는 '절가'라 하였는바, 평안도 안에서도 방언차가 있었음을 알 수 있다. 한편, '막서리'는 '절게'처럼 지주에 완전히 매인 것이 아니고 지주와 가까운 관계를 유지하면서 지주의 집안 대소사를 보아주고 또 지주의 땅을 일부 소작으로 부쳐 먹는 사람을 이르는 말이다. 말하자면 소작인과 머슴의 중간 정도나 된다고나 할까. 표준어로는 적절하게 대응시킬 말이 없어 보인다.

  어느 지역이나 그 지역만의 고유한 문화가 있게 마련이다. 많은 문학 작품을 통하여 그러한 지역의 역사 속에서 배태된 독특한 사회 제도나 문화 현상을 읽을 수 있다. 따라서 그 지역의 그러한 문화를 보여 주는 방언은 그 지역의 역사를 비추어 주는 거울에 다름 아니다. 적어도 30년대 전후 일제 강점기에 발표된 작품에는 지금은 사라지고 없는 당시의 사회를 들여다 볼 수 있는 방언 어휘가 상당수 등장한다. 그러한 방언 어휘는 표준어로 치환하기도 어렵다. 근사한 의미를 가진 표준어가 있다 하더라도 어휘는 하나의 체계를 이루기 때문에 그 방언형이 속했던 어휘장 내에서 그 방언형과 일정한 관계를 맺었던 관련 어휘와 연결 고리를 싹둑 잘라 버린다면 어휘 체계상 체계적으로 불합리한 점이 생길 수 있다. 또한 견고한 관계를 유지하던 체계 사이로 표준어가 들어가 그 자리를 온전히 메울 수 있는 것도 아니고, 또 그 지역의 역사 속에서 싹터 오랜 동안 쓰이게 된 어휘가 하루아침에 표준어로 바뀔 수도 없는 노릇이다. 또 향토색이라든가 지역성이라든가 하는 면을 온전히 살릴 수도 없다. 이러한 문제는 일찍부터 문학인들 사이에서 이러저러하게 의견들이 오간 것으로 보인다. 과연 '방언'을 왜 그리고 어떻게 문학어로 수용할 것인지 하는 문제는 지금도 의견이 분분할 수밖에 없다. 〈대하〉를 집필한 김남천이 ≪조선문학≫(1939년

4월호)에 게재한 '절게·막서리·기타—대하 집필 일기에서—'라는 글을 보면, 당대의 기라성 같은 문인들(유진오, 임화, 채만식, 홍명희 등)이 '사투리'를 어떻게 문학어로서 수용할 것인가 하는 문제를 두고 설왕설래했던 모습을 엿볼 수 있다. 김남천의 글 일부를 여기에 직접 인용하기로 한다.

"…… '절개'를 '머슴'이라고 고친다고 하는 것도 틀린 수작이지만 '막서리'나 막간 같은 말은 본시 딴 고장의 없는 제도를 표시하는 말이므로 '행랑살이'라고 할 수도 없고 부득이 모르는 이는 자기의 지식을 넓힐 밖에 별도리가 없을 것이다. 채만식 씨와 같이 이런 말이 표준어로 사정이 되었는가하고 조선어학회나 이극로 씨를 붙들어 갖고 묻는다던가 또는 물어보니까 이씨는 자기도 잘 모른다고 했다던가—이런 시끄럽고 쓸데없는 준비는 본시 나의 취할 바 행동이 아니라고 생각하고 있다. 도대체 언어의 정비시기에 있어서 좋은 말을 지방어에서 문학어로 끌어올리는 것을 반대하는 편파한 경성중심적 지방주의도 찬성키 곤란하거니와 문학자가 어학자의 뒷밑을 씻어줘야 할 어떠한 자기 폄하가 있어야하는지 나는 도저히 알 수 없는 일이다. 언어를 창조(공연히 조작을 말함이 아니다.)하고 활용하는 것은 어학자가 아니고 문학자인 것을 잊을 필요는 없을까 한다."

김남천은 요컨대, '표준어로 대체할 수 없는 고유한 지역어는 살려 써야 한다'는 취지로 말한 것이다.

# 말쿠지

- 표준어 : 말코지
- 품  사 : 명사
- 뜻풀이 : 물건을 걸기 위하여 벽 따위에 달아 두는 나무 갈고리. 흔히 가지가 여
          러 개 돋친 나무를 짤막하게 잘라 다듬어서 노끈으로 달아맨다.
- 다른 방언형 : 말코지
- 사용 지역 : 평안북도

구석의 나무 **말쿠지**에 할아버지가 삼는 소신 같은 집신이 둑둑이 걸리어
도 있었다 〈백석, 고방, 사슴, 1936, 12〉

五代나 날인다는 크나큰 집 다 찌글어진 들지고방 어득시근한 구석에서 쌀
독과 **말쿠지**와 숫돌과 신뚝과 그리고 넷적과 또 열두 데석님과 친하니 살으
면서 〈백석, 木具, 文章2-2, 1940.2.〉

'말쿠지'는 '물건을 걸기 위하여 벽에 박은 못'일 수도 있고 또 '가지
가 여러 개 돋친 나무를 짤막하게 잘라 다듬어 노끈 따위로 달아맨 것'
일 수도 있다. 위 예문에서는 많은 짚신이 걸려 있었다 하였으니 후자
일 것으로 생각된다.

# 매생이

•표준어 : 마상이
•품　사 : 명사
•뜻풀이 : 거룻배처럼 노를 젓는 작은 배.
•다른 방언형 : 마생이, 마상이
•사용 지역 : 평안북도

---

빈 매생이가 발길에 채우고 못나게 출렁거리며 운다 …… 흰 수염 난 늙은이가 **매생이**에서 낚대를 드리우지 않는 날을 누가 보았나? 요단江의 靈智가 물 위에 차 있을 듯한 곳이다. 〈백석, 麻甫, 朝光, 1935.11.〉

'매생이'는 2, 3m쯤 되는 통나무의 속을 파서 만든 아주 작은 배나 목판을 맞붙여서 만든 돛이 없는 거룻배를 이르는 말이다. 고기잡이 또는 강이나 호수에서 짐이나 사람을 실어 나르는 일을 한다.

'마상이'가 'ㅣ' 모음역행동화를 겪어 마생이가 된 다음, '생'의 음절 모음 'ㅐ'의 영향으로 첫 음절 모음이 '마〉매'의 변화를 겪어 '매생이'가 되었다. '담배〉댐배'와 같은 변화이다.

# 매짜다

- 표준어 : 매섭다
- 품 사 : 형용사
- 뜻풀이 : 세게 몰아치는 바람이 몹시 차고도 맵다.
- 다른 방언형 : 매짭다
- 사용 지역 : 함경도

싸락눈 함부로 휘날리고 바람 **매짜고** 〈이용악, 나라에 슬픔 있을 때, 신문학, 1946. 4.〉

'매짜다'는 '바람이 몹시 차고 맵다'는 뜻도 있고, 또 '아주 단정하고 날씬하다'는 뜻도 있다. 위 시에서는 전후의 문맥으로 보아 전자의 의미로 쓰인 것임을 알 수 있다. 예: 날이 칩아서 제에구 왔소. 오놀이 날이 매짜오.(날이 추워서 겨우 왔소. 오늘 날이 차고 맵소.)

# 맥

- 표준어 : 맥
- 품 사 : 명사
- 뜻풀이 : 기운이나 힘.
- 사용 지역 : 함경도

오솝소리 **맥**을 버리고/가벼히 볼을 많이는 야윈 손 〈이용악, 밤, 낡은 집, 1938, 22〉

**맥**풀린 백성의 사투리의 鄕闊를 아는가? 〈이용악, 天痴의 江아, 分水嶺, 1937, 38〉

북으로 가는 남도치들이/산ㅅ길을 바라보고선 그만 **맥**을 버리고 〈이용악, 버드나무, 오랑캐꽃, 1947, 44〉

'맥'은 '기운이나 힘'을 뜻한다. 중부 방언권에서도 '맥 없이', '맥 놓고', '맥 빠진'과 같이 관용적 표현에서 쓰이기는 하지만, 함경도에서는 '힘' 대신에 '맥'이라는 말을 많이 쓴다. 예: 맥이 모자라서(힘이 없어서). 맥이 없다(힘이 없다). 맥을 버리다(맥을 놓다). 한국말이 배우기 더 맥이 드재이오?(한국말이 더 배우기 힘들지 않소?), 뱀이 아덜다 잡아 먹구 맥이 없어서 눕구 있는다(호랑이가 아이들을 다 잡아 먹고 힘이 없어서 누워 있다).

'오솝소리'는 '조용히 (소리없이) 남모르게' 또는 '부산을 떨거나 수선을 피지 않고 조용조용히'라는 뜻을 지닌 부사이다.

# 맨천

- 표준어 : 사방
- 품　사 : 명사
- 뜻풀이 : 이곳 저곳 가릴 것 없이 모든 곳.
- 사용 지역 : 평안북도

나는 이 마을에 태어나기가 잘못이다/마을은 **맨천** 구신이 돼서/나는 무서워 오력을 펼수 없다 〈백석, 마을은 맨천 구신이 돼서, 신세대3-3, 1948.5.〉

'이곳저곳 가릴 것 없이 모든 곳'을 뜻하는 표준어 '사방'의 평북 방언이다. 위 작품은 마을과 집안 곳곳에 모셔져 있거나 전설로 내려오는 여러 귀신들을 소재로 하여 쓰인 것으로, '맨천'은 한국 전통의 토속 신앙이 인간의 삶 내지 생활공간과 밀접하게 관련을 맺고 있음을 잘 보여주고 있다.

149

# 머구리

- 표준어 : 개구리
- 품    사 : 명사
- 뜻풀이 : 개구릿과의 하나. 올챙이가 자란 것으로 뒷발이 길고 발가락 사이에 물갈퀴가 있다. 눈 뒤쪽에는 고막이 드러나 있으며 수컷은 울음주머니를 부풀려 소리를 낸다.
- 다른 방언형 : 멱장구, 멕장구, 멕자구, 머구락지
- 사용 지역 : 평안북도, 함경도

꿈에 울고 니러나/들에/나와라.//들에는 소슬비/**머구리**는 우러라./들그늘 어둡은데 〈김소월, 바리운몸, 진달내꽃, 1925, 143〉

'머구리'는 '개구리'의 고어(古語)이다. 그런데 평안도 방언 '머구리'는 주로 '올챙이'를 뜻한다. 평안도에서는 흔히 개구리를 '멱장구, 멱장기, 멕장구, 멕자구'라 한다. 위 예문의 '머구리'는 전후 문맥으로 보아 '개구리'를 뜻한다.

# 머리낄

- 표준어 : 머리카락
- 품    사 : 명사
- 뜻풀이 : 머리털의 낱개.
- 다른 방언형 : 머리끼
- 사용 지역 : 평안북도

다시금 실벗듯한 가지 아래서/식컴은 **머리낄**은 번쩍어리며 〈김소월, 記憶, 진달내옷, 1925, 63〉

오기를 기다리는 봄의 소래는/째로 여윈 손짓틀 울닐 지라도/수풀 밋테 서리운 **머리낄**들은/거름거름 괴로히 발에 감겨라. 〈김소월, 오는봄, 진달내옷, 1925, 130〉

허트러진 **머리낄**, 손에는 감겨./두 입김 오고가는 朦朧한 香氣. 〈김소월, 이한밤, 學生界, 1921.1.〉

구룸의 깊 **머리낄**, 향그르는 니불 〈김소월, 니불, 원본김소월전집, 1995, 313〉

'머리낄'은 '머리카락'의 평북 방언이다. 함경도에서는 '머리끼'라 한다. 15세기 초에 간행된 ≪朝鮮館譯語≫에 '髮墨立吉'이라 되어 있는 것을 보면, '머리끼'는 오래 된 고어(古語)임을 알 수 있다.

# 머리코

• 표준어 : 쪽
• 품  사 : 명사
• 뜻풀이 : 시집간 여자가 뒤통수에 땋아서 틀어 올려 비녀를 꽂은 머리털.
• 사용 지역 : 평안남도

남편은 한가지 한가지 안해의 몸에서 옷이 벗어 지는것을 안타까히 기다리다가, 여기까지 와서는 나직히 참았든 한숨을 내쉬였다. 안해는 마즈막으로 버선을 뽑고, 무명속옷 하나만 입은채 가만히 이불을 들친다. 안해는 긴 원앙침-시집올때 해 갖이고 온 베개 한옆에 머리를 눕히고, 곱게 빗어서 따아 얹었든 **머리코**를 가만히 풀어서 머리맡에 풀어놓고, 남편있는쪽에 등을돌리고 모으로 누었다. 〈金南天, 大河, 1939, 14〉

'머리코'는 옛날 기혼 여성들이 틀어 올린 '쪽'에 대응되는 평남 방언이다. '머리코'는 기존의 평안도 방언 조사 자료집에서는 찾아볼 수 없는데, '머리〔髮〕'와 '매듭'을 뜻하는 '코'의 합성어로 보인다.

# 머리태

- 표준어 : 편발(編髮)
- 품  사 : 명사
- 뜻풀이 : 땋아서 길게 늘이거나 땋아 얹은 머리.
- 사용 지역 : 함경도

　—긴 세월을 오랑캐와의 싸홈에 살았다는 우리의 머언 조상들이 너를 불러 '오랑캐꽃'이라 했으니 어찌 보면 너의 뒷모양이 **머리태**를 드리인 오랑캐의 뒷머리와도 같은 까닭이라 전한다— 〈이용악, 오랑캐꽃, 오랑캐꽃, 1947, 8〉

　'오랑캐꽃'은 '제비꽃'의 다른 이름이다. 자주색 꽃이 잎 사이에서 나온 꽃줄기 끝에 붙어 있는데, 긴 꽃줄기가 마치 머리를 땋아서 길게 늘인 형상을 하고 있어 그것이 오랑캐의 뒷머리 모양과 같다고 생각하여 위와 같이 표현한 것이다.

# 먼바루

- 표준어 : 먼발치
- 품    사 : 명사
- 뜻풀이 : 조금 멀리 떨어진 곳.
- 사용 지역 : 평안북도

> 캄캄한 비속에/새빩안 달이 뜨고/하이얀 꽃이 퓌고/**먼바루** 개가 짖는밤은/
> 어데서 물의 내음새 나는밤이다 〈백석, 夜雨小懷(밤물닭의소리5), 朝光4-10, 1938,10.〉

표준어 '먼발치'의 평북 방언이다. 김이협의 ≪평북방언사전≫에서
는 '먼바루'를 '먼+바루'로 분석하고 '바루'를 '거리의 대략적인 정도를
나타내는 접미어'로 풀이하고 있다. 이 '바루'는 흔히 '그바루', '이바루'
처럼 '그, 이'와 함께 쓰이기도 하고 '손바루'(=손이 있는 그쯤)처럼 명
사와 어울려 쓰이기도 하는데 '대략적인 거리의 정도'를 뜻한다. 소월
의 시에도, '이바루 윗다로 와 지나는 사람 업스니'(=이쯤에 따로 혼자
와 지나는 사람이 없으니, 〈우리집〉), '어듸 바로 가잇을텐고'(=어디쯤
가 있을 터인고, 〈朔州龜城〉)에서 보듯 '바루', '바로'가 보인다. 이 '바
루'는 함북 방언에서는 '바르'로 나타난다. ⇒바루.

# 멀구

- 표준어 : 머루
- 품    사 : 명사
- 뜻풀이 : 포도과의 왕머루, 까마귀머루, 새머루, 개머루, 털개머루 따위를 통틀어
         이르는 말.
- 다른 방언형 : 머루, 멀귀, 멀기
- 사용 지역 : 평안도, 함경도, 황해도

**멀구**광주리의 풍속을 사랑하는 북쪽나라/말 다른 우리 고향/달맞이 노래
를 들려주마 〈이용악, 아이야 돌다리 위로 가자, 낡은 집, 1938, 30〉

**멀구**알이 씨들어 갈 때 北國 아가씨는 〈이용악, 北國의 가을, 朝鮮日報, 1935.9.26.〉

'멀구'는 산에서 자생하는 포도, 즉 '머루'의 함경도 방언이다. 함경
도 방언에는 어중자음 'ㄱ'이 보존되어 있는 예가 흔하다. 함경도 방언
에서는 흔히 '멀귀' 또는 '멀기'라 한다. 본디 '멀구'에 '이'가 결합하여
'멀귀'가 된 것이다. '멀기'는 '멀귀〉멀기'의 변화를 겪은 것이다. 그런
데 위 시의 '멀구광주리', '멀구알'이 보여 주는 바와 같이 합성어에서
는 원래의 모습 '멀구'를 유지하고 있다. ⇒가부춤.

# 메에기

- 표준어 : 미역
- 품    사 : 명사
- 뜻풀이 : 갈조류 미역과의 한해살이 바닷말. 잎은 넓고 편평하며, 날개 모양으로
         벌어져 있고, 아랫부분은 기둥 모양의 자루로 되어 바위에 붙어 있다.
         빛깔은 검은 갈색 또는 누런 갈색이고 길이는 1~2미터, 폭은 60cm 정
         도이다.
- 다른 방언형 : 메:기, 메역, 미기, 미역, 미익
- 사용 지역 : 함경도

> "자네가 또 놀라게 한다고 하겠지만, 실은 읍에 댕게올까 합메."
> "무시래?"
> "저 사람 몸풀 때두 돼가구, 이달 안에 댕게 와야 감자르 심쟎이켔음?"
> "메에기라믄 원풍장에 가두 싸지."
> "두루 두루 고향에두 가 볼까 합메. 이떻슴. 같이 가쟎이켔음?" 〈이정호, 감비
> 천불붙이, 안개, 1977, 21〉

'메에기'는 '미역'의 함경도 방언이다. '미역'이 축약되어 '멱:'이 되고
다시 'ㅕ〉ㅖ' 변화를 겪어 '멕:'(메엑)이 된 것이다. 함경도 방언에서는
대체로 '메에기[meégi]'로 발음되는데 위 예문의 '메에기'는 그 발음을
충실히 반영하여 적은 것이다. 함경도에서는 미역국을 '메엑장물'이라
한다.

# 멩실

- 표준어 : 명절
- 품　사 : 명사
- 뜻풀이 : 해마다 일정하게 지키어 즐기거나 기념하는 때.
- 다른 방언형 : 명실, 멩질, 명질
- 사용 지역 : 함경도

"싹으 받구 하는 기래야 말입지. 지 집 일인데 **멩실**에 새입성 해입구 어쩌구 아직으는 그렇기 풍성하지 못합꼬망."〈안수길, 북간도, 1995, 476〉

'멩실'은 '명일(名日)'에서 나온 말이다. '日'이 '실'로 나타나는 것은 '日'의 한자음이 이전에는 '쓀'이었기 때문이다. 함경도 방언에서 중세 국어의 치조유성마찰음 'ㅿ[z]'는 대체로 'ㅅ[s]'로 실현된다. '멩실' 외에 '멩질'이란 말도 있는데 '멩질'의 '질' 역시 '쓀'에서 변화한 것이다. '삼월삼짇날'의 '짇'도 그와 같다. 'ㅿ'이 함경도 방언에서는 대부분 'ㅅ'으로 변하였지만 이처럼 'ㅈ'으로 변화한 예도 있다. 위 예문을 표준어로 풀이하면, "삯을 받고 하는 것이라야 말이죠. 제 집 일인데 명절에 새 옷을 해 입고 어쩌고 아직은 그렇게 풍성하지 못합니다."가 된다.

한편, 예문의 '입성'은 '옷'의 방언이다. '입성'은 본디 '닙셩'으로부터 변화한 말이다. 함경도와 평안도 지방에는 '옷'의 방언형이 다양하게 분포한다. '닙셩, 닙성, 우티, 이복, 옷' 따위가 그것이다. '닙셩'은 함경북도 북부의 두만강 연안 지역에 분포하며 닙성은 주로 평안도 지방에 분포하고 '우티'는 경기 북부 지역으로부터 함경도 지방에 이르기까지 넓은 지역에 분포한다.

# 모다귀

- 표준어 : 못
- 품　사 : 명사
- 뜻풀이 : 목재 따위의 접합이나 고정에 쓰는 물건. 쇠, 대, 나무 따위로 가늘고 끝이 뾰족하게 만든다.
- 다른 방언형 : 몯
- 사용 지역 : 함경도, 평안도

한 방 건너 관 덮는 **모다귀**소리 바삐 끄친다/목메인 울음 땅에 땅에 슬퍼 내린다 〈이용악, 등을 동그리고, 오랑캐꽃, 1947, 83〉

'못'의 중세국어형은 '몯'이다. 이 '몯'에 접미사 '-아귀'가 결합한 것이 '모다귀'다. '모다귀'는 대체로 평안도와 함남 지방에서 많이 쓰인다. '몯'은 함경북도에서 많이 쓰인다. '모다귀소리 바삐 끄친다'는 '못을 박는 소리가 힘들게 그친다'는 뜻이다.

# 모도리

ㄱ
ㄴ
ㄷ
ㄹ
ㅁ
ㅂ
ㅅ
ㅇ
ㅈ
ㅊ
ㅋ
ㅌ
ㅍ
ㅎ

- 표준어 : 모퉁이
- 품　사 : 명사
- 뜻풀이 : ① 모가 진 그 언저리.
  　　　　② 구부러지거나 꺾어져 돌아간 자리.
- 다른 방언형 : 모캥이
- 사용 지역 : 평안북도

퍼르스럿한 달은, 성황당의/데군데군 허러진 담**모도리**에/우둑키 걸니윗고, 바위 우의/가마귀 한 쌍, 바람에 나래를 펴라. 〈김소월, 찬저녁, 진달내꼿, 1925, 162〉

'모도리'는 '모〔隅〕+돌〔廻〕+이'로 분석된다. 즉, 담장의 '한 쪽 면에서 다른 한 쪽 면으로 돌아가는 곳'이란 뜻이니 표준어 '모퉁이'의 방언이라 할 수 있다. '-돌이'가 결합한 방언형으로는 '굽인-돌이'(굽이돌이, 커브길), '동네-돌이' 또는 '마스-돌이(〈마슬돌이)'(마을 가는 일), '도롬-돌이'(일정한 공간을 빙 돌아오는 일) 따위가 있다.

한편, '걸니웠고'는 '걸리우-'에 '-었+고'가 결합한 말이니 표준어로 '걸렸고'가 된다. 함경도 방언과 평안도 방언에는 사동사나 피동사 어간에 '-우-'가 덧붙는 경우가 흔하다. '바위우'의 '우'는 '위〔上〕'의 고어(古語)이자 평안, 함경도 방언이다. '우'가 북부 지역에서 널리 쓰이는 까닭에 북한의 문화어가 되었다.

159

# 모랭이

- 표준어 : 모래기
- 품 사 : 명사
- 뜻풀이 : 나무를 파서 만든 작은 나무그릇의 하나.
- 사용 지역 : 평안북도

그리고 새벽녘이면 고방 시렁에 채국채국 얹어둔 **모랭이** 목판시루며 함지
가 땅바닥에 넙너른히 널리는 집이다 〈백석, 외가집, 現代朝鮮文學全集(1), 1938.4.〉

이전에 북한 지방의 가정에서 흔히 볼 수 있었던 나무그릇이다. 피
나무나 버드나무 따위의 속을 파내어 만든다. 버드나무의 쓴맛을 우려
내어 만들며, 겉에 기름 따위를 발라서 트지 않고 오래 갈 수 있도록
한다. 생긴 모양은 함지처럼 네모진 것도 있고 둥근 것도 있다. 필자
가 연변 조선족자치주에서 본 것은 굽, 몸통, 아가리가 모두 둥근 모
양인데 지름은 대체로 15cm~20cm 정도이고 높이는 10cm 남짓하
다. 용도는 밥을 담아 먹기도 하고 잡살뱅이를 담아 보관하는 쓴다. 함
경도 지방에서는 '모랭기, 모래기'라 한다.
 '모랭이'는 '모리+앙이'의 형태소 구성으로 이루어진 말이고, '모래
기'는 '모리+어기'와 같은 형태소 구성으로 이루어진 말이다. '모리'는
동사 '모리다'(=파 오려 내다)의 어간일 것이다.

# 모롱고지

- 표준어 : 대응 표준어 없음
- 품    사 : 명사
- 뜻풀이 : 모퉁이의 휘어 둘린 곳.
- 다른 방언형 : 모롱이, 모퉁이
- 사용 지역 : 평안북도

초저녁 호젓도 한 이 외딴 길을/마을의 녀인 하나 걸어 간다/**모롱고지** 하나 돌아 작업반장네 집/이 집에 로전결이 밤 작업에 간다 〈백석, 눈, 조선문학151, 1960.3.〉

濟州 배 아즈맹이 몸집이 절구통 같다는 둥, 濟州 배 아뱅인 조밥에 소금만 먹는다는 둥, 濟州 배 아즈맹이 언제 어느 **모롱고지** 이슥한 바위 뒤에서 혼자 해삼을 따다가 무슨 일이 있었다는 둥……, 참 말이 많지. 濟州 배 들면 그대네 마을이 반갑고 濟州 배 나면 서운하지. 〈백석, 東海, 東亞日報, 1938.6.7.〉

'모롱고지'는 '모롱+곶+이'로 분석된다. '모롱이'는 '산모퉁이의 휘어 둘린 곳'이고 '곶'은 '바다쪽으로 내민 육지의 한 부분'을 뜻하는 말이다. 따라서 '모롱고지'는 '산모퉁이에 휘어 둘린 곳'이 된다.

# 모르다

- 표준어 : 마르다
- 품    사 : 동사
- 뜻풀이 : ① 물기가 다 날아가서 없어지다.
         ② 생각이나 감정 따위가 없어지다.
- 다른 방언형 : 마르다
- 사용 지역 : 함경도

생각이 자꼬자꼬만 **몰라**들어간다./밤/들리지 않는 소리에/오히려 나의 귀는 벽과 천정이 두렵다 〈이용악, 밤, 낡은 집, 1938, 22〉

'마르다[乾, 瘦]'의 함북 북부 방언은 '모르다'이다. 이는 'ᄆᆞ르다〉모르다'의 변화 즉, 첫 음절 모음이 'ㆍ〉ㅗ' 원순모음화를 겪은 예이다. 함북 일부 지방에서 널리 쓰이는 '몰라들다'는 '자꾸 또는 점점 물기가 말라가다' 또는 '자꾸 또는 점점 몸이 여위어 가다'라는 뜻을 지닌 말인데, 위 시에서는 '생각이나 감정 따위가 점점 없어지다'라는 뜻으로 쓰였다.

# 모심타

- 표준어 : 무심하다
- 품　사 : 형용사
- 뜻풀이 : 야속할 정도로 남의 일에 걱정하거나 관심을 두지 않다.
- 다른 방언형 : 모심하다
- 사용 지역 : 평안도, 함경도

"도라서면 **모심타**"는 말이/그 무슨 뜻인 줄을 아랏스랴./嗚昔山 붓는 불은 옛날에 갈나선 그 내님의/무덤엣 풀이라도 태왓스면! 〈김소월, 나는 세상 모르고 사랏노라, 진달내꼿, 1925, 221〉

'모심하다'는 평안도와 함경도에서 널리 쓰이는 말이다. 대체로 '무심하다'와 같은 뜻을 가진 말이나 이보다는 느낌이 좀 더 강하다. 예컨대, 멀리 떠나 있는 사람이 마땅히 가족의 안부를 물어 볼 만한데 그렇게 하지 않았다거나 또는 무엇을 어떻게 하겠노라고 굳게 약속을 한 사람이 떠나 버린 후에 이렇다 저렇다 말 한 마디 없이 야속하게 굴 때 이 말을 쓴다. 이기문(1982)에서는, "'무심타'보다는 훨씬 강한 뜻을 지니고 있다. 관심이 없을 뿐만 아니라, 매우 쌀쌀한 태도를 느끼게 하는 말."이라 하였다.

# 모탕이

- 표준어 : 모퉁이
- 품    사 : 명사
- 뜻풀이 : 구부러지거나 꺾어져 돌아간 자리.
- 다른 방언형 : 모캥, 모캥이, 모태, 모탱이, 모퇴, 모퇴이
- 사용 지역 : 함경남도

늑대가 울었다. 가부춤을 움키면서 종섭의 뒷모습에 눈을 박은 채 발을 옮기다가 **모탕이**에 걸려서 가중잽이를 하였다. 아무 일 없었다고 열심히 설명은 하였지만 한 가지 빼놓은 것이 있었다. 어쩌면 그것이야말로 종섭이가 궁금해 하는 것이 아닐까 하는 짐작이 쩡양쇠에게도 있었다. 〈이정호, 뚜깔리, 늪과 바람, 1989, 235〉

'모탕이'는 '모퉁이', '모서리'의 함남 방언이다. 함경도에서는 '모탕이' 뿐만 아니라 이 말에서 변화한 '모태이, 모태'가 널리 쓰인다. 또 '모캥이'와 이 말에서 변화한 '모캐이, 모캐'가 두루 쓰인다. '모캥이'는 평안도와 황해도 지역에서도 쓰인다. '모퉁이'는 주로 남한 지역에서 쓰이는 말이다.

# 목고대

• 표준어 : 깃고대
• 품    사 : 명사
• 뜻풀이 : 옷깃을 붙이는 자리. 두 어깨솔기 사이의 목뒤에 닿는 곳이다.
• 사용 지역 : 평안남도

동장 형제의 **목고대**를 돋군 부르짖음이 그치자 아까보다도 별나게 고즈넉해진 것만 같은 이른 저녁 속에 서쪽 산밑 사람들의 웅성거리는 소리가 바로 손에 잡히게 솟아오르더니, 좀 사이를 두어 엷은 안개가 어리기 시작하는 속을 몇몇 동네사람들을 뒤로 하고 김선달이 나타났다. 첫눈에 미친개 못 잡은 것만은 분명했다. 그래도 김선달이 채전을 지나 조각뙈기 밭 새로 들어서기 전에 작은동장이 그쪽을 향해 소리를 질렀다. 〈황순원, 목넘이 마을의 개, 1981, 174〉

목고대는 '깃고대'를 말한 것이다. 깃고대는 옷깃의 뒷부분 즉, 깃을 달 때에 목뒤로 돌아가는 부분을 이르는 말이다. '목고대를 돋군'은 고개를 치켜들고 소리를 지를 때 깃고대 부분이 위로 들썩이는 모양을 묘사한 것이다.

# 몰풀

- 표준어 : 말
- 품  사 : 명사
- 뜻풀이 : 물속에 나는 은화식물을 통틀어 이르는 말. 가랫과의 여러해살이 수초 (水草). 줄기는 길이가 30cm 이상이며, 잎은 어긋나고 선 모양인데 가장 자리가 밋밋하다. 5〜6월에 꽃줄기가 2cm 정도 되는 황록색 꽃이 잎겨 드랑이에서 수상(穗狀) 꽃차례로 피고 열매는 수과(瘦果)를 맺는다. 연한 줄기와 잎은 식용한다. 개울, 도랑가의 물속에 나는데 한국, 일본, 만주 등지에 분포한다.
- 다른 방언형 : 몰, 말풀
- 사용 지역 : 함경북도

---

영영 돌아가신 아버지의 외롬이/가슴에 움츠리고 떠나지 않는 것은 나의 슬픔/**몰풀** 새이 새이 헤여가는 휘황한 꿈에도/나는 두려운 아이 몸소 귀뿌리 를 돌린다 〈이용악, 푸른 한나절, 女性, 1940.8.〉

---

'몰풀'은 물가에서 자라는 수초(水草)의 하나인 '말'(혹은 '바닷말')의 방언으로 '말〉몰'의 변화, 즉 '·〉ㅗ' 원순모음화를 겪은 방언이다.

# 무륵무륵

- 표준어 : 무럭무럭
- 품　사 : 부사
- 뜻풀이 : 느낌이나 생각 따위가 마음속에서 계속 일어나는 모양.
- 다른 방언형 : 모록모록, 무럭무럭, 무렉무렉, 무령무령, 무룽무룽
- 사용 지역 : 함경북도

> 짜작돌을 쓸어너흔 듯 흐리터분한 머리에/새벽은 한업시 스산하고/가슴엔
> **무륵 무륵** 자라나는 불만 〈이용악, 오늘도 이 길을, 分水嶺 1937, 47〉

표준어 '무럭무럭'에 대응되는 함북 방언이다. 이와 의미는 같으면서
음상의 차이를 보이는 '무룽무룽'(함경북도 종성) 및 '모록모록'(함경북
도 회령, 종성, 길주, 학성)이 함북 지방에서 쓰인다. '짜작돌'은 '자갈'
의 함북 방언이다.

# 무리돌

- 표준어 : 무릿돌
- 품  사 : 명사
- 뜻풀이 : ① 여러 개의 돌
         ② 우박처럼 한꺼번에 산중턱에서 굴러 내리는 자갈돌.
- 사용 지역 : 평안북도

巡禮중이 山을올라간다/어제ㅅ밤은 이山절에 齊가들었다//**무리돌**이굴어날
이는건 중의발굼치에선가 〈백석, 秋日山朝, 사슴, 1936, 36〉

'무리돌'은 두어 가지 해석이 가능할 듯하다. 첫째는 '무리〔群〕'와 '돌'
의 합성어로 보고 '여러 개의 돌'이라 풀이하는 것이다. 표준어 '무릿돌'
에 해당하는 말이 된다. 이숭원(2008)의 풀이다. 둘째는 '무리(우박)'를
방언으로 보고 '무리돌'을 '우박처럼 한꺼번에 산중턱에서 굴러 내리는
자갈돌'로 풀이하는 것이다. 이동순(1987)의 풀이다. '무리돌'의 '무리'
는 북한에서 널리 쓰이는 '우박'의 방언으로 북한의 문화어가 된 말이
다. '무리'는 중세국어 시기에 쓰였던 고어(古語)이기도 하다.

# 무시래

- 표준어 : 왜
- 품　사 : 부사
- 뜻풀이 : 무슨 일로, 무엇 때문에.
- 다른 방언형 : 무시레
- 사용 지역 : 함경도

"자네가 또 놀라게 한다고 하겠지만, 실은 읍에 댕게올까 합메."
"**무시래?**"
"저 사람 몸풀 때두 돼가구, 이달 안에 댕게 와야 감자르 심쟎이겠음?"
"메에기라믄 원풍장에 가두 싸지."
"두루 두루 고향에두 가 볼까 합메. 이떻슴. 같이 가쟎이겠음?"〈이정호, 감비
천불붙이, 안개, 1977, 21〉

"우리 와룡동에 **무시래** 사람으 쥑이구 돈으 앗아빼 가는 사람이 있겠다구
그렇기 뒤지개질하는지 모르겠음……."
아낙네들은 단순한 강도로 생각하고, 와룡동에는 그런 불량한 사람이 없
을 것이라고 생각했으나, 사실은 동리의 한 사람인 최봉설이 바로 와룡동 출
신임은 모르고 있는 것이었다. 〈안수길, 북간도, 1995, 552〉

　'무시래'는 '무스+일+에'가 줄어 든 말이다. 원래의 의미대로 '무슨
일로'라는 뜻으로 쓰이기도 하지만 하나의 단어로 굳어져 표준어 '왜'
처럼 쓰이기도 한다. '무슨 까닭으로', '무엇 때문에', '어째서'라는 뜻을
지닌다. '앗아빼다'는 '빼앗다'의 방언. '심쟎이겠음'은 원래 '심재잃겠슴'
으로 표기했어야 했다. '심지 않겠소?'의 뜻. '심+지+아니하+겠+슴'
이 줄어든 말이다. '슴'은 주로 하오할 자리에서 쓰이는 종결어미다.

# 무이

- 표준어 : 무
- 품  사 : 명사
- 뜻풀이 : 십자화과의 한해살이풀 또는 두해살이풀. 줄기는 높이가 60~100cm이
  며, 잎은 깃 모양으로 뿌리에서 뭉쳐나고 뿌리는 둥글고 길다. 뿌리는
  잎과 함께 식용하며 비타민, 단백질의 함유량이 많아 약용하기도 한다.
  중앙아시아가 원산지로 아시아, 유럽 등지의 온대에서 많은 품종이 재
  배된다.
- 사용 지역 : 평안도, 황해도

시누이 동세들이 욱적하니 흥성거리는 부엌으론 샛문틈으로 장지문틈으로 **무이**징게국을 끄리는 맛있는 내음새가 올라오도록 잔다 〈백석, 여우난곬族, 사슴, 1936, 6〉

明太창난젓에 고추무거리에 막칼질한 **무이**를 뷔벼익힌 것을/이 투박한 北關을 한없이 끼밀고 있노라면/쓸쓸하니 무릎은 꿀어진다 〈백석, 北關(咸州詩抄1), 朝光3-10, 1937.10.〉

**무이**밭에 힌나뷔나는집 밤나무 머루넝쿨속에키질하는소리만이들린다 〈백석, 彰義門外, 사슴, 1936, 6〉

'무이'는 주로 황해도와 평안남도 일부 지역에서 쓰이는 '무'의 방언
이다. '무'는 중세국어에서 자음 앞에서는 '무수', 모음 앞에서는 '뭉ㅇ
〔muzʰ〕'로 교체되던 명사였다. '무이'는 주격형 '뭉이'가 '뭉이〉무ㅿ〉무
이'의 변화를 겪어 방언으로 자리를 잡은 것이다. '무'와 동일한 변화를
겪은 '아우(〈아ᅀᆞ)'와 '여우(〈여ᅀᆞ)'도 위 지역에서 '아이', '여이'(또는

170

'영이')라 한다.

'징게'는 민물새우의 하나인 '징거미'의 방언이다. '무이징게국'은 '무와 징거미를 함께 넣어 끓인 국'이다.

예문 속의 '힌나뷔'는 '흰나비'를 적은 것인데 '나뷔'로 표기한 것은 '뷔'가 이중모음으로 발음되었기 때문이다. 현재 평북 지방에서는 '나비'를 흔히 '나부'라 하는데 이 '나부'는 '나비>나븨>나뷔>나부'의 변화를 입은 것이니 '힌나뷔'의 '나뷔'는 '나부'의 바로 앞 단계의 어형이 되는 셈이다. 표준어 '비〔箒〕'는 '뷔'에서 변화한 말인데 평안도의 노년층 화자들은 지금도 이중모음 〔puj〕로 발음한다. '뷔벼'는 '뷔비-'(비비다)에 '-어'가 결합한 것이다. '비비다'의 중세국어형은 '비븨다'이지만 '비비다'의 방언이, 많은 지역에서 '부비다'로 나타나는 점을 고려하면 실제로 존재했던 방언일 가능성이 크다.

'창난젖'의 '젖'은 본디 '젓'이다. '젖〔乳〕'에 이끌린 표기로 보인다. '고추무거리'는 고추를 빻고 남은 찌꺼기를 말한다.

# 문주

- 표준어 : 부꾸미
- 품 사 : 명사
- 뜻풀이 : 찹쌀가루, 밀가루, 수수 가루 따위를 반죽하여 둥글고 넓게 하여 번철에 지진 떡. 소를 넣기도 한다.
- 사용 지역 : 평안북도

> 봉갓집에서 온 사람들도 만나 반가워하고/깨죽이며 **문주**며 섭가락잎에 송 구떡을 사서 권하거니 먹거니하고 〈백석, 七月백중, 文章, 1948.10.〉

문주는 기름에 부쳐서 만드는 '부꾸미'를 말한 것으로 생각되는데 평 북 지방에서는 흔히 '문추'라 한다.

'봉갓집'은 '본갓집'을 소리 나는 대로 표기한 것이다. '친정(親庭)'을 뜻하는 말로 고어(古語)이자 평안도와 함경도 지방에서 일상적으로 널 리 쓰이는 말이다. 서포 김만중의 〈尹氏行狀〉에도 보인다.

'섭가락잎에 송구떡을 사서 권하거니'를, 필자는 '섭가랑잎에 송구떡 을 싸서 권하거니'의 오식(誤植)으로 본다. 시인의 육필 원고를 잡지 에 게재한 사람이 실수로 원고를 잘못 판독하여 생긴 오류일 것이다. '섭'은 '땔나무'를 뜻하는 '섶'이고 '가락잎'은 '가랑잎'일 것이며 '사서'는 '싸서'일 것이다. 이를 풀이하면, '풋나무에 드는 가랑잎(참나무 수종에 속하는 떡갈나무, 신갈나무 등의 잎)에 송기떡을 싸서 먹으라고 권하 거니'가 된다. 이전에는 이 가랑잎에 떡을 싸서 먹었다. 함북 지방에서 는 가랑잎이라 하지 않고 '가랖닢'이라 하고 또 그 잎에 싸서 먹는 떡 을 '가랖떡'이라고 불렀다.

'송구떡'은 '송기떡'의 방언이다. 솔나무의 속껍질을 우려 낸 물에 멥쌀가루를 섞어 반죽한 다음 절편 모양으로 빚은 떡이다. 불그스레한 빛을 띤다. 함경도에서는 '솔떡' 또는 '송피떡'이라 부르기도 하는데, 어려운 시기에는 일종의 구황(救荒) 식품으로 이 음식을 해 먹기도 하였다.

ㄱ
ㄴ
ㄷ
ㄹ
ㅁ
ㅂ
ㅅ
ㅇ
ㅈ
ㅊ
ㅋ
ㅌ
ㅍ
ㅎ

# 물구지

- 표준어 : 무릇
- 품　　사 : 명사
- 뜻풀이 : 백합과의 여러해살이풀. 파, 마늘과 비슷한데 봄에 비늘줄기에서 마늘 잎 모양의 잎이 두세 개가 난다. 초가을에 잎 사이에서 30cm 정도의 꽃줄기가 나와서 엷은 자주색 꽃이 총상(總狀) 꽃차례로 많이 피고 열매는 삭과(蒴果)를 맺는다. 어린잎과 비늘줄기는 식용한다. 밭과 들에 저절로 나는데 구황식물로 아시아 동북부의 온대에서 아열대까지 널리 분포한다.
- 사용 지역 : 함경북도

들창을 열면 **물구지**떡 내음새 내달았다 〈이용악, 두메산골, 오랑캐꽃, 1947, 66〉

'물구지'는 '무릇'의 방언으로 대체로 평안·함경·경상·강원도 지역에 분포한다. 평안북도 출신인 백석의 시에도 아래와 같이 '물구지'가 보인다.

나는벌서 달디단물구지우림 둥굴네우림을 생각하고/아직멀은 도토리묵 도토리범벅까지도 그리워한다〈가즈랑집〉

'물구지떡'은 '물구지'와 '둥굴레'의 뿌리를 삶은 다음 여기에 다른 곡물과 당료(糖料)를 넣어 범벅처럼 만든 떡의 하나로 가랑잎에 싸서 먹는다. '물구지'는 '물굿+이'로 분석된다. 함경도 방언은 명사 뒤에 '이'가 결합되는 특징을 지닌다. 이 함경도 방언 '물굿'은 표준어 '무릇'의 고형(古形)이 된다. '물굿'과 '무릇'을 비교해 보면, 'ㄹ' 뒤에서 'ㄱ'이 탈락하였고 또 말음 'ㅈ'이 'ㅅ'으로 변화하였음을 알 수 있다. 이러한 변화 예는 중부 방언을 비롯하여 한반도의 서부 지역에서 흔히 볼 수 있지만, 함경도에서는 드물다. 이처럼 함경도 방언은 보수적이어서 고어(古語)의 흔적을 많이 간직하고 있다.

# 물역

- 표준어 : 물가
- 품  사 : 명사
- 뜻풀이 : 물이 있는 곳의 가장자리.
- 사용 지역 : 함경도

**물역**에 몇 군데 새밭이 있었으나, 삿자리의 재료는 물론 아무 쓸모가 없었다. 〈안수길, 북간도, 1995, 16〉

'역'은 함경도 방언에서 '가장자리'라는 뜻을 지닌 말이다. 예컨대, '입가' 즉, '입의 가장자리'는 '입역'이라 하고 '강가〔江邊〕'는 '강역'이라 한다.

예문의 '새밭'은 '새〔草〕+밭'으로 구성된 합성어이다. '새'는 볏과 식물에 속하는 식물을 이르는 말이며, '새밭'은 새가 무리를 지어 자라는 곳을 말한다. 함북 지방에서는 '띠', '갈대'(함북 방언은 '깔'), '억새', '달풀', '매자기'(함북방언은 '빼애리'), '썩서기', '세모재비', '울라초'라는 새가 자생하는데 이들 새 무리는 일상생활에서 아주 유용하게 쓰였다. 이전에, '갈대'는 삿자리의 재료로 쓰였다. 그리고 새를 가지고 '밧줄'을 꼬거나 걸머지고 다니는 '망태기'를 엮거나 '시루밑'을 걷기도 하였다. 또 둥지를 틀거나 그물을 뜰 때에도 재료로 썼다. 그 밖에 신을 삼거나 곡식단을 묶는 매끼로 쓰기도 하였다. 예문에서, "삿자리는 물론 아무 쓸모가 없었다."라고 한 것은 위에서 말한 새의 용도로 쓸 수 없었다는 뜻으로 한 말이다.

# -ㅂ꼬망

- 표준어 : -ㅂ니다/-습니다
- 품  사 : 종결어미
- 뜻풀이 : '하압소체' 등급의 서술형 종결어미.
- 다른 방언형 : -ㅂ꼬마, -ㅂ꾸마
- 사용 지역 : 함경북도

---

한복이 묻는다.
"바깥이 조용하지?"
"옛꼬망."
"인기척이 없구?"
"없소꼬마."
그제야 한복이는 '후우' 하며 긴 숨을 쉬었다. 〈안수길, 북간도, 1995, 21〉

두만강 변 육진방언의 상대경어법은 '하압소체-하오체-해라체'의 3
등급 체계로, '하압소체'의 서술형 종결어미로는 '-ㅂ꼬마/-습꼬마, -
ㅂ꾸마/-습꾸마' 따위가 있다. 이 중에서 '-ㅂ꾸마/-습꾸마'가 널리 쓰
인다. 이 어미는 현재 계속되는 동작이나 상태를 있는 그대로 나타낼
때 쓰인다. 예: 일으 하압꾸마(일을 합니다). 밥우 먹습꾸마(밥을 먹
습니다). 위 예문의 '-ㅂ꼬망'은 지금까지 조사된 육진방언 자료에서는
발견되지 않는다. '-ㅂ꼬마'의 한 변이형으로 보인다. 이 밖에 예문에
서 볼 수 있는 '-오꼬마/-소꼬마'가 더 있다.

안수길의 〈북간도〉는 함경북도 종성 출신 이한복 일가의 북간도 지
역 이주를 한국 현대사의 궤적과 연계시켜 다룬 작품이다. 작품의 배
경이나 인물 설정을 고려하면 등장 인물들의 대사는 함북 종성을 중심

으로 한 육진방언이어야 하나 이 작품에는 육진방언 외에 함남 지방의 방언이 많이 쓰이고 있다. 이는 작가 안수길의 고향이 함경남도라는 점과 무관하지 않다. 육진방언은 두만강 유역에서 말해지는 방언을 일컫는 말인데 고어(古語)의 흔적을 많이 간직하고 있다. 아래에 〈북간도〉에 나오는 종결어미를 표로 보인다. 함경남북도의 여러 지역에서 쓰이는 종결어미가 뒤섞여 있다.

※ 〈북간도〉에서 쓰인 종결어미

| | 하압소 | 하오 | 해라 |
|---|---|---|---|
| 서술 | -ㅂ꼬망/-소꼬망<br>-ㅂ수꼬마/-수꼬마(망)<br>-ㅂ지/-습지<br>-ㅂ지비/-습지비<br>-ㅂ메다/-습메다<br>-ㅂ꽝이/-소꽝이 | -ㅂ메/-습메<br>-지비<br>-ㅁ/-슴<br>-오/-소<br>-ㅂ멍이/-습멍이<br>-ㅂ지/-습지<br>-랑이(반어적 의문)<br>-ㅂ데/-습데<br>-관디 | -는다/-ㄴ다 |
| 의문 | -ㅁ둥/-슴둥<br>-ㅂ메까/-습메까 | -ㅁ/-슴<br>-ㅂ메/-습메<br>-ㅂ데/-습데<br>-ㄴ가, -ㅇ가<br>-관디? | -니<br>-야<br>-ㄴ(하갠?)<br>-능양/-잉양<br>-ㄹ까 |
| 명령 | -ㅂ게나/-습게나<br>-ㅂ소/-습소<br>-ㅂ소꽝이 | -랑이(〈라니〉) | (-어라/-아라) |
| 청유 | -ㅂ세다/-습세다 | -ㅂ세/-습세<br>-숫세 | (-자) |
| 응낙 | -ㅂ소꽝이<br>-ㅁ꽝이 | | |

# -ㅂ너니다

- 표준어 : -ㅂ니다
- 품    사 : 종결어미
- 뜻풀이 : '하라우요'체의 서술형 종결어미.
- 다른 방언형 : -ㅂ네다
- 사용 지역 : 평안남도

---

형준이는 아버지의 설명을 듣고도 물러나가질 않고 한참동안 그렇거고 앉아있다. 자리에서 일어나서 안방을 향하야, 고기산양갈테니 점심준비를해서 매생이 멘테로 가저다 두라고 일을려는데, 피끗 형준이의 얼굴을 보니 안즉도 할말이 남어있다는듯키, 입주둥이를 약간 히물거리고 앉었다. 그래서 다시 박참봉은 자리를 바루고 한번 아들의 얼굴을 처다보았다.
"다름이 아니오라, 형걸이를 그대루 두다가는 창피한꼴을 보겠읍니다. 어제밤 으슥해서 마당을 한번 돌아보는데, 형걸이가 두칠네방에서 나오는걸 봤읍너니다."
단바람에 쭉 일러 바치고 형준이는 잠시 낯을 숙으리었다.〈金南天, 大河, 1939, 198~199〉

---

평안도 방언의 상대경어법 체계를 이루는 네 등급 중 최상위 등급인 '하라우요'체의 서술형 종결어미이다. '-ㅂ너니다/-습너니다'는 지금까지 조사된 바 없는 종결어미로서 '-ㅂ네다/-습네다'와 같은 등급이다. '-습네다'는 '-습느이다〉-습니다'의 변화(니〉네)를 겪은 것이고, 위 '-습너니다'는 '습느니이다'가 'ㆍ〉ㅓ' 변화를 겪은 것이다. 위 작품에서는 아들 형준이가 아버지 박참봉에게 하는 말에서 쓰였다. ⇒ㅂ네다레.

# -ㅂ네다레

- 표준어 : -ㅂ니다그려
- 품　　사 : 종결어미
- 뜻풀이 : '하라우요'체의 서술형 종결어미 '-ㅂ네다'와 보조사 '-레'의 통합형.
- 사용 지역 : 평안남도

밑으로 땋아 내렸던 머리카락을 잡아올려다 바짝 조여서 상투를 틀고, 농이로 바드득바드득 죄니 머리밑이 아픈지, 형선이는 눈살을 잔뜩 찌푸리고 꿇어앉아 있다.

"아프냐? 고것쯤이야 뭘. 남의 체니를 잡앗또리 할래문, 그만 아픔은 참으야지. 고, 좀, 바싹 더 잡어탱겨 주우."

"외삼촌은 꽤니 그럽네다레."

하고 형선이는 처음으로 입을 연다. 〈金南天 大河, 1939, 27〉

'-ㅂ네다레'는 '-ㅂ네다＋레'로 분석된다. 서북방언은 4단계의 상대경어법 체계를 갖는데, '-ㅂ네다'는 그 중 가장 높은 등급인 '하라우요체'의 서술형 종결어미이다. '-레'는 문장 뒤에 붙는 보조사로 중부방언의 '-그려'에 대응되며, 청자에게 문장의 내용을 강조하는 구실을 한다.

예문 속의 '농이'(또는 '농')는 '노끈', '체니'는 '처녀'의 방언이다.

다음 쪽에 〈대하〉에 나오는 상대경어법 종결어미를 표로 보인다. 4단계의 상대경어법 체계는 이기갑 교수의 《국어 방언 문법》(태학사, 2003), '서북 방언'에서 설정한 것을 참고하였다.

※ 〈대하〉에서 쓰인 종결어미

|  | 합쇼 | 하오 | 하게 | 해라 |
|---|---|---|---|---|
| 서술 | -웨다<br>-ㅂ네다/-습네다<br>-올세다<br>-쇠다<br>-습데다<br>-웬다(일이웬다)<br>-ㅂ넨다(생각입넨다.)<br>-습너니다<br>-수다 | -소다<br>-ㅂ데 | -쉐<br>-네<br>-웨니 | -다 |
| 의문 | -ㅂ네까<br>-ㅂ뗑까(있습뗑까?)<br>-습너니까/-습네니까<br>-웨까<br>-웽까/-쉥까(없쉥까?)<br>-웨니까 | -수 | -나<br>-ㅂ마/-습마 | -ㄴ(하간?)<br>-가<br>-게<br>-네(가네?)<br>-와(몇이와?) |
| 명령 | -우다<br>-굴랑(잡수아 보시굴랑.)<br>-소고레(놓아주소고레.) | -소 |  | -어라/-아라 |
| 청유 | -ㅂ세다<br>-우다(붙이우다) | -우<br>-소 | -ㅂ세 |  |

# -ㅂ메

- 표준어 : -오/-소
- 품    사 : 종결어미
- 뜻풀이 : '하오체' 등급의 서술형 종결어미.
- 다른 방언형 : -ㅂ네/-습네
- 사용 지역 : 평안도, 함경남도

늙은 어머니가 손자 귀여워하는 심정은 알 수 있으면서도 그 사랑하는 방법이 틀렸다고 한복이는 욱하고 치밀었다.
"집안 감쥐를 훔체다가 제기하구 바꾸구……나쁜 짓으 돌아댕기면서 하는 놈 새끼……."
주먹으로 쥐어박으려고 하는데, 한씨는,
"그러쟎애두 감쥐 때문에는 아아 에미하구 내한테두 욕으 되게 먹었습메. 다시는 앙이 그러겠답메."
손자를 위한 변명이었다. 〈안수길, 북간도, 1995, 38〉

'-ㅂ메', '-습메'는 육진 지방을 제외한 함북 남부 및 함남 지역에서 널리 쓰이는 '하오체' 등급의 서술형 또는 의문형 종결어미이다. 어간이 모음나 'ㄹ'로 끝나면 '-ㅂ메'가 결합하고 'ㄹ'을 제외한 자음으로 끝나면 '-습메'가 결합한다. 이보다 한 등급 높은 존대 표현에는 '-ㅂ메다/-습메다'를 쓴다. 함경도 지역의 '하오체'는 중부 방언의 '하오체'와 '하게체'의 기능을 아우른다. 제시된 예문에서도 이러한 사실이 잘 드러난다. 즉 어머니 '한씨'가 결혼하여 가정을 이룬 아들 '한복'과의 대화에서 '먹었습메', '그러겠답메'라 하였는데 이 발화 상황이 만일 중부 방언권에서라면 '하게체'가 쓰여야 한다. ⇒-ㅂ꼬망.

# 바당

- 표준어 : 대응 표준어 없음
- 품  사 : 명사
- 뜻풀이 : 함경도의 가옥 구조에서, 정지로 올라서거나 부엌으로 내려가기 전의
  흙바닥으로 된 공간. 대개 신을 벗어두거나 잡살뱅이를 놓아둔다.
- 다른 방언형 : 바대
- 사용 지역 : 함경도

**바당**이란 부엌이다. 허리에 닿는 부뚜막이 구들과 연접해 있다. 이 구들을 정지라고 하고, 바당과 구들을 통틀어 정지라고도 한다. 정지 구들에선 주로 아낙들이 기거한다.

횅하게 넓은 바당에는 앞뒤에 문이 있다. 앞문은 마당으로, 뒷문은 뒤꼍으로 통한다. 〈이정호, 감비 천불붙이, 안개, 1977, 4〉

　함경도의 가옥에서, 부엌(=부수깨, 부어깨)은 '구들'과 벽이 없이 이어져 있다. '구들'은 온돌을 깔아 놓은 '방바닥'을 이르는 말이다. 구들이 놓인 공간을 정지라 하기도 하고 '하랑'이라고도 하는데 흔히 정지라 부른다. '바당, 부수깨, 구들'이 놓인 큰 공간을 '정지' 또는 '정짓간'이라 부르기도 한다. '바당'은 집채 밖에서 문을 열고 집안으로 들어오면 바로 만나게 되는 흙바닥으로 된 작은 공간으로, 여기에 신을 벗어 놓고 구들로 올라서게 된다. 이 바당의 오른쪽에 밥을 짓고 음식을 만드는 '부수깨'가 있다. 부수깨는 대략 어른의 무릎에서 허리에 이를 정도의 깊이를 가진 장방형의 공간으로 측면은 대략 1m, 전면은 2.5m 정도가 된다. 이 부수깨의 바닥을 '부수깨바당'이라 부른다. 위 작품에서는 '바당'을 부엌이라 하였지만 '바당'은 흔히 문을 열고 들어섰을 때

만나게 되는 흙바닥을 가리킨다. 이전에는 바당과 부수깨바당이 경사면으로 이어져 있었고 또 '부수깨바당'을 '바당'이라 부르는 까닭에 "바당이란 부엌이다"라고 말한 듯하다. 부수깨는 온돌로 된 '구들'과 벽이 없이 이어져 있다. 때문에 불을 때는 일은 부수깨에서 하고 밥을 푸거나 상을 차리는 일은 정지에서 하게 된다. 음식을 만드는 일은 부수깨나 정지에서 한다. ⇒가맛목.

# 바루

- 표준어 : 쯤, 께
- 품    사 : 명사. 접미사
- 뜻풀이 : 어느 곳인가 그쯤, 또는 어느 때인가 그쯤
- 다른 방언형 : 바르
- 사용 지역 : 평안도, 함경도

이**바루**/외짜로 와 지나는사람업스니/"밤자고 가쟈"하며 나는 안저라. 〈김소월, 우리집, 진달내꼿, 1925, 139〉

저는 꼭 그곳 집에셔는 지금 **바루** 누가 하나 죽엄을 當하고 警察에셔는 八方으로 손을 느려 바루 저의 搜索을 始作하고 잇슬 것이 分明하리라고 생각하엿댓셔요. 〈김소월譯, 써도라가는게집, 培材, 1923.3.〉

캄캄한 비속에/새빩안 달이 뜨고/하이얀 꽃이 퓌고/먼**바루** 개가 짖는밤은/어데서 물의 내음새 나는밤이다 〈백석, 夜雨小懷(물닭의소리5), 朝光4-10, 1938.10.〉

더운물에 몸을 불키거나 때를 밀거나 하는것도 잊어벌이고/제 배꼽을 들여다 보거나 남의 낯을 처다 보거나 하는것인데/이러면서 그 무슨 제비의 춤이라는 燕巢湯이 맛도있는것과/또 어늬**바루** 새악씨가 곱기도한것 같은것을 생각하는것일것인데 〈백석, 澡塘에서, 人文評論, 1941.4.〉

이 산마루 어데**바루** 낙엽송이나 적송 그늘 좋은 밑에 함흥 소주잔을 기울이는 냉미는 반천 년 고도의 심장이 아니면 알지 못할 것이다. 〈백석, 무지개뻗치듯만세교, 朝鮮日報, 1937.8.1.〉

'바루'는 소월의 시와 백석의 시에 자주 등장하는 평안도 방언으로

접미사 또는 형식명사로 쓰인다. '지금바루'는 '지금쯤', '먼바루'는 '먼
곳의 그 어디쯤', '어늬바루'는 '어느 곳인가의 그쯤' 정도의 뜻을 지닌
다. 이 '바루'는 함북 방언에서는 '바르'로 나타난다. 아래 예문에서 보
듯 '언바르'라는 말이 쓰인다. (′)는 고조를 표시한 것이다.

> 불 끌라′ 가는데′, 아! 불′쌀이 어′띠 쎄던디 원래′ 언′바르 가딜′ 못하겠
> 습데(불을 끄러 가는데, 아! 불살이 어찌나 세던지 그 불이 난 그 근처
> 로 가질 못하겠데).
> 해′오라 하는 게 혹′시나 하는 말이꾸마. 딱 그렇대얂′구 언′바르: 하는
> 말입꾸마('해오라'는 그 뜻이 '혹시나' 하는 말입니다. 딱 그렇지는 않고
> 어떤 사실에 가까운 면을 말할 때 하는 말입니다. '혹시나'는 단정적으
> 로 말하는 것이 아니고 사실에 가깝게 추측할 때 쓰는 말이라는 뜻).

위 예문의 '언바르'는 본디 '어느 바르'의 준말이지만 한 단어로 굳어
져 쓰인다. '어느 만큼의 떨어진 거리'라는 뜻을 지닌다.

이기문(1982)에서는 "이 '바루'는 역사적으로 보면 중세국어의 동사
어간 '발'(傍)에 부사형성 접미사 '오'가 붙어 파생된 '바로'로부터의 변
화가 아닌가 생각된다."고 하였는데 정곡을 찌른 해석이라 생각된다.
함북 방언에는 '언바르'와 뜻이 같은 '언방[ənbāi]'(또는 '언바이')라는
명사가 있는데 이는 '어느 방(傍)'의 준말일 것이다.

# 바리다

- 표준어 : 버리다
- 품  사 : 동사
- 뜻풀이 : (('-어 바리다' 구성으로 쓰여)) 앞말이 나타내는 행동이 이미 끝났음
         을 나타내는 말.
- 사용 지역 : 함경북도

예서 아는 이를 만나면 숨어바리지/숨어서 휘정휘정 뒷길을 걸을라치면
〈이용악, 뒷길로 가자, 오랑캐꽃, 1947, 86〉

'브리다〉바리다'의 변화를 겪은 함북 방언이다. 위 예문에서는 보조
동사로 쓰였다.

함북 방언에서는 소리의 변화가 규칙적이어서 표준어에 비하면 예
외가 적다. 가령, 중세국어 시절의 'ㆍ'는 어두 음절 위치에서는 'ㅏ'로
변화하고 비어두 음절 위치에서는 'ㅡ'로 변화하였다. 그러나 어두 위
치의 'ㆍ'가 '브리다', '볼셔' 등에서는 예외적으로 'ㅓ'로 변화하여 '버리
다', '벌써'가 되고 '흙[土]'은 'ㅡ'로 변화하여 '흙'이 되었다. 또 '사름',
'브롬' 따위의 'ㆍ'는 'ㅏ'로 변화하였다. 그러나 함북 방언에서는 어두
음절 위치에서는 'ㆍ〉ㅏ', 비어두 음절 위치에서는 'ㆍ〉ㅡ'로 규칙적으
로 변화하여 각각 '바리다', '발써', '흙', '사름', '바름'으로 변화하였다.

# 방치

- 표준어 : 빨랫방망이
- 품 사 : 명사
- 뜻풀이 : 빨래를 하거나 다듬이질에 쓰기 위하여 나무로 둥그스름하고 길게 깎아 만든 도구.
- 사용 지역 : 함경도

---

잠시후 감자 하나를 집어 잠자코 있는 만길이를 주면서

"낭구는 베서 뭘 할라구."

"박달이다. 다듬잇돌이 없잖이야. **방치**두 만들구 절기두 만들구." 〈이정호, 감비 천불붙이, 안개, 1977, 38〉

---

'방치'는 '빨랫방망이' 또는 '다듬잇방망이'를 뜻하는 함경도 방언이다. '방치'라 하면 대개 '빨랫방망이'를 가리키지만, 쓰임에 따라 '다듬잇방망이'를 가리키기도 한다. 용도를 분명하게 나타내어 말하고자 할 때에는 '서답(빨래)방치', '다듬잇방치'로 구별하여 쓰기도 한다. '방치'는 대개 목질이 단단한 '박달나무'로 만든다.

예문 속의 '절기'는 '절구'의 방언이다. '절구+이〉절귀〉절기'의 변화를 겪었다. 반어적 의문문으로 쓰인 '없잖이야'는 원래 '없재이야(〈없+지+아니+냐, 없잖냐)'가 옳다. 표준어와 방언을 섞어 쓴 것이다. '야[yä]]'는 해라할 자리에서 쓰이는 의문형 종결어미 '-냐'가 변화한 말이다. 즉, '냐'의 'ㄴ'이 앞뒤 모음('이'와 '야')을 콧소리로 만들고 자신은 탈락한 것이다.

# 백탕

- 표준어 : 대응 표준어 없음
- 품    사 : 명사
- 뜻풀이 : 장을 풀지 않고 맹물에 소금과 돼지고기만을 넣어 끓인 다음 고기를 걸러낸 맑은 국물.
- 사용 지역 : 함경북도

술도 아닌 차도 아닌/ 뜨거운 **백탕**을 홀홀 마이며 차마 어질게 살아보리
〈이용악, 길, 오랑캐꽃, 1947, 50〉

'백탕'은 '장 또는 간장을 풀지 않고 맹물에 소금과 돼지고기만을 넣어 끓인 다음 고기를 걸러 낸 맑은 국물'을 말한다. 먹을 때에는 고추, 파, 마늘 따위를 넣기도 한다. '돼지고기' 대신 '닭고기'를 넣는 경우도 있다.

위 시에서는 '백탕'을 '술'과 '차'에 대비시켜 가난한 삶을 형상화하고 있다. 한편, '마이다'는 '마시다〔飮〕'의 전형적인 함북 방언으로 음운변화가 특이한 예이다. 모음 사이의 'ㅅ'이 탈락하였다.

# 뱅뱅두리

- 표준어 : 반병두리
- 품　사 : 명사
- 뜻풀이 : 놋쇠로 만든 그릇의 하나. 둥글고 바닥이 평평하여 양푼과 비슷하나 매우 작다.
- 다른 방언형 : 뱅뱅드리, 뱅병드리
- 사용 지역 : 함경도

술이 거나해지자 답답하던 가슴이 풀리고 간덩이가 커졌다. 만길네가 감자부침을 써는 가마뚜껑에서 낼름 한 조각을 집어 먹었다. 담을 그릇이 없어 만길네가 두리번거리자 덕구가 빽 소리를 질렀다.
"무스거 꾸물꾸물해. **뱅뱅두리**라두 담아서 내놓지."
반병두리에 부침을 담아 내밀고 일어나서는 눈치가 원천댁한테 마을 가려는 기색이었다. 〈이정호, 감비 천불붙이, 안개, 1977, 23〉

'뱅뱅두리'는 표준어 '반병두리'에 대응되는 함경도 방언이다. '반병두리'는 전통 반상기 가운데 하나로서 바닥이 둥글고 편평하며 운두가 높지 않고 굽이나 뚜껑이 없다. 양푼을 작게 만든 것과 비슷한데, 양푼은 주둥이 쪽이 안으로 오므려져 있는 반면, 반병두리는 주둥이가 조금 밖으로 벌어져 있는 점이 다르다.

'무스거'는 '무엇'의 방언이다. 위 예문에서는 '무얼'(무엇을)이란 뜻으로 쓰였다.

# 번지다

- 표준어 : 갈아엎다
- 품　사 : 동사
- 뜻풀이 : 농사를 짓기 위하여 쟁기 따위로 논밭의 흙을 갈아서 뒤집어엎다.
- 다른 방언형 : 번디다
- 사용 지역 : 함경도

　　낭떠러지에서의 사건이 있은 지 4년. 그때 운수 좋게도 생명은 건지었으나, 절골된 발목이 제대로 들어가 잇기지 않았다. 그런대로 굳어지기는 했으나, 왼쪽 다리는 절룩거리지 않을 수 없었다. 그러나 동작엔 조금도 불편을 느끼지 않는 건 이젠 익숙해진 탓일까? 벌써 열 아홉 살이었다. 장정이 다 된 듬직한 몸으로 쟁기 꼭지를 쥐고 보습을 흙 속에 깊숙이 박았다.
　　"이랴, 이랴!"
　　고삐를 당기면서 소를 다루는 솜씨도 제법 상농꾼 한몫은 넉넉했다.
　　"이랴, 끌끌!"
　　소도 솔깃이 창윤이 하는 대로 쟁기를 끌었다.
　　시퍼런 보습에 파도처럼 파 **번져지는** 검은 흙! 지난 겨울엔 눈이 흠뻑 내렸으므로 흙이 무척 보드랍다. 〈안수길, 북간도, 1995, 99〉

　'번지다'는 함경도 지방에서 널리 쓰이는 말이다. 'ㄷ구개음화'가 일어나지 않은 평안도 방언이나 함북 육진 방언에서는 '번디다'라 한다. '번지다'는 '갈아엎다' 외에 여러 가지 뜻을 지닌 다의어(多義語)이다. '종이를 넘기다', '때를 거르다', '일을 뒤로 미루다', '말을 옮기다', '번역하다' 따위의 뜻을 지닌다.

# 별납다

- 표준어 : 별스럽다
- 품   사 : 형용사
- 뜻풀이 : 보기에 보통과는 다른 데가 있다.
- 다른 방언형 : 벨랍다, 벨나다, 벨스럽다, 별나다
- 사용 지역 : 평안북도

> 오오 안해여, 나의사랑!/하눌이 무어준짝이라고/밋고사름이 맛당치안이한
> 가./아직다시그러랴, 안그러랴?/이상하고 **별납**은사람의맘,/저몰나라, 참인
> 지, 거즛인지?/情分으로얼근 짠두몸이라면. 〈김소월, 夫婦, 진달내꼿, 1925, 116〉

  '별납은'은 평북 방언 '별랍다'(평북 방언에서는 흔히 '벨랍다'라 함)
의 활용형 '별라운'을 표기한 것이다. 평북 방언의 '별랍다'는 'ㅂ' 불규
칙 형용사이므로 '별라운'으로 표기했어야 할 것이지만 소월은 '별납은'
으로 표기하였다. '별랍다'(또는 '벨랍다')는 '별라-(별나-)'에 접미사 '-
ㅂ-'이 결합되어 파생된 형용사다. 사람의 말과 행동 또는 물건의 생김
이 의외로 유별나게 다르거나 이상스러울 때 쓰는 말이다.

# 보고미

- 표준어 : 바구니
- 품　사 : 명사
- 뜻풀이 : 대나 싸리 따위를 쪼개어 둥글게 결어 속이 깊숙하게 만든 그릇. 테두 리에 대나무를 서너 겹 둘러 손잡이로도 쓸 수 있다.
- 다른 방언형 : 바괴미, 버구리, 버구미, 버기미, 보검지, 보곰지, 보괴미, 보금지
- 사용 지역 : 함경남도

불은 이미 돌렸고 밥솥의 뜸도 어지간히 들었겠건만 종섭은 불을 돌리는 시늉을 한다.

"거기, 감자 **보고미**르 주겠음?"

하늘과 땅이 맞닿는 이 벽지에서 원천댁이 정을 들인 것은 감자뿐이다. 영 하 이십도를 상회하는 혹한이 십이월부터 이월까지 계속된다. 이런 추위를 견디고 살 수 있는 것은 양질의 감자 덕분이다. 〈이정호, 감비 천불붙이, 안개, 1977, 13〉

'보고미'는 '바구니'의 함경남도 방언이다. 방언형 목록에서 볼 수 있 듯이 다양한 형태의 방언형들이 함경도에서 쓰인다. '감자 보고미르 주겠음?'은 '감자를 담은 바구니를 주겠소?'라는 뜻이다.

'주겠음?'은 원래 '주겠슴?'으로 표기되어야 한다. 왜냐하면 '-음'과 '-슴'은 음운론적으로 조건된 교체 이형태이기 때문이다. 즉, 'ㄹ'을 제 외한 자음으로 끝난 어간 또는 선어말어미 '-겠-' 뒤에서는 '-슴'이 결 합되고 자음 'ㄹ'과 모음으로 끝나는 어간 뒤에는 '-음'이 결합되기 때 문이다. 예: 밥우 먹슴? 어드메 감? '-음'과 '-슴'은 보통 하오할 자리 에서 서술이나 의문을 나타내는 종결어미이다. ⇒읍꼬망.

# 보십

- 표준어 : 쟁기
- 품 사 : 명사
- 뜻풀이 : 땅을 갈아 일구는 데 쓰는 농기구의 하나.
- 다른 방언형 : 보습, 쟁기
- 사용 지역 : 평안도, 함경남도

대들보우에 베틀도 채일도 토리개도 모도들 편안하니/구석구석 후치도 보십도 소시랑도 모도들 편안하니 〈백석, 연자ㅅ간, 朝光2-3, 1936.3.〉

'보십'은 고어(古語)로서 북한의 방언에 남아 있다. 이 '보십'을 현대 서울 표준말의 '보습(쟁기에 붙어서 흙을 파 올리는 일을 하는, 삽처럼 생긴 쇠로 된 날)'로 이해해서는 안 된다. 평안도 지방과 그 인근 지역에서 말해지는 '보십'은 남한의 표준어로 '쟁기'에 해당하는 농기구이다. '쟁기'라는 말 역시 남북한에서 각각 다른 뜻으로 쓰인다. 북한의 문화어 '쟁기'는 '도구' 또는 '농기구'라는 뜻이다. '보십'이 평안도 지방에서 널리 쓰이는 말이기 때문에 북한은 표기를 조금 바꾸어 '보습'을 문화어로 삼았다. 남한의 표준어 '보습'은 북한에서는 '보습날'이라 한다. 예문의 전후 문맥을 보아도 '쟁기의 날'이 아닌 '쟁기'가 쓰일 자리이다.

'후치'는 김을 맨 후에 흙을 좌우로 갈라 덮는 데 사용하는 농기구이다. 밭고랑을 째고 흙을 파내어 김을 덮거나 북을 주는 데 쓴다.

# 볼땀스럽다

- 표준어 : 대응 표준어 없음
- 품　사 : 형용사
- 뜻풀이 : 입 안 가득 음식 따위를 넣어 볼이 불룩하다.
- 사용 지역 : 함경남도

"가매르 열아 봐라. 감자가 어찌나 맛있는지 옥서이르 줄라구 옇어 놨다." 밥도 감자요, 반찬도 감자다. 그러나 옥선이는 기대에 어긋났다는 내색도 없이 두 손으로 받아 **볼땀스럽게** 먹는다. 둘은 다시 눈을 맞추고 웃었다. 〈이 정호, 감비 천불붙이, 안개, 1977, 29〉

위 작품에서, '볼땀스럽다'는 입 안에 감자를 가득 넣어 볼이 불룩해진 옥선의 모습을 묘사하는 데 쓰였다. '볼땀'은 강원도에서 '볼거리(유행성이하선염)'의 방언형으로 쓰인다. 따라서 강원도와 인접한 함남 지방에서도 이 방언형이 쓰였을 가능성이 높다. 입 안에 무엇을 가득 넣고 있는 모습을 '볼거리'를 앓을 때 잔뜩 부어 오른 볼에 비유한 것이다.

# 봇

- 표준어 : 자작나무
- 품  사 : 명사
- 뜻풀이 : 자작나무 또는 그 껍질.
- 다른 방언형 : **봋**, 봇낭기
- 사용 지역 : 함경북도

집은 통나무로 엮은 귀틀집이다. 지붕엔 **봇**(白樺皮)을 이고 돌을 누질렀다. 강풍에 돌은 잘 굴러 떨어진다. 산을 그만두고 지붕에 돌이나 얹을까 망설이다가 에라 하고 발을 옮겼다. 〈이정호, 감비 천불붙이, 안개, 1977, 17〉

'봇'(또는 '봇나무')는 흔히 자작나무 또는 그 껍질을 일컫는 말로 알려져 있다. 그러나 '봇나무'와 자작나무는 서로 다른 수종(樹種)이다. 함경도에서는 '봇'이라 하지 않고 '봋'이라 한다. 이를 통하여 '봇'이 원래 '봋'임을 짐작할 수 있다. 고어(古語)에도 '봋'이 있다. 예: 보촌 싸하라 딛게 달혀 머기라(樺皮剉濃煮汁飮之)(諺解痘瘡集要 22b, 1608刊).
  '자작나무'와 '봋나무'는 같은 종(種)에 속하기 때문에 이 둘을 통칭 '자작나무'라 부르는데, 함경도에서는 '자작나무'와 '봋나무'를 구분하여 전자는 '비짜재기', 후자는 '봋짜재기'라 한다. '짜재기'는 '자작나무'의 방언이다. '자작나무'는 흔히 땔감으로 쓰며 가지를 잘라 묶어서 빗자루를 매기도 한다. 반면 '봋나무'의 껍질은 기름이 많고 질긴 까닭에 걸어서 도시락 따위의 그릇을 만들기도 하고 잘 썩지 않기 때문에 면례(緬禮)를 할 때 관 위에 덮거나 또 위 예문에서 볼 수 있는 바와 같이 지붕에 얹기도 한다. 기름이 많아 불쏘시개로 쓰기도 하고 그 가지를 묶어서 비를 만들어 쓰기도 한다. 19세기에 간행된 유희(柳僖)의 ≪물명고≫에는 '봊나무'가 다음과 같이 기록되어 있다.

　　樺木, 出我東北道 木色黃有斑點 皮厚而輕 重疊起之紅色 甚薄加褙器物(≪物名攷≫, 卷四, 十二)(봊나무는 우리 동북 지방의 도에서 난다. 나무의 색깔은 누른 바탕에 얼룩얼룩한 점이 있다. 껍질이 두껍고 가벼우며 여러 겹으로 된 홍색이다. 아주 얇아서 배접하여 기물을 만든다.)

# 봉사꽃

- 표준어 : 봉숭아꽃
- 품  사 : 명사
- 뜻풀이 : 봉선화과의 한해살이풀. 잎은 어긋나고 피침 모양으로 잔톱니가 있다. 7~10월에 잎겨드랑이에서 나온 2~3개의 가는 꽃자루 끝에 붉은색, 흰색, 분홍색, 누런색 따위의 꽃이 아래로 늘어져서 핀다. 열매는 삭과로 잔털이 있으며, 익으면 탄성에 의하여 다섯 조각으로 갈라져 누런 갈색의 씨가 튀어 나와 먼 곳까지 퍼져 나간다. 꽃잎을 따서 백반, 소금 따위와 함께 찧어 손톱에 붉게 물을 들이기도 한다.
- 다른 방언형 : 봉새, 봉숭아, 봉선화, 봉수애, 봉재, 손톱꽃
- 사용 지역 : 함경북도, 평안남도

**봉사꽃** 유달리 고운 북쪽나라/우리는 어릴 적/해마다 잊지 않고 우물가에 피웠다 〈이용악, 아이야 돌다리 위로 가자, 낡은 집, 1938, 30〉

'봉숭아'의 방언형은 매우 다양한데, '봉사꽃'은 평남 지방에서 많이 쓰이는 방언형이다. 함남 지방에서는 '봉재'가, 함북 지방에서는 '봉선화, 손톱꽃, 봉수애' 따위의 방언형이 쓰인다.

# 봉애

- 표준어 : 팽이
- 품  사 : 명사
- 뜻풀이 : 둥글고 짧은 나무의 한쪽 끝을 뾰족하게 깎아서 쇠구슬 따위의 심을 박
  아 만든 아이들의 장난감. 주로 채로 치거나 끈을 몸통에 감았다가 끈
  을 잡아당겨 돌린다.
- 다른 방언형 : 배애리, 뱅이, 보애, 보얘, 봉, 봉이, 빼알, 빼애리, 팽기
- 사용 지역 : 함경남도

"니 그 **봉앵** 어디메서 났니?"
정수는 팽이돌리기에 한창 신명이 나 있는 수돌이 옆에 다가가면서 말했
다.
탁, 타악! 두어 번 팽이채로 쓰러지려는 팽이를 후려치려던 수돌이는 주춤
하고 정수를 돌아보았다.
"얻어 봤다."
그리고 얼른 수돌이는 정수를 무시하듯 다시 한번 팽이를 마음껏 후려쳤
다. 쓰러지려던 팽이가 기운을 차려 잘 돌고 있었다. 파랑과 빨강 물감으로
칠한 팽이였다. 돌기도 잘했으나 빛이 곱기도 했다.
수돌이 흐뭇한 마음으로 또 한번 치려는데,
"얻어 봤어? 어디메서?"
정수가 대들었다.
"뒷고방 농 밑에서."
수돌이가 솔직하게 대답했다.
"뒷고방 농 밑에서? 내 봉애다."
"무시기라구?"
"내 잃어버렸던 **봉애**다." 〈안수길, 북간도, 1995, 335~336〉

'팽이'의 방언형은 같은 함경도 방언권에서도 아주 다양하게 나타난
다. 위 작품의 배경이 된 함북 지방에서는 '배애리', '배알', '빼알' 따위
의 방언형이 쓰이는데, 정작 위 예문에는 함남 방언형 '봉애'가 쓰였다.
'봉애'의 실제 발음은 콧소리가 극도로 약화되어 '보애[põɛ]'에 가깝다.
〈북간도〉가 함경북도 육진의 종성 지역을 배경으로 삼고 있음에도 이
처럼 함남 방언이 자주 쓰인 것은 작가의 고향 말인 함남 방언이 섞인
때문이다.

예문의 '얻어보다'는 '찾다', '줍다'의 뜻을 지닌 함경도 방언이다. '빛'
은 '색깔'을 뜻한다. 함경도에서는 '색다른 음식'도 '빛다른 음식'이라
한다. '뒷고방'은 함경도의 양통식 가옥 구조에서 맨 뒤 북쪽에 위치한
방이다(함경도의 가옥 구조는 '가맛목' 항을 참고). 사람이 거처하지는
않으며 그릇, 이불, 도구 따위를 보관하기도 하고 쌀독 등을 두기도
한다. '무시기'는 '무슥+이→무스기→무시기'. 무슥은 '무엇'의 방언으
로 고어(古語)이다. '무스기'가 하나의 대명사로 굳어져 쓰이기도 한
다.

# 부나하다

- 표춘어 : 떠들썩하다
- 품    사 : 형용사
- 뜻풀이 : 몹시 시끄럽고 떠들썩하다.
- 다른 방언형 : 부내키다.
- 사용 지역 : 함경남도

어디 가서 무엇을 했기에 그리 늦었느냐는 원천댁의 눈빛을 읽고서도, 장작을 지피고 귀리 기울을 떠다가 여물가마에 붓고 휘휘 저으면서 비로소 종섭은 입을 연다.
"만길이 울음소리가 **부나해서.**"
"……."
원천댁은 깜짝 놀랐지만 내색을 하지 않았다. 〈이정호, 감비 천불붙이, 안개, 1977, 7〉

표준어 '떠들썩하다' 또는 '시끄럽다'에 대응되는 함남 방언이다. 위 예문에서는 종섭의 이웃집 아이인 만길의 울음소리를 묘사하는 데 쓰였다.

# 부불

- 표준어 : 부리
- 품　사 : 명사
- 뜻풀이 : 새나 일부 짐승의 주둥이. 길고 뾰족하며 보통 뿔의 재질과 같은 딱딱한 물질로 되어 있다.
- 다른 방언형 : 부부리, 부리
- 사용 지역 : 함경도

밤중에 **부불**을 치어든 새의 무리와//슬라브의 딸아/벨로우니카 〈이용악, 벨로우니카에게, 李庸岳集, 1949, 99〉

'부리[喙]'의 함경도 방언은 '부부리'인데 '부불'은 어간의 끝 모음 'ㅣ'가 탈락한 형태이다. 함경도 방언에서 어간 말의 'ㅣ'는 모음으로 시작하는 조사 앞에서 흔히 탈락한다. 부부리+을→부불을. 함경도 방언의 대격조사는 '을/를'이 아니라 '으/르'이다.

함경도 방언에는 '부부리'처럼 어중자음 'ㅂ'이 보존되어 있는 예가 많다. 예: 가분대(가운데), 서분하다(서운하다), 오분(온) 등. 이 'ㅂ'은 중세국어 시기의 순경음 'ㅸ'에 대응된다. 중앙어에서는 'ㅸ〉w(반모음)'에 의하여 '부ᄫᅩ리〉부우리'가 되고 또 이 말이 줄어들어 '부리'가 되었다. ⇒손부불.

# 북덕불

- 표준어 : 짚불
- 품　사 : 명사
- 뜻풀이 : 짚이나 풀 따위가 뒤섞인 북데기를 태운 불.
- 다른 방언형 : 북데기, 북데기불
- 사용 지역 : 평안도, 함경도

> 이리하여 나는 이 습내 나는 춥고, 누긋한 방에서,/낮이나 밤이나 나는 나 혼자도 너무 많은 것 같이 생각하며,/딜옹배기에 **북덕불**이라도 담겨 오면/이것을 안고 손을 쬐며 재우에 뜻 없이 글자를 쓰기고 하며,/또 문 밖에 나가디두 않구 자리에 누어서,/머리에 손깍지 벼개를 하고 굴기도 하면서,/나는 내 슬픔이며 어리석음이며를 소처럼 연하여 쎄김질하는 것이었다. 〈백석, 南新義州 柳洞朴時逢方, 學風, 1948.10.〉

'북덕'은 '북데기' 즉 '짚이나 풀 따위가 함부로 뒤섞여서 엉클어진 뭉텅이'를 뜻하는 말이다. 이 북데기를 태워 얻은 불을 '북덕불'이라 한 것이다. '북덕불'은 북한의 문화어이다.

위 예문에서 '딜옹배기에 북덕불'이라 한 것은 '진흙으로 구워 만든 옹자배기에 담긴 북데기를 태운 불'을 말한 것이다. '옹자배기'는 둥글넓적하고 아가리가 쩍 벌어진 작은 질그릇이다.

# 불설업다

- 표준어 : 불서럽다
- 품  사 : 형용사
- 뜻풀이 : 몹시 가엽고 불쌍하다.
- 다른 방언형 : 불써럽다
- 사용 지역 : 평안북도

누나라고 불러보랴/오오 **불설워**/싀새움에 몸죽이는 우리누나는/죽어서 접 동새가 되었습니다. 〈김소월, 접동새, 진달내꼿, 1925, 198〉

≪조선말대사전≫은 "몹시 서럽다."로 풀이하였고, 김이협의 ≪평북 방언사전≫은 '불써럽다'를 표제어로 삼고, "살림이 곤궁하여 신세가 매우 가엾다."라 풀이하였다. 한편 이기문(1982)에서는, "불쌍하고 쓸 쓸한 정경이 사람의 마음에 깊은 느낌을 주는 경우에 쓰인다."고 하였 다. 정주 방언에서는 '불써럽다, 불써러워'로 활용되며, 이 형용사로부 터 파생된 부사로 '불써러이'가 있다.

# 불술기

- 표준어 : 기차
- 품   사 : 명사
- 뜻풀이 : 기관차에 객차나 화물차를 연결하여 궤도 위를 운행하는 차량.
- 다른 방언형 : 부술기
- 사용 지역 : 함경북도

**불술기** 구름 속을 달리는 양 유리창이 흐리더냐. 〈이용악, 절라도 가시내, 오랑캐꽃, 1947, 60〉

'불술기'는 '불〔火〕＋술기〔車〕'로 이루어진 합성어로, '술기'는 '수레'의 함경도 방언이다. '*술귀'에서 'ㄱ'이 약화된 것이 중세국어 단계의 '술위'이고, 여기서 더 변화한 것이 '수레'이다. 함북 지방에서는 우마차를 '쉐〔牛〕＋술기'라 하는데, '불술기'는 이 '쉐술기'의 '쉐'가 '불'로 대치되어 만들어진 신조어이다. '기차(증기기관차)'가 '불'을 이용하여 동력을 얻는다는 사실에 착안하여 '불술기'라 한 것으로, 지리적으로 가까운 중국의 '火輪車'라는 말에 영향을 받아 만들어진 것으로 보인다. '불술기'는 순수 고유어로 만들어진, 지역 방언에서 형성된 새로운 문명어라는 점에서 흥미로운 존재이다. 우리가 지금 말하는 '기차(汽車)'는 일본어에서 유래한 말이고 앞서 말한 '화륜거(火輪車)'는 한어(漢語)에서 유래한 말이다.

# 비닭이

- 표준어 : 비둘기
- 품　사 : 명사
- 뜻풀이 : 비둘기목의 새를 통틀어 이르는 말. 멧비둘기, 염주비둘기, 참비둘기, 홍비둘기, 흑비둘기 따위의 여러 종류가 있다.
- 다른 방언형 : 비들기, 비두리
- 사용 지역 : 평안남도

언젠가 저녁역케 행길로난 부엌문 챙바자안에서 구정물을 내버릴려는데, 영근이오빠와또한총각이 나팔들을끼고 웃쪽으로 올라간다. 이화정(梨花亭)이나 천주봉(天柱峰)앞으로 나팔연습을 가는모양이었다. 영근이오빠를 따러가는 총각은 깜정두루막이에 머리채는 따어느린채 삽포를 썼는데, 콧날이 세고, 눈이 이글이글하고, 웃을때는 옥같은 흰 이빨이 그즈런히 나타났었다. 활개를 치면서 영근이에게 무슨말을 하면서, 헌뜻 보부가있는쪽을 정면 으로 바라보고 지내간다. 물론 잘게 수숫대로 엮은바자안에 있는이가, 젊은인지 늙은인지, 밖에서는 거의 여잔지 남자인지도 분간치 못하였을것이되, 처녀의 마음은 무슨 죄될일 저지른것처럼, 부엌안으로 옹패기를 들고 뛰여들어왔다. 놀래인 **비닭이**의 심장처럼 가슴은 발딱 발딱 뛴다. 그는 부끄러워, 종에게 그대로 부엌일을 맡겨버리고, 어머니가 있는 방으로 올러와 버렸다. 조금 지나드니, 위쪽 강가에서, 띠따 띠따 하는 쌍나팔소리가 산을 울리며 그의 귀에 까지 들려왔다. 〈金南天, 大河, 1939, 46〉

'비닭이'는 '비둘기'를 뜻하는 말이다. 평안도 일대에서는 '비들기'가 널리 말해지므로 '비닭이'가 '비둘기'의 평남 방언인지는 더 조사·연구 할 필요가 있다. 어떻든 김남천은 '비둘기'의 어원을 의식해서 위와 같 이 '비닭이'라 적은 것으로 판단된다. 이와 비슷한 표기로 〈한영자전〉(1897)의 '비둙이', 〈조선어사전〉(1920)의 '비둙이'를 볼 수 있다.

비둘기는 〈한영자전〉의 표기처럼 '비＋둙＋이'에서 비롯된 말이다. 전남 지방에서 '비달기'가 쓰일 뿐만 아니라, 경남 지방에서는 '비덜키' 라 하는데 '비덜키'의 '덜키'는 '덜ㅋ＋이'로 분석되는바, 경상도 지방을 비롯한 충북, 전남 일부 지방에서 '닭'을 "덜ㅋ'이라 하므로 '비덜키'의 '덜키'는 분명 '닭'에서 나온 말이다. 다만, 비달키가 아닌 비덜키라 한 것은 '둙'의 'ㆍ'가 '어'로 변화한 때문이다. 표준어와 방언에서는 치음 다음의 'ㆍ'가 '어'로 변화한 예들이 많다. 너다리(板橋, 〈널＋ᄃ리), 네 리다〈너리다(〈ᄂ리다, 내리다, 降), 더리다(〈ᄃ리다, 데리다) 등등. '비＋둙＋이'의 '비'는 분명하지는 않으나 '빛'과 관련될 듯하고 '이'는 유정체 명사에 흔히 붙는 접미사이다.

조류(鳥類) 명칭에는 '닭(〈둙)'을 어근으로 하여 이루어진 것들이 있 다. 그 하나가 독수리이다. 이 단어는 '닭＋수리'가 변화한 것이다. 또 한 뜸부기를 근대국어 단계에서는 '픗닭'이라 하였고 현재 방언에서는 '물닭'이라 한다. 사람과 가장 친숙한 가금(家禽)인 '닭'을 중심어로 삼 아 새로운 단어를 만든 것이다.(곽충구(1996), 〈국어사 연구와 국어 방언〉, ≪이기문교수 정년퇴임기념논총≫, 신구문화사)

# 비웃

- 표준어 : 정어리
- 품　사 : 명사
- 뜻풀이 : 청어과의 바닷물고기. 몸의 길이는 20~25cm이며, 등은 어두운 청색이고, 옆구리와 배는 은빛을 띤 백색이다. 가슴지느러미 아래에 일곱 개의 검은 점이 한 줄로 있고 떨어지기 쉬운 둥근비늘이 있다. 산란기는 12~7월이고 한국의 동해와 일본의 태평양 연해에 분포한다.
- 다른 방언형 : 정어리
- 사용 지역 : 함경도

**비웃**이 타는 데서/타래곱과 도루모기와/피터진 볏 찌르르 타는 〈이용악, 슬픈 사람들끼리, 오랑캐꽃, 1947, 76〉

'비웃'은 '정어리'를 가리킨다. 함경북도 청진(淸津) 방언이 실려 있는 ≪한글≫ 9권 9호, 함경남도 정평(定平) 방언이 실려 있는 ≪한글≫ 5권 2호에는 '비웃'이 '정어리'의 방언이라 되어 있다.

'타래'는 '실·새끼·노끈 따위를 사려서 뭉쳐 놓은 것'이고 '곱'은 함북 방언에서 동물, 특히 '돼지의 창자에 붙은 누런 기름'을 의미한다. 중부 방언에서는 '곱' 대신에 '기름'이라는 말을 쓰지만 함경도에서는 식물성 기름은 '기름', 동물성 기름은 '곱'이라 하여 구분하여 쓴다. 따라서 '타래곱'은 '타래처럼 꼬여 있는, 짐승의 창자에 붙어 있는 기름'을 의미한다. '정어리'와 '타래곱'은 기름이 많다는 점에서 공통적이다.

# 사뎅이

• 표준어 : 등
• 품　사 : 명사
• 뜻풀이 : 사람이나 동물의 몸통에서 가슴과 배의 반대쪽 부분.
• 다른 방언형 : 사등, 사등이, 사디
• 사용 지역 : 함경도

> 해가 지고 어두워지도록 정분인 돌아오지 않았다.
> "큰간나 작은간나, 돌아오기만 해라. 한통치에 **사뎅이**르 분질러 놓을 테잉
> 까."
> 부지갱이로 아궁지를 쑤시면서 기승을 부리는 것이었지만 그것은 허세였
> 다. 눈앞이 캄캄하였다. 〈이정호, 뚜깔리, 늪과 바람, 1989, 232〉

　'사뎅이'는 '등'의 함경도 방언이다. 함경도 일원에 널리 분포하는 '사
디'는 '사등이'에서 콧소리 'ㅇ'이 약화된 '사드이'를 거쳐 '사듸', '사디:'
로 변화한 것이다.
　예문 속의 '큰간나 작은간나'의 '간나'는 '계집아이' 정도의 뜻을 갖지
만 '여자아이'를 낮추어 이를 때 쓰는 말이다. '큰간나 작은간나'는 '큰
년 작은 년' 정도의 의미를 갖는다. 이 밖에 '여자아이'를 이르는 말로
'새아가, 새애기, 에미나이' 따위가 있는데, '새아가'와 '새애기'는 존중
해 주는 뜻이 있다. '새아가'는 어린 여자아이를 이르는 말이지만, '새
애기'는 '처녀' 또는 '시집간 새색시'를 이르는 말이다. '에미나이' 역시
좀 낮추어 이르는 뜻이 있다.

# 산굽

- 표준어 : 산자락
- 품   사 : 명사
- 뜻풀이 : 산의 아랫자락
- 다른 방언형 : 산구방도리, 산꿉
- 사용 지역 : 함경도

> 이별이 너무 재빠르다, 안타깝게도,/사랑하는 사람을,/일터에서 만나자 하고—/더운 손의 맛과, 구슬 눈물이 마르기 전/기차는 꼬리를 **산굽**으로 돌렸다. 〈윤동주, 이별, 정본 윤동주 전집, 2004, 31〉

함경도 방언 '굽'은 '어떤 물체의 밑 부분'이라는 뜻을 지닌다. 예컨대, 바자로 친 울타리의 밑 부분은 '배재굽'이라 하고, '사발'이나 '항아리'의 밑바닥은 '사발굽', '항새리굽'이라 한다. 만약 위 시의 '산굽'이 '산굽이'의 방언이라면 조어법상 명사 '산'에 '굽다〔曲〕'의 어간이 직접 결합되었다고 해야 하는데 이러한 어형성은 가능하지 않다. 따라서 위 시에 나오는 '산굽'은 '산 밑' 또는 '산의 아랫자락'이 된다.

# 산멍에

- 표준어 : 산무애뱀
- 품　　사 : 명사
- 뜻풀이 : 뱀과의 하나. 몸의 길이는 1.4미터 정도이며, 비늘은 19~21열이고 갈색 바탕에 검은색 또는 갈색 무늬가 많다. 네 개의 검은 줄무늬가 머리에서 꼬리까지 있고 개구리, 쥐, 도마뱀, 새 따위를 잡아먹는다. 겨울에는 10~100여 마리가 모여 겨울잠을 자는데 문둥병, 풍약, 보신 강장재로 쓴다. 얕은 산, 풀밭, 습지, 물가 등지에 사는데 한국, 일본, 중국 등지에 분포한다.
- 다른 방언형 : 산몽에
- 사용 지역 : 평안북도

눈이 많이 와서/산엣새가 벌로 날여 맥이고/눈구덩이에 토끼가 더러 빠지기도하면/마을에는 그무슨 반가운것이 오는가보다/한가한 애동들은 여둡도록 꿩사냥을 하고/가난한 엄매는 밤중에 김치가재미로 가고/마을을 구수한 즐거움에 차서 은근하니 홍성 홍성 들뜨게 하며 이것은 오는것이다/이것은 어늬 양지귀 혹은 능달쪽 외따른 산넘 은댕이 에데가리밭에서/하로밤 뽀오햔 힌김속에 접시귀 소기름불이 뿌우현 부엌에/**산멍에**같은 분틀을 타고 오는것이다/이것은 아득한 녯날 한가하고 즐겁든 세월로 부터/실같은 봄비속을 타는듯한 녀름 볏속을 지나서 들쿠레한 구시월 갈바람속을 지나서/대대로 나며 죽으며 죽으며 나며 하는 이 마을 사람들의 으젓한 마음을 지나서 텁텁한 꿈을 지나서/집웅에 마당에 우물든덩에 함박눈이 푹푹 싸히는 여늬 하로밤/아베앞에 그어린 아들앞에 아베앞에는 왕사발에 아들앞에는 새끼사발에 그득히 살이워 오는것이다/이것은 그 곰의 잔등에 업혀서 길여났다는 먼 녯적 큰마니가/또 그 집등색이에 서서 자채기를 하면 산넘엣 마을까지 들렸다는/먼 녯적 큰 아바지가 오는것같이 오는것이다 〈백석, 국수, 文章3-4 1941.4.〉

'산멍에'는 옛 문헌에 나오는 '산몽애'(《물명》 2:6)일 것으로 생각된다. 이는 이숭원(2008)을 따른 것이다. '산몽애'는 《표준국어대사전》에서 '산무애뱀의 옛말'이라 하였다. 한편, 이동순(1987)에서는 '이무기'의 평안도 방언으로 풀이하고 있다.

작품 속의 '분틀'은 '국수틀'의 방언이다. '분틀'은 뜨거운 물에 익반죽한 것을 넣는 분통과 그에 맞는 공이가 있어 누르면 국수 가닥이 밑으로 빠져 나오게 되어 있다. 이숭원 교수는 '산멍에같은 분틀'을 "마치 이무기가 똬리를 틀고 있는 듯한 모습으로 비유했다."고 하였다.

# 살이우다

- 표준어 : 사리다
- 품　사 : 동사
- 뜻풀이 : 국수, 새끼, 실 따위를 동그랗게 포개어 감다.
- 다른 방언형 : 사리다, 사리우다
- 사용 지역 : 평안북도, 함경도

아배앞에 그어린 아들앞에 아배앞에는 왕사발에 아들앞에는 새끼사발에
그득히 **살이워** 오는것이다 〈백석, 국수, 文章3-4, 1941.4.〉

'살이우다'는 '사리우다'를 달리 표기한 것이다. 평안도, 함경도 방언
에는 동사 어간에 '-우-'가 결합한 동사들이 많다. '사리우다'는 '사리-'
에 '-우-'가 결합한 동사로 '국수나 새끼, 실 따위를 동그랗게 포개어
감다'라는 뜻을 지닌다.

# 삼신에 들매를 깐 듯

- 표준어 : 대응 표준어 없음
- 품  사 : 속담
- 뜻풀이 : 어떤 일을 하기 위하여 그 일에 알맞은 준비를 단단히 함.
- 사용 지역 : 평안남도

운동장에는 형선이도 있고, 길손이도 있고, 대봉이도 있다. 그밖에도 두서 넛 있었다. 그들은 활작 두루마이와 모자를 벗어 붙이고, **삼신에 들매를 깐 듯**하니 한뒤에 경주연습을 하고 있었다. 철봉밑에 백먹으루다 땅빠닥에 줄을 긋고 그우에 바른발을 하나씩 내짚고있다. 발은 백먹을 타고 신호가 나기를 긴장하야 기다리고 있다. 길손이는 줄밖에서서 신호를 불르고, 다른 네명이 뛰엄을 뛸 참이다. 철봉을 하든 이태석(李泰錫)이도 손을 부비며 그것을 바라 보고 섰다. 〈金南天, 大河, 1939, 110~111〉

'삼신'은 삼 오리를 꼬아 만든 '미투리'를 말한다. 그리고 '들매'는, 표준어로는 '들메'라 하는데, '신발이 벗겨지지 않도록 동여매는 일 또는 그 끈'이라는 뜻을 지닌 말이다. 본문에서는 '들메를 매다' 또는 '들메를 조이다'라 하지 않고 '들매를 깔다'라 하였다. 그러므로 신발 안에서 발이 놀지 않도록 신발의 바닥에 까는 물건이 따로 있었고 그것을 '들매'라 했음을 알 수 있다. 신이 짚신이 아닌 미투리인데다가 그 안에 들매를 깔았으니 신발이 쉽게 닳거나 벗겨질 염려가 없다. 달리기를 하든 먼 곳을 가든 준비를 단단히 한 셈이다. 따라서 '삼신에 들매를 깔다'는 '어떤 일을 하기 위하여 그 일에 알맞은 준비를 단단히 하다'라 는 뜻이 된다. 위 작품에서는 주인공 형선을 비롯한 등장 인물들이 경

214

주 연습을 하는 장면에서, '옷이나 모자 등을 벗고 달리기에 알맞게 준비를 단단히 갖추다'라는 뜻으로 이 속담을 썼다.

# 상측

• 표준어 : 상사(喪事)
• 품　사 : 명사
• 뜻풀이 : 사람이 죽은 일.
• 다른 방언형 : 상칙, 상세, 상새
• 사용 지역 : 함경도

"어망이 **상측**을 치누라구 동개한테 빚으 진 기 죄금 남아 있는 줄으는 알
지마는 그 밖에야……" 〈안수길, 북간도, 1995, 343〉

'상사(喪事)'의 함경도 방언은 '상세', '상새'(상ㅅ+ㅣ) 또는 '상측'이다.
이 밖에 함경남도에서는 '상측'에서 변화한 '상칙'이란 말도 쓰인다. '사
람이 죽다'는 흔히 '상세나다'라 하는데, '상측이 나다'라는 말도 함께
쓴다.

'어망이'는 '어마니'의 방언이다. 'ㅣ' 모음 앞의 'ㄴ'이 앞뒤 모음을 비
모음화(鼻母音)하고 그 자신은 탈락하였다. 어마니〔əmani〕〉어망이
〔əmāi〕. 따라서 "어망이 상측을 치누라구"는 '어머니 상사(喪事)를 치
르느라고'의 뜻이 된다.

# 새끼락

- 표준어 : 대응 표준어 없음
- 품　사 : 명사
- 뜻풀이 : 커지며 나오는 손톱이나 발톱.
- 사용 지역 : 평안북도

달빛도 거지도 도적개도 모다 즐겁다/풍구재도 얼럭소도 쇠드랑볕도 모다 즐겁다//도적괭이 **새끼락**이나고/살진 쪽제비 트는 기지게길고〈백석, 연자ㅅ간, 朝光2-3, 1936.3.〉

'도적괭이 새끼락이 나고'는 '도둑고양이의 발톱이 나고'라는 뜻이다. 예문의 '풍구재'는 '곡물에 섞인 쭉정이, 겨, 먼지 따위를 날려서 제거하는 농기구' '풍구(風口)'를 말한다. ⇒풍채.

# 새도래

• 표준어 : 수다
• 품    사 : 명사
• 뜻풀이 : 중요하지 않은 일을 가지고 나서서 호들갑을 떨며 지껄임.
• 다른 방언형 : 새새걸이, 새샐로기
• 사용 지역 : 함경도

앞뒷뜰을 짖달려 다니면서 옥선이가 숨이 가빴다. 정분이가 감자를 찌는 아궁이 앞에 쪼그리고 앉아서 할딱거리며,

"이모야, 밥으 하는데, 요만한 쇠화로에서 파아란 불이 쇠 하고 일어난다아. 어쩌나 불이 쎈지 금시 끓드라. 와―"

"너는 여얼하지두 않니? 낯선 사람들이."

"여얼하기는, 꺼먼 테 앵경으 쓴 사람이 그러는데 내가 귀엽대. 학교에 댕기느냐구 해서 댕긴다구 했지."

"니가 일본말으 알아?"

"그래. 말으 하지는 못해두 헐한 말으 들을 수는 있다아. '고노 무스메, 가와이네' 이모, 무슨 말인지 알아?"

낄낄거리며 다시 엉덩이를 달상거리는 옥선이를 원천댁이 오금을 박았다.

"**새도래**애르 그만 떨구 어서 상을 차례. 배가 고프다." 〈이정호, 뚜깔리, 늪과 바람, 1989, 249~250〉

'새도래'는 중요하지 않은 일을 가지고 나서서 호들갑을 떨며 지껄일 때 쓰는 말이다. 위 작품에서도 볼 수 있는 것처럼 흔히 '새도래르 떨다' 또는 '새도래르 피운다'와 같이 관용구로 쓰인다. 표준어 '재잘거리다', '수다를 떨다'와 비슷한 뜻을 지닌 말이다. '새도래르'의 '르'는 함경도 방언의 대격조사이다. 앞 명사가 모음으로 끝나면 '르'가 결합하

218

지만 자음으로 끝나면 '으'가 결합한다.

'여얼하다'는 '열없다'의 함경도 방언이다. 함경도 방언의 '헐하다'는 표준어와 약간 뜻이 다르다. 흔히 '쉽다'(일이 힘들지 않고 수월하다)의 뜻으로 쓰인다. 여기서 파생된 부사 '헗이'도 일상적으로 널리 쓰이는 말이다.

# 새들다

- 표준어 : 수선거리다
- 품　사 : 동사
- 뜻풀이 : 남에게는 말할 기회를 주지 않고 혼자서 독판 떠들어대다.
- 사용 지역 : 평안북도

> 봄철의 죠흔 새벽, 풀이슬 매쳣서라./볼지어다, 歲月은 도모지 便安한데,/
> 두새업는 저가마귀, **새들게** 울짓는 저짜치야,/나의 凶한 꿈 보이느냐? 〈김소
> 월, 몹쓸꿈, 진달내꼿, 1925, 67〉

'새들다'는 '남에게는 말할 기회를 주지 않고 혼자서 독판 떠들어대다'라는 뜻을 가진 말이며, 그러한 사람을 가리켜 '새들게'라 한다. 함경도에서는 이와 비슷한 말로 '새도래'라는 명사가 있는데, 대수롭지 않은 일을 가지고 호들갑을 떨며 지껄일 때 쓰는 말이다. '울짓는'은 '울다'와 '짖다'가 결합한 비통사적 합성어이다. 까치가 시끄럽게 소리를 내어 우는 것은 '울다'라 하지 않고 '짖다'라 한다.

# 새하다

- 표준어 : 나무하다
- 품　사 : 동사
- 뜻풀이 : 땔감으로 쓸 나무를 베거나 주워 모으다.
- 다른 방언형 : 새허다
- 사용 지역 : 평안도

> **새하려가는아배의지게에치워** 나는山으로가며 토끼를잡으리라고생각한다/
> 맞구멍난토끼굴을아배와내가막어서면　언제나토끼새끼는　내다리아레로달어
> 났다/나는 서글퍼서 서글퍼서 울상을한다 〈백석, 오리망아지토끼, 사슴, 1936, 22〉

'새'는 표준어 '땔감'에 대응되는 평안도 방언으로 평안도 전 지역에
서 널리 쓰인다. 따라서 '새＋하다'는 '땔감으로 쓸 나무나 검불 등을
베거나 주워 모으다'라는 뜻을 갖는다.

'치워'는 '지워'의 오식(誤植)이 아닌가 생각된다. '지우다'는 '지다'의
피동사로 보인다. 이렇게 보면 "새하려가는아배의지게에치워"는 '나무
하러 가는 아버지의 지게에 얹히어'라는 뜻이 된다.

# 샛시방

---

- 표준어 : 신랑
- 품    사 : 명사
- 뜻풀이 : 갓 결혼하였거나 결혼하는 남자.
- 다른 방언형 : 새수방, 새스방, 새시방, 샛스방
- 사용 지역 : 평안도

---

> 부엌안에서 작은 사위의얼굴을 엿보지도 못하고 서있는데, 큰딸이 쪼루루 사람들 등뒤에서 신랑의 얼굴을보고와서,
> "얌전한게 **샛시방**이 곱게생겠소다."
> 하는 바람에 주인마누라는 벌서 오므라지기 시작한볼편과 입가상으로 해족하니 웃음을짓는다. 〈金南天, 大河, 1939, 41〉

표준어 '신랑'의 평남 방언이다. '곱게생겠소다'(곱게 생겼습니다)의 '-소다'는 합쇼할 자리에서 쓰이는 서술형 종결어미이다.

예문의 '볼편'과 '해족하다'는 평남 지방에서 널리 쓰이는 말이어서 모두 문화어로 올라 있다. '볼편'은 '볼을 이룬 부분'이라는 뜻을 지닌 명사이고 '해족하다'는 '흐뭇한 태도로 귀엽게 살짝 자꾸 웃다'라는 뜻을 지닌 동사이다. 어근 '해족'에서 파생된 말로는 '해족이, 해족대다, 해족거리다'가 있다. 예: 볼편에 털이 부시시하다. 입가상의 '가상'은 '가장자리'의 방언이다.

# 서각

- 표준어 : 변소
- 품  사 : 명사
- 뜻풀이 : 대소변을 보도록 만들어 놓은 곳.
- 다른 방언형 : **꼉낭, 꼉낭간, 재통, 쩡양, 쩡양간, 통싯간, 통숫간**
- 사용 지역 : 평안도, 황해도, 함경도

그때 서른살이 겨우넘는 젊은 박참봉의 아낙은, 쌍네가 울고 앉었는 것을 처음은 위로하며 달래다가, 그다음은 도고하게 음성을 가다듬어 훈계의말을 한뒤에, 박참봉은 나리님, 자기는 마님, 아이들은 도련님이라고 부를 것을 가르키고, 나이차란 종은 연세에따라 형에 또는 오마니라 부르라고 일러주었다.

"네 나이 아즉 열이 않 된 어린아이니 대소범절을 가르켜 주거니와, 첫째는 순종, 둘째는 공경, 셋째는 지 맡은일을 감당할거, 이걸 잊지말고 행실 머리를 바로갓이야"

옳다고 다시 당부하였다. 그다음부터는 쌍네는 마음대로 울지도 못하는 신세로 되었다. **서각**이나 자리속에서 간혹 눈물을 흘리다가도 누구의 인기척이 나면, 불시에 눈물을 털고 일어서서 그린듯이 낯색을 고쳤다. 〈金南天, 大河, 1939, 129〉

'서각(西閣)'은 '변소'의 경기 개성, 황해도 및 평안도 방언이다. 이 방언은 함경남도 정평 등지에도 분포하는데, 원(原) 함북 무산 방언을 쓰는 중국 조선족 화자의 발화에서도 나타나므로 그 분포 범위는 더 넓을 수도 있다.

'서각'에 대해서는 민간어원(民間語源)이 전해 온다. 아래는 박일환, ≪우리말 유래사전≫(우리교육, 1994, p.115)에서 전재한 것이다.

"개성이나 황해도 지방에서는 뒷간을 '서각(西閣)'이라고 한다. 옛날 이성계가 무력으로 고려 왕조를 무너뜨리고 조선 왕조를 세웠을 때 고려의 수도인 개성에 살던 사람들이 이성계를 증오하여 뒷간을 서각이라고 부르기 시작했다. 서각은 이성계의 왕좌가 있던 곳의 서쪽에 있는 누각이다."

# 석박디

- 표준어 : 섞박지
- 품　사 : 명사
- 뜻풀이 : 김장할 때 절인 무와 배추, 오이를 썰어 여러 가지 고명에 젓국을 조금
　　　　쳐서 익힌 김치.
- 다른 방언형 : 섞박지
- 사용 지역 : 평안북도

닭이 두홰나 울었는데/안방큰방은 홰즛하니 당등을하고/인간들은 모두 웅성웅성 깨여있어서들/오가리며 **석박디**를 썰고/생강에 파에 청각에 마늘을 다지고//시래기를 삶는 훈훈한 방안에는/양염내음새가 싱싱도하다 〈백석, 秋夜 一景, 삼천리문학, 1938.1.〉

'석박디'는 '섞＋박＋디'의 구성으로 된 합성어이다. 즉, 고명을 뒤섞은 다음 박아서 담근 김치라는 말이다. '석박디'의 '디'는 본디 '김치, 짠지'를 뜻하던 '디히'가 줄어든 말이다. 평안도 방언 '짠디, 짼디'(짠지)의 '디'도 그와 같다. 중부방언에서는 '디〉지'의 변화를 겪었으나 구개음화를 모르는 평안도 방언에서는 여전히 '디'로 남아 있다. 북한에서는 '섞박지'를 '써레기', '써레기김치', '막김치'라 부르기도 한다.

'홰즛하다'는 미상이나 이숭원(2008)에서는 '환하면서도 쓸쓸하게'라 풀이하였다. '당등'은 '댱등(長燈)'에서 변화한 말로, '밤이 새도록 끄지 않고 켜 놓은 등불'을 뜻하는 말이다. 평안도 방언은 '댜, 뎌, 됴, 듀'가 '다, 더, 도, 두'로 변화하였기 때문에 '당등'이라 한 것이다. '오가리'는 무나 호박 따위를 길게 오리거나 썰어서 말린 것을 말한다.

# 섞갈되다

- 표준어 : 섞갈리다
- 품　사 : 동사
- 뜻풀이 : 갈피를 잡지 못하게 여러 가지가 한데 뒤섞이다.
- 다른 방언형 : 삿갈리다, 샛갈리다, 섯갈리다, 셋갈기다
- 사용 지역 : 함경남도

＞＞ 쩡양쇠는 고름을 매는 것이 성가시었다. 곧잘 되다가도 **섞갈되기** 시작하면 두 손이 왔다갔다 꼬일 뿐, 영 고리를 잡지 못하였다. 보다못해 '고름도 못매는 이 무디신아'하고 갑산댁이 가슴을 쳤다. 성이 난 쩡양쇠는 벌개가지고 우드득 고름을 잡아뜯고는 잡히는 대로 마구 메어꽂았다. 쩡양쇠의 화를 가리앉힐 수 있는 사람은 정분이뿐이었다. 정분은 쩡양쇠의 손이 가슴에서 엇갈리기 시작하면 달려가서 고름을 매어주었다. 〈이정호, 뚜깔리, 늪과 바람, 1989, 236〉

'섞갈되다'는 '섞갈리다' 또는 '헷갈리다'와 비슷한 뜻을 지닌 말이다. 함경도 방언에서는 '삿갈리다', '샛갈리다', '셋갈기다' 등과 '헷갈리다' 등의 방언형이 분포한다. '섞갈되다'는 함경남도 방언일 가능성을 배제할 수는 없으나 다른 방언형에 비해 그 조어 형식이 특이하므로 작가의 개인어일 가능성도 있다.

# 설겁다

- 표준어 : 서럽다
- 품  사 : 형용사
- 뜻풀이 : 원통하고 슬프다.
- 다른 방언형 : 섧다, 섧다, 서럽다
- 사용 지역 : 평안도

아유유-그것은 이 입으로 나온 소리엇다. 그것은 녕감을 욕해버리고 달어 난 녕감의 원수-세상의 사랑과 정과 힘과 위엄과 갑들의 뒤를 쫓차가는 듯하 엿다. 그것들을 잡어 죽일 듯이 하엿다. 그것들을 잡아 죽일 듯이 작고 쫓차 가는 듯하엿다. 그동안 녕감은 울엇다. 한업시 압허서 울엇다. 한어비 설거 워 울엇다. 그것은 지난해 마가을 바람결에 굴어 떨어진 넉줄 마른 오구랑 박 한동이 한업시 압허서 울엇슬 듯이. 한업시 **설거워** 울엇슬듯이. 〈백석, 마을 의 遺話, 白石全集, 1990, 106〉

평북 방언에서는 용언의 어간말 자음군 '래'이 '리'으로 변화한 예들 이 있다. 예컨대, '얇다〉얇다', '넓다〔廣〕', '맕다〔短〕'가 그런 예이다. 위 '설겁다'는 본디 '섧다'가 '섥다'로 변화한 다음(즉, '래〉리'), 파생 접미 사 '-업-'이 결합하여 생겨난 말이다. 남부 방언과 함경도 방언에서 볼 수 있는 '부럽다'의 방언형 '붋다(〈블+ㅂ〉', '붋다', '불겁다'도 그러한 파생 과정을 겪은 것이다.

# 설룽하다

- 표준어 : 썰렁하다
- 품  사 : 형용사
- 뜻풀이 : ① 있어야 할 것이 없어 어딘가 빈 듯한 느낌이 있다.
         ② 서늘한 기운이 있어 조금 추운 듯하다.
- 사용 지역 : 함경북도

**설룽한** 마음 어느 구석엔가/숱한 별들 떨어지고 〈이용악, 당신의 소년은, 李庸岳 集, 1949, 102〉

아무을灣의 파선도/**설룽한** 니코리스크의 밤도 완전히 이즈섯다 〈이용악, 풀버 렛 소리 가득 차 잇엇다, 分水嶺, 1937, 19〉

'설룽하다'는 '썰렁하다'의 함경도 방언이다. 위에 제시한 두 예문의 '설룽하다'는 그 쓰임과 의미가 좀 다르다. 즉, 〈당신의 소년은〉의 '설 룽한'은 "있어야 할 것이 없어 어딘가 빈 듯한 느낌이 있다."는 뜻이고, 〈풀버렛 소리 가득차 잇엇다〉의 '설룽한'은 "서늘한 기운이 있어 조금 추운 듯하다."는 뜻이다.

# 소곰토리

ㄱ
ㄴ
ㄷ
ㄹ
ㅁ
ㅂ
ㅅ
ㅇ
ㅈ
ㅊ
ㅋ
ㅌ
ㅍ
ㅎ

- 표준어 : 소금가마
- 품    사 : 명사
- 뜻풀이 : 소금을 넣은 마대 자루.
- 사용 지역 : 함경북도

**소곰토리** 지웃거리며 돌아오는가/열두 고개 타박타박 당나귀는 돌아오는 가/방울소리 방울소리 말방울소리 방울소리 〈이용악, 두메산골4, 오랑캐꽃, 1947, 72〉

'소곰'은 '소금'의 고어(古語)이자 함경도 방언이다. 함북 경성 일대에서 쓰이는 '토리'는 '거친 삼실로 짠 큰 자루' 즉, '마대(麻袋)'를 뜻하는 말이다. 예문의 '소곰토리'는 '소금을 넣은 마대 자루'를 말한다. 또 어떤 함북 출신인은 '짚으로 엮어 짠 소금 가마니'라 하기도 한다.

# 소랭이

- 표준어 : 대야
- 품　사 : 명사
- 뜻풀이 : 물을 담아서 얼굴이나 손발 따위를 씻을 때 쓰는 둥글넓적한 그릇.
- 다른 방언형 : 소래이, 소래
- 사용 지역 : 평안도

봉근이는 고기 다랭이를 토방 위에 놓고 세수 **소랭이**에는 꿰챙이에 꿰었던 것을 옮겨 놓았을 때 계향이는 세 살 난 관수 동생을 안고 윗방에서 나왔고, 어머니는 부엌에서 손에 물을 묻힌 채 뛰어나왔다. 〈김남천, 남매, 전환기와 작가(외): 김남천 편, 2005, 38〉

'소랭이'는 표준어 '대야'의 평안도 방언이다. 15세기 ≪救急簡易方≫(1489)에 '구리 소라애(下 90)'라는 말이 나오는데 이 때의 '소라'는 '盆'의 뜻을 지닌 말이다. 따라서 '소랭이'는 '소라'에 접미사 '-앙이'가 결합하여 '소랑이'가 된 후 'ㅣ' 모음역행동화를 겪어 형성된 방언형임을 알 수 있다. 참고로 함경도 지방에서는 '소라'에 '이'가 결합한 '소래'가 널리 쓰인다.

'다랭이'는 다래끼와 유사한 그릇이며 '꿰챙이'는 '꿰미(물건을 꿰는 데 쓰는 꼬챙이)'를 말한다.

# 숌우아보다

- 표준어 : 대응 표준어 없음
- 품　사 : 동사
- 뜻풀이 : 담장이나 모퉁이, 사람이 많이 모인 곳에서 위로 머리를 길게 내밀어 보다.
- 다른 방언형 : 솟구아보다
- 사용 지역 : 평안남도

　부용이집에서 나오다가 이 청년과 다시 싸움이 어우러진게 분명하다고 생각하면서, 그때는 벌서 여나문사람 모인 군중틈에서, 두사람을 상대로 싸우고 있는이가 누군지를 알려고, 부용이는 안타까이 머리를 **숌우아본다**. 그러나 바람벽으로 몰아다가, 머리를 상대편의 배퉁이에 박고 치받아대는 청년의 얼굴을 찾어볼길은 바이없었다. 〈金南天, 大河, 1939, 312~313〉

　'숌우아보다'는 '솟구다'의 어간 '솟구-'에 어미 '-아'와 동사 '보다'가 결합한 어형이다. 작품에서 '숌우아보다'로 표기된 것은 작가가 '솟구아보다'의 음성형 [소꾸아보다]를 표기로 옮기는 과정에서 둘째 음절의 'ㄲ'을 첫 음절의 종성으로 인식했기 때문이다.

# 손부불

- 표준어 : 손부리
- 품    사 : 명사
- 뜻풀이 : 손가락의 끝을 부리에 비유하여 이르는 말.
- 사용 지역 : 함경남도

---

그날 밤엔 정분이도 마실을 갔다. 원천댁이 먼저 가 있었다.
집나이에 대한 원천댁의 치사가 숨이 넘어갈 지경이었다.
"세상에, 효성스럽구 **손부불**이 야물구. 영감 노친네가 딸 하나는 잘 두었
음메."
그것은 입에 바른 치사가 아니었다. 이 두메산골에서 환갑이란 엄두를 내
지 못하는 일이었다. 〈이정호, 뚜깔리, 늪과 바람, 1989, 243~244〉

---

표준어 '손부리'의 함남 방언이다. '부불'(또는 '부부리')는 '부리'(새
나 일부 짐승의 길고 뾰족한 주둥이)의 함경도 방언이다. 표준어에서
는 '손부리가 여물다'처럼 '여물다'와 어울려 관용적 표현으로 흔히 쓰
이는데, 위 작품에서도 '야물다'와 호응하여 '손부불이 야물다'로 쓰였
다. '살림살이나 일솜씨가 치밀하고 꼼꼼하다'는 뜻이다. 중앙어에서
'부불'은 '부불이〉부우리〉부리'로 변화하였다.

# 손우수

- 표준어 : 위요(圍繞), 상객(上客)
- 품　　사 : 명사
- 뜻풀이 : 전통 혼례에서 신랑이 신부 집에 장가를 들러 갈 때 신랑 쪽의 남자 친
　　　　　척 중에서 후견인 격으로 따라가는 사람. 대개 행동거지가 점잖고 혼례
　　　　　에 밝으며 학식이 있는 사람이 간다.
- 사용 지역 : 평안남도

　박참봉은 지난밤은 큰집사랑에서, 처남되는 최관술(崔寬述)이와 가치 잤
다. 그는 형선이가 장가가는데 후행을 가기 위하여, 어제저녁 이 고을서는
한십리폭이나 되는 갱고지서 일부러 들어온 것이다. 최관술이는 삼십고개가
겨우 넘었겠는데, 주동이 우에 자개수염을 뻣뜨럭하니 길르고, 또 머리를 반
반히 깎었든것이 적지 아니 도왔다. 낡은 습관을 엄숙하게 지키는 집안이라
면 동학(東學)에 취한 최관술이를 보내서 않될일이 많겠으나, 마츰 사돈되는
정봉석(鄭鳳錫)이가, 이지음 예수를 믿기 시작했다는 말이 돌아 단니리만큼
개화사상에 흥미를 갖는이므로, 이고장서는 하나밖에 없는, 서울 출입 자주
하는 처남으로 **손우수**를 작정한 것이다. 신식으루다 내빈히자면, 최관술이 당
할놈이 없으리라고 생각했든 것이다. 〈金南天, 大河, 1939, 21~22〉

　'손우수'는 표준어 '위요(圍繞)', '상객(上客)'의 평남 방언이다. '웃손'
이라고도 한다. 본문에 나오는 '후행(後行)'도 같은 뜻을 지닌 말이다.
'客'을 가리키는 '손'과 '우수'가 결합한 합성어인데, '우수'는 함북 방언
에서 역시 '결혼 후견인'을 뜻하는 '우시'와 어원이 같은 말이다. 함북
방언의 '우시'는 문화어가 되었다.
　이전에 평안도나 함경도에서는, 주로 가까운 가족이나 친척 또는 지

인 중에서 명망이 높은 사람이 '우수'의 임무를 맡았다. 허물이 없는 깨끗한 사람이어야 하고 언변이 좋아야 했다. 자식이 없는 이나 상제(喪制), 임신부는 우수가 될 자격이 없다.

예문의 '자개수염'은 '양쪽으로 빳빳하게 갈라진 콧수염을 비유적으로 이르는 말'이다. '자개'는 '동자개'의 방언으로 서해로 흘러드는 강에서 서식하는 물고기인데 메기와 비슷하게 생겼다. 이 물고기의 주둥이에 네 가닥의 수염이 있어 '자개수염'이라는 말이 생겨났다.

'돌아 단니다'는 '돌아다니다'의 방언으로 고어적이다. '내빈히자면'은 표준어로 말하면 '내비치자면'을 적은 것인데 작가는 '내비치다'를 '내비티다'로 잘못 생각하고 적은 것이다. 과도교정(過度矯正)의 예라 할 수 있다.

# -숫세

- 표준어 : -하게
- 품  사 : 종결어미
- 뜻풀이 : '하오체' 등급의 청유법 종결어미.
- 사용 지역 : 함경도

안에서 끄집어낸 건 감자였다. 초벌 감자다. 아이들 주먹만큼은 했다. 한씨며 뒷방예며 눈이 번쩍 뜨였다. 오랜만에 보는 식량이기 때문이다.
"야, 감쥐네!"
어느 사이에 깬 것일까, 할머니 옆에 댕그라니 앉아 있던 장손이 감탄사를 던졌다.
"너두 자쟁앳니?"
그리고 한복이는 아내더러 말했다.
"빨리 삶**숫세**."
"옛꼬망."
뒷방예는 기운 있게 대답했다. 〈안수길, 북간도, 1995, 22〉

　함북 방언의 상대경어법은 세 등급으로 나뉘는데, 위 예문의 '-숫세'는 그 중 중간 등급인 '하오체'의 종결어미 '-소'에 청유형의 '-세'가 결합한 것이다. 함경도 방언의 '하오체'는 연령이나 사회적 신분이 자신과 같거나, 낮기는 하되 아주 낮출 수는 없고 어느 정도 대접을 해야 하는 사람(예컨대, 장성한 아들이나 며느리)에게 사용하는 등급으로 표준어의 '하오체, 하게체'를 아우른다. ⇒ㅂ꼬망.

# 송치

- 표준어 : 대응 표준어 없음
- 품  사 : 명사
- 뜻풀이 : ① 씨가 들어 있는 과일의 속 부분.
          ② 옥수수에서 알을 다 털어 내고 남은 자루.
          ③ 나무의 가장 안쪽에 있는 속 줄기.
- 사용 지역 : 함경북도

붉은 사과 한 개를/아버지, 어머니,/누나, 나, 넷이서/껍질째로 **송치**까지/다
-노나 먹었소. 〈윤동주, 사과, 정본 윤동주 전집, 2004, 57〉

표준어의 '속'과 가까운 뜻을 가진 함북 방언이다. 위 예문에서 보는 것처럼 '사과나 배 따위 과일에서 살을 베어 먹고 남은, 씨를 둘러싸고 있는 부분'을 가리켜 '송치'라 이른다. 그 밖에 '옥수수에서 알을 다 털어 내고 남은 자루'('옥시송치', '슈슈송치'라 부름)나, '나무의 가장 안쪽에 있는 속 줄기'를 가리키기도 한다.

# 숙보다

- 표준어 : 업신여기다
- 품　사 : 동사
- 뜻풀이 : 교만한 마음에서 남을 낮추어 보거나 하찮게 여기다.
- 사용 지역 : 평안도

성난 호랑이처럼 쌍네의 몸을 낚우어들고, 성큼 앞으로 바꾸어 안은뒤에 그는 으슥한 솔밭속으로 뛰어들어간다.

색시는 발버둥을치며 네급질을 하는듯 하더니, 그대로 털석 몸을 도련님께 실리며 두팔로 그의 목을 둘러감는다. 뜨거운 입김을 사나히의 목덜미에 쏟으면서, 그러나 그것과 한께 형걸이의 귀에들린말은 뜻밖이였다.

"아무리 매운 사람이래두, 너무 **숙보지** 않아요."

그러나 그다음말은 더욱 그를 놀라게 하였다. 때레지게 해라를 하면서,

"너두 첩자식이라고 수모사는일은 없냐." 〈金南天, 大河, 1939, 96〉

　　표준어 '업신여기다'에 대응되는 평안도 방언으로 북한의 문화어이다. '머리 따위가 앞으로 기울어지다'의 의미를 갖는 동사 '숙다'에 '보다〔見〕'가 결합한 합성동사로, '머리를 숙여 사람을 아래로 내려다 보다'라는 뜻을 갖는다.

ㄱ
ㄴ
ㄷ
ㄹ
ㅁ
ㅂ
ㅅ
ㅇ
ㅈ
ㅊ
ㅋ
ㅌ
ㅍ
ㅎ

237

# 순막집

- 표준어 : 주막집
- 품  사 : 명사
- 뜻풀이 : 시골 길가에서 밥과 술을 팔고, 돈을 받고 나그네를 묵게 하는 집.
- 다른 방언형 : 숫막, 순막, 주막
- 사용 지역 : 평안북도

山바람 소래./찬비 쯧는 소래./그대가 世上苦樂 말하는 날 밤에,/순막집 불도 지고 귀쑤람이 우러라. 〈김소월, 귀쑤람이, 진달내꼿, 1925, 104〉

'순막'은 주막집(酒幕-)을 뜻하는 말이다. 고어(古語)에 '주막'을 뜻하는 말로 '숫막'이 있었는데 위 시에 나오는 '순막'은 그 '숫막'이 변해서 된 말이다. '숫막'의 실제 발음은 〔숨막〕인데 언중들은 이 '숨막'을, '순막'이 자음동화를 입은 것으로 생각하여 '순막'이라 적게 된 것이다.

19세기 중엽의 함경도 방언을 보여주는 최초의 한국어 대역사전 ≪로한ㅈ뎐≫(1874)에도 '숫막'(Gostinnitsa, postojal dvor(=여인숙, 주막))이 보인다. 한편, '주막(酒幕)'의 뜻을 지닌 말로 '탄막(炭幕)'이 있다. 이로 보면 '숫막'은 '숯막'에서 비롯된 말인 것으로 생각된다. 탄막(炭幕)은 본디 '숯을 굽는 곳에 지은 움막'이라는 뜻이다. 임시로 거처하기 위해 지은 '숯막'(=탄막)이 뜻이 변하여 주막(酒幕)의 뜻을 갖게 된 듯하다.

# 숨굴막질

- 표준어 : 숨바꼭질
- 품 사 : 명사
- 뜻풀이 : 아이들 놀이의 하나. 여럿 가운데서 한 아이가 술래가 되어 숨은 사람
  을 찾아내는 것인데, 술래에게 들킨 아이가 다음 술래가 된다.
- 다른 방언형 : 숨기내기, 숨을내기
- 사용 지역 : 평안북도

> 저녁술을 놓은 아이들은 외양간섶 밭마당에 달린 배나무 동산에서/쥐잡이
> 를 하고 **숨굴막질**을 하고 꼬리잡이를 하고 가마타고 시집가는 노름 말타고
> 장가가는 노름을 하고 이렇게 밤이 어둡도록 북적하니 논다 〈백석, 여우난곬族, 사
> 슴, 1936, 6〉
>
> 그것은 속이 타서 바람벽을 어리쓰는 로파에게 들키지 안흐려는 듯이 한
> 켠쪽에 가만히 숨을 죽이고 쪼구리고 잇섯다. 그것은 이 철업는 것이 로파와
> **숨굴막질**을 하려드는 것이엇다. 그럴때면 언제나 녕감이 이 작난구럭이의 손
> 을 꼭 붓들고 로파의 손을 끌어다 대엇다. 〈백석, 마을의 遺話(三), 朝鮮日報, 1935.7.12.〉

위 시에는 아이들이 즐겨하던 민속놀이 '숨바꼭질'과 '꼬리잡기'가
등장한다. 평북 지방에서는 '숨바꼭질'을 흔히 '숨을내기', '숨구막질'이
라 하는데, 백석은 '숨굴막질'이라 하였다. 그의 시에 두 차례 나온다.
'숨을내기'는 '숨+을+내기'와 같은 구성으로 이루어진 합성어이고 '숨굴
내기'는 '숨다'의 사동사 '숨구-(숨기-)'에 '-막질'이 결합하여 형성된 합
성어이다. '막'은 '도투막질(다툼질)', '걸티막질(참견하는 짓)'에서 보
듯 동사 어간에 붙어 그 동사를 명사로 만드는 일을 하고 '막질'의 '질'

은 '그런 일, 그런 짓' 따위의 의미를 나타내는 접미사이다. '막질'은 그 앞에 놓인 동사의 동작성에 대해 부정적인 뜻을 나타낸다.

'쥐잡이'는 이숭원(2008:48)에 의하면, "수건을 쥐 모양으로 접어서 그것을 돌려가며 노는 놀이. 『조광』 발표본에는 '고양이잡이'로 되어 있다."라 하였다.

'꼬리잡이'는 두 편으로 갈라서서 각각 앞 사람의 허리를 잡고 맨 앞에 있는 사람이 상대편의 맨 뒤에 있는 사람을 붙잡으면 이기는 놀이이다. 표준어로는 '꼬리잡기'라 하지만, 문화어로는 '꼬리잡이'라 한다. 평안도 지방에서 쓰이는 '꼬리잡이'를 문화어로 삼은 것이다.

# 숱 좋은 머리의 도장부스럼

- 표준어 : 옥의 티
- 품　사 : 속담
- 뜻풀이 : 나무랄 데 없이 훌륭하거나 좋은 것에 있는 사소한 흠을 이르는 말.
- 사용 지역 : 함경남도

동네라고 온통 세 가구였다. 그나마 한 채는 골짜기로 돌아앉아 있어서 있으나마나였다. 종섭이네 집과 옆으로 나란히, 어른의 큰 걸음으로 쉰 발짝 쯤 떨어져 있는 귀틀집이 쩡양쇠네 집이었다. 두 집 식구가 기봉이까지 합하여 여덟. **숱좋은 머리의 도장부스럼**처럼 유수한 밀림 속에 빠꼼히 들어앉아서 인기척은 바람 소리, 짐승 소리, 새 소리에 묻혀서 흔적이 없었다. 〈이정호, 뚜깔리, 늪과 바람, 1989, 237〉

'옥의 티'라는 뜻을 가진 함남 방언의 속담이다. 위 작품에서는 마치 숱이 많은 머리처럼 나무가 빽빽이 들어차 풍광(風光)이 빼어난 밀림 속에, 머리에 생긴 기계총처럼 볼품없이 자리 잡고 있는 두 집의 모습을 묘사하는 데 쓰였다. '도장부스럼'은 '기계총'(또는 두부백선(頭部白癬)이라 부름)을 말한 것이다. '기계총'은 머리 밑에 피부 사상균이 침입하여 일어나는 피부병으로 머리털이 나 있는 부분에 둥그런 얼룩점이 생기며 피부가 벗겨지고 또 그 부분의 머리털이 윤기를 잃고 부스러지는 병이다.

# -습궤

- 표준어 : -나
- 품  사 : 종결어미
- 뜻풀이 : '하시체'의 의문형 종결어미.
- 사용 지역 : 평안도, 함경도

> 대봉이는 밖에 서서 잠간 기다리고, 형걸이만 흠없는 집이라고 덤벅 덤벅 안으로 들어가며,
> "칠성이네 형님 있**수궤**."
> 하고 제법 존대를 해서 부른다.
> "촌에 가구 없이요."
> 하는 부인네 말소리가 나드니 이어서,
> "나 오셋소."
> 하고 형걸이에게 인사를 한다. 〈金南天, 大河, 1939, 136〉

예문에 보이는 '있수궤'는 '있습궤'를 음성형에 가깝게 적은 것이다. 평안도 방언의 상대경어법 체계는 네 등급으로 나뉘는데 '있습궤'의 '-습궤'는 세 번째 등급에 해당되는 서술형 및 의문형 종결어미이다. '있수궤'는 표준어로 말하면 '있나' 정도가 된다. 함북 방언에도 하오할 자리에서 '-습궤'가 쓰인다. 주로 남편이 아내에게 무엇을 하도록 청하거나 좀 정중하게 명령하는 자리에서 쓰인다. 예문에서는 주인공 '형걸'이 자신보다 사회적 지위는 낮으나 나이가 많은 '칠성'이가 집에 있는지를 물을 때 '-습궤'를 썼다. ⇒ㅂ네다레.

# 쇠멋없이

• 표준어 : 망연히
• 품    사 : 부사
• 뜻풀이 : 아무 생각이 없이 멍하니.
• 다른 방언형 : 시멋없이
• 사용 지역 : 평안북도

달아래 **쇠멋업시** 섯든 그 女子,/서 잇든 그 女子의 햇슥한 얼골,/햇슥한
그 얼골 적이 파릇함./다시금 실 벗듯한 가지아래서/식컴은 머리낄은 번쩍어
리며./다시금 하로밤의 식는 江물을/平壤의 긴 단쟝은 슷고 가든 째./오오
그 쇠멋업시 섯든 女子여! 〈김소월, 記憶, 진달내꼿, 1925, 63〉

달빗츤 밝고 귀뚜람이 울 째는/우둑키 **쇠멋업시** 잡고섯든 그대를/생각하
는 밤이어, 오오 오늘밤/그대 차자 다리고 서울로 가나? 〈김소월, 月色, 진달내꼿,
1925, 105〉

이 말은 그 뜻을 분명히 밝히기 어렵다. 이기문(1982)에서는, "차라
리 무슨 생각이라고 할 만한 것도 없이 망연히 있음을 뜻한다고 할 수
있다."라고 하고, "이 단어는 어원적으로 중세국어의 '스뭇ᄒ다'(依然),
'스므시'(髣髴)와 관련이 있는 것으로 생각된다."고 하였다.

'머리낄'은 머리카락의 방언이다. ⇒머리낄.

'긴 단쟝은 슷고 가든 째'의 단쟝은 '얼굴이나 머리, 옷차림 같은 것
을 아름답게 치장하고 꾸민다'는 뜻의 '단장(丹粧)'을 말하고 '슷다'는
'닦다'라는 뜻을 지닌 동사이다. '슷다'는 고어(古語)로서 '표면에 있는
물기, 더러운 것 따위를 닦아 없애다'라는 뜻을 지닌 동사인데 중앙어

에서는 사어(死語)가 되었지만 평북이나 함북 지방에서는 지금도 많이 쓰인다. 예컨대, '얼굴에 난 땀을 수건으로 슷는다', '변을 보고 밑구멍을 슷는다'고 한다. '싳다(씻다)'는 '더러운 것을 물로 없애어 깨끗하게 하다'라는 뜻이어서 '슷다'와는 뜻이 다르다. 이 '슷다'는 '닦다', '씻다'와 유사한 의미를 지녔기 때문에 사어(死語)가 되었다.

# 시메산골

- 표준어 : 두메산골
- 품 사 : 명사
- 뜻풀이 : 도회에서 멀리 떨어져 사람이 많이 살지 않는 변두리나 깊은 곳.
- 다른 방언형 : 두메산골, 두뭇골
- 사용 지역 : 평안북도

山새도 오리나무/우헤서 운다/山새는 왜우노, **시메山골**/嶺넘어 갈나고 그래서 울지. 〈김소월, 山, 진달내矣, 1925, 188〉

'시메산골'은 '두메산골'의 평북 방언이다. 이기문(1982)에서는, 평안북도 정주 지방에서는 '시메산골'과 '두메산골'이 둘 다 쓰인다고 하였다. '시메산골'의 '메'는 '뫼〔山〕'가 변해서 된 말이나 '시'는 그 어원을 말하기 어렵다. 이에 대하여 이기문(1982)에서는 '시'가 중세국어 '스ᄀ볼'(=시골)의 '스'에서 비롯된 말일 것이라 하고 "'스'는 본래 '僻(地)·遐(方)'과 같은 의미를 가졌던 것으로 생각된다."고 하였다.

# 식새리

- 표준어 : 귀뚜라미
- 품  사 : 명사
- 뜻풀이 : 귀뚜라밋과의 곤충. 몸은 진한 갈색에 복잡한 얼룩점이 있으며 8~10월
  에 나타나 풀밭이나 뜰 안에 살면서 수컷이 가을을 알리듯이 운다. 한
  국을 비롯한 동남아시아에 널리 분포한다.
- 다른 방언형 : 씩쌔리
- 사용 지역 : 평안북도

---

이윽고 식새리의 우는 소래는/밤이 드러가면서 더욱 자즐 때/나락밧 가운
데의 움물까에는/農女의 그림자가 아직 잇서라.//달빗츤 그무리며 넓은 宇宙
에/일허젓다 나오는 푸른 별이요./식새리의 울음의 넘는 曲調요./아아 깁븜
가득한 녀름밤이어. 〈김소월, 녀름의 달밤, 진달내꼿, 1925, 125〉

---

'식새리'는 '귀뚜라미'의 평북 방언이다. 흔히 '씩쌔리'라 한다.
'나락밧'은 '나락밭'을 표기한 것으로 여기서는 '논'을 말한 것으로 보
인다. '그무리다'는 '빛을 희미하게 하다'라는 뜻을 지닌 동사이다. ⇒
그믈다.

# 신다리

- 표준어 : 넓적다리
- 품 사 : 명사
- 뜻풀이 : 다리에서 무릎 관절 위의 부분.
- 다른 방언형 : 쉰다리
- 사용 지역 : 함경도

---

"일본이 아라사 대신 우리나라와 만주를 손아귀에 넣게 됐다."
"이번에는 머리를 뒤르 드리우고 소매 긴 청복 대신에 펄덕펄덕 **신다리**(정 갱이)가 보이는 후매때다가 쪽바리 나무판대기르 신게 맨들지 뉘기 알겠음 둥."
"어쩌겠관디?"
포츠머스 조약의 내용이, 온갖 억측과 유언비어를 거느리고 비봉촌에도 늦게나마 날아 들어왔다. 〈안수길, 북간도, 1995, 169~170〉

'신다리'는 표준어 '넓적다리'의 함경도 방언으로 옛 문헌에도 보이는 고어(古語)이다. 위 작품에서는 정강이가 드러나는 일본 사람의 옷차림을 묘사하면서 '정강이'라는 뜻으로 '신다리'를 썼다. 함경도 방언에서 '신다리'는 '넓적다리'를 뜻하는 말이다. 문헌자료에 보이는 '쉰다리'도 역시 '넓적다리'를 뜻하는 말이었다. 따라서 작가가 '신다리'를 '정강이'라 한 것은 착오이다.

예문의 '뉘기 알겠음둥'의 '뉘기'는 '누구'의 주격형 '누가'이다. '알겠음둥'은 원래 '알겠슴둥'으로 표기해야 옳다. '-음둥/-슴둥'은 합쇼할 자리에서 의문을 나타내는 종결어미로, 함북의 육진방언권에서 쓰인다. 앞 말이 자음으로 끝나면 '-슴둥'이 결합한다.

# 싸다

- 표준어 : 사다(買)
- 품 사 : 동사
- 뜻풀이 : 값을 치르고 어떤 물건이나 권리를 자기 것으로 만들다.
- 사용 지역 : 함경도

> 덕구가 웃방에서 옥색 빛깔이 감도는 호로병을 두 손으로 받들고 나왔다.
> "어디서 그런 묘한 병으?"
> "샀지. 접때 쇳비리에 갔을 때 **샀지.**"
> 땜은 이십 리 밖에 있다. 공사중에 쇳비(鐵碑)가 나왔다고 해서 그 근처를 쇳비리라고 한다.
> "꿍꾸이 같으이라고. 좋은 병으 샀으믄 진작 술으 낼 것이지." 〈이정호, 감비천불붙이, 안개, 1977, 20〉

'싸다'는 표준어 '사다〔買〕'의 함경도 방언으로 함경도 전역에서 널리 쓰인다. 참고로, '값이 저렴하다'는 뜻을 갖는 '싸다〔低價〕'의 함경도 방언은 '눅다'이다.

# 싸리말

- 표준어 : 대말, 죽마(竹馬)
- 품 사 : 명사
- 뜻풀이 : 아이들이 말놀음질을 할 때에, 두 다리 사이에 걸치고 끌고 다니는 대 막대기.
- 다른 방언형 : 가달말, 나무말, 대말, 죽마(竹馬)
- 사용 지역 : 함경도

찻길이 뇌이기 전/노루 멧돼지 쪽제피 이런것들이/앞뒤 산을 마음놓고 뛰 여단이던 시절/털보의 셋재 아들은/나의 **싸리말** 동무는/이집 안방 짓두광주 리 옆에서/첫 울음을 울었다고 한다. 〈이용악, 낡은 집, 1938, 73~74〉

'어릴 때부터 함께 놀며 자란 오래 된 동무'를 죽마고우(竹馬故友)라 한다. '죽마고우'의 죽마(竹馬)는 글자 그대로 '대말' 즉, '대나무 말'이 란 뜻이다. 그렇다고 '대말'이 말 모양으로 만들어진 것은 아니다. 이 전에 아이들이 대나무를 가랑이에 끼고 말이 뛰는 시늉을 하면서 팔짝 팔짝 뛰어다니며 놀았는데 그 때 가랑이에 끼운 그 대나무를 '죽마'라 한 것이다.

함북 지방에서는 이 대말을 흔히 '가달말', '나무말', '막대기말'이라 달리 부르기도 한다. '나무말'과 '막대기말'은 놀이 기구의 재료에 따른 명칭이고, '가달말'은 이 놀이가 가랑이에 대를 끼우고 노는 놀이이기 때문에 생긴 명칭이다. '가달'은 고어(古語)로서 평안, 함경, 강원도 지 방에서 널리 쓰이는데 '갈래', '가랑이', '가닥' 따위의 뜻을 지닌 명사이 다. 대나무가 생장하지 않는데다가 몹시 귀하던 시절이고 보니 혹시

249

못 쓰게 된 낚싯대가 있으면 그것을 가지고 대말을 타기도 하였다. 따라서 위에서 말한 다양한 명칭은 주로 재료에 따라 붙여진 이름임을 알 수 있다. 즉, 대나무를 가지고 타고 놀면 '대말', 나무를 가지고 타고 놀면 '나무말' 또는 '막대기말'이라 한 것이다.

이용악은 어린 시절의 절친했던 그 그리운 동무를 묘사하기 위하여 '싸리말'이란 단어를 썼다. '싸리말'은 대나무 대신 가랑이에 끼운 싸리나무나 싸리비를 지칭하는 말일 터인데 여기서는 '싸리비'가 좀 더 그럴 듯해 보인다. 댑싸리이건 산에서 자라는 싸리이건 그 싸리를 무어서 만든 싸리비를 가져다 임시방편으로 놀이 기구로 삼아 대말을 탔던 것이다. 대나무가 없어 그 대나무 대신 싸리비를 썼던 것이다. 그 싸리비를 가랑이에 끼고 함께 뛰어놀던 동무가 '싸리말 동무'인 것이다.

한편, 주술적인 의미를 가진 '싸리말'이란 단어도 있다. 이전에 천연두에 걸린 지 열 이틀이 되는 날 싸리로 말처럼 결어서 배송굿을 할 때 이 싸리말을 썼는데 이를 '배송마(拜送馬)'라 부르기도 하였다. 천연두를 옮기는 역신(疫神)을 이 싸리말에 태워서 쫓아내고자 한 것이다. 위 시의 내용으로 볼 때 이 '싸리말'은 어울리지 않는다.

# 쎄이다

- 표준어 : 써다
- 품　　사 : 동사
- 뜻풀이 : 밀물이나 밀린 물이 물러 나가다.
- 다른 방언형 : 쎄다
- 사용 지역 : 평안북도

검은구름은 메기슭에서 어정거리며,/애처롭게도 우는山의사슴이/내품에 속속드리붓안기는듯./그러나 밀물도 **쎄이고** 밤은어둡어/닷주엇든 자리는 알 길이업서라./市井의홍정일은/外上으로 주고 밧기도하건마는. 〈김소월, 無信, 진달내꼿, 1925, 216〉

'쎄이다'는 '써다'의 평안도 방언이다. '써다'는 '밀물이나 밀린 물이 물러 나가다' 또는 '고였던 물이 새어서 줄다'라는 뜻을 가진 동사이다. 본디, '혀다[引]'가 ㅎ-구개음화를 겪고 'ㅕ〉ㅖ' 변화를 겪어 생겨난 말이다. '썰물'은 바로 이 '써-'에 '물'이 결합하여 생긴 말이다('써+을+물'). '쎄다'가 위 시에서는 '쎄이다'로 나타나는데, '쎄이다'의 '이'는 피동성을 나타내는 접미사 '-이-'인 것으로 생각된다. 이기문(1982)에서는, 평북 방언 '쎄다'는 음장을 가지고 있는데 위 시의 '쎄이다'는 음장을 반영한 것이라 하였다.

# 쏘개

- 표준어 : 설사
- 품　사 : 명사
- 뜻풀이 : 변에 포함된 수분의 양이 많아져서 변이 액상(液狀)으로 된 경우. 또는 그 변. 소화 불량이나 세균 감염으로 인해 장에서 물과 염분 따위가 충분히 흡수되지 않을 때나 소장이나 대장으로부터의 분비액이 늘어나거나 장관(腸管)의 연동 운동이 활발해졌을 때 일어난다.
- 다른 방언형 : 똥쏘개, 배쏘개
- 사용 지역 : 함경도

> 쳣비리 못미쳐 부은비나무 숲에 뚜깔이 많았다. 만병통치약이라고 원천댁이 두 그루를 캐어다가 삽짝 밖에 심었다. 겨울에도 반들한 잎이 그대로 푸르렀다. 수난(감기)이 와도 **쏘개**(설사)를 해도 원천댁은 뚜깔잎을 대려서 먹였다. 〈이정호, 뚜깔리, 늪과 바람, 1989, 251〉

　표준어 '설사'의 함남 방언이다. '쏘다'는 '누다[排便]'의 뜻으로 쓰이는데 이 동사의 어간 '쏘-'에 접미사 '-개'가 결합하여 명사 '쏘개'가 파생된 것이다.

　'부은비나무'는 '분비나무'를 말하며 '삽짝'은 '사립짝'의 준말로 '사립문의 문짝'을 말한다. '뚜깔'은 '마타릿과에 속하는 여러해살이풀'이다. '수난'은 '감기'의 방언으로 주로 함남 지방에서 쓰인다.

# 씁다

- 표준어 : 쓰다
- 품　사 : 형용사
- 뜻풀이 : ① 혀로 느끼는 맛이 한약이나 소태, 씀바귀의 맛과 같다.
　　　　　② 달갑지 않고 싫거나 괴롭다.
- 다른 방언형 : 쓰겁다, 쓱다, 쑥다
- 사용 지역 : 함경북도

> 왜떡이 **씁은**데도/자꾸 달다고 하오. 〈윤동주, 할아버지, 정본 윤동주 전집, 2004, 137〉
>
> 온 하루 올망졸망한 생활을/되질하고 저울질하고 자질하다가/날이 저물어 아낙네들이/**씁은** 생활과 바꾸어 또 이고 돌아가오. 〈윤동주, 장, 정본 윤동주 전집, 2004, 139〉

'쓰다〔苦〕'의 함북 방언이다. '씁다'는 '쓰-'에 접미사 '-ㅂ'이 결합한 방언형이다. 함경도에서는 '쓱다', '쑥다', '쓰겁다'와 같은 방언형들이 쓰이는데 함경북도 북부 지역에서는 주로 '씁다'가 널리 쓰인다. 위 두 작품에 쓰인 '씁다'는 각각 뜻풀이 ①, ②에 해당하는 예를 보인 것이다.

# 쑤지다

- 표준어 : 일구다
- 품　사 : 동사
- 뜻풀이 : ① 뾰족한 물건으로 땅을 쑤셔서 파다.
  　　　　② 논밭을 만들기 위하여 땅을 파서 일으키다.
- 다른 방언형 : 뚜디다. 뛰지다
- 사용 지역 : 함경도

나는 흙을 쑤지고 들어왔다/차군 달빗츨 피해/둥굴소의 압발을 피해〈이용
악, 冬眠하는昆蟲의노래, 分水嶺, 1937, 33〉

'뚜지다'는 두 가지 뜻이 있다. 하나는 경작을 하기 위하여 '땅을 일
구거나 파 헤친다'는 뜻이고, 다른 하나는 '땅을 쑤셔서 파다'라는 뜻이
다. 때문에 함경도 지방에서는 '두더지'를 '따뚜지', '뚜뚜지'라 하기도
한다. '따뚜지'의 '따'는 '땅'의 고어(古語)이자 함경도 방언이다. 두더쥐
가 땅 속을 쑤시고 다니는 동물이기에 그렇게 명명하였을 것이다.
　위 시에 보이는 '쑤지다(뚜지다)'는 '땅을 쑤셔서 파다'라는 뜻으로
쓰인 것이다. 이 말의 중세국어형은 '두디다'인데, 이 말이 어두경음화
에 의거 '뚜디다'가 되고 다시 구개음화를 입어 '뚜지다'가 되었다. 함
경북도 두만강 연안 지역에서는 지금도 '뚜디다'라 한다. 주로 '경작을
하기 위하여 땅을 파서 일구다'라는 뜻으로 쓰인다. 시인 이용악은 구
개음화를 겪은 함북 경성(鏡城)에서 출생하고 자란 사람이므로 '뚜지
다'라 한 것이다.
　한편, ≪조선말대사전≫에는 '뚜지다'가 등재되어 있는데 그 뜻은 아

래와 같다.

① 꼬챙이 따위의 뾰족한 것으로 쑤셔서 파다.
② 땅을 파서 뒤집다.

'뚜지다'가 북한 여러 지역에서 널리 쓰이는 말이기 때문에 사전에
올린 것이다. 그러나 뜻풀이가 미흡하다. 뜻풀이 ①에서, '꼬챙이 따위
의 뾰족한 것'으로 쑤셔 파는 것만은 아니다. '두더지나 벌레' 따위가
땅을 쑤시는 것도 '뚜지다'라 한다. 협소하게 정의가 이루어진 감이 있
다. ②는 적절한 용례를 제시하고 있어 문제 삼을 것이 없지만, 그 뜻
풀이는 "((삽이나 곡괭이 따위의 연장으로)) 땅을 파서 일구다"라 하
는 것이 좋을 듯하다.

# 아르

- 표준어 : 아랫목
- 품　사 : 명사
- 뜻풀이 : 온돌방에서 아궁이 가까운 쪽의 방바닥.
- 다른 방언형 : 아랫굴, 아릇굴
- 사용 지역 : 평안도

> 아, 이 반가운것은 무엇인가/이 히수무레하고 부드럽고 수수하고 슴슴한 것은 무엇인가/겨울밤 쩡 하니 닉은 동티미국을 좋아하고 얼얼한 댕추가루를 좋아하고 싱싱한 산꿩의 고기를 좋아하고/그리고 담배내음새 탄수내음새 또 수육을 삶는 육수국 내음새 자욱한 더북한 삼방 쩔쩔 끓는 **아르굴**을 좋아하는 이것은 무엇인가 〈백석, 국수, 文章3-4, 1941.4.〉

　표준어 '아랫목'의 평안도 방언이다. '아르굴'은 '아래'를 뜻하는 '아르'와 명사 '굴'이 결합한 합성어이다. 남한 지역 방언에서도 '아랫방', '아랫목'을 흔히 '아릇방[아르빵]', '아릇목[아름목]'이라 한다. '아래'의 경상도 방언은 '알'이므로 '아르'는 '알[下]'에 속격 조사 '으'가 결합한 것으로 생각되기도 하나 분명하지는 않다. '굴'은 평안도와 함경도 방언에서 널리 쓰이는 명사로 표준어의 '목'과 비슷한 뜻을 가진 말이다.

# 아매

- 표준어 : 할머니
- 품　사 : 명사
- 뜻풀이 : 아버지의 어머니.
- 다른 방언형 : 클아매, 큰아매
- 사용 지역 : 함경도

> 　정주방 허리문이 열렸다. 얼굴을 내민 건 수돌이 어머니, 수돌이 때문에
> 맞았다는 사연도 뜨끔했으나 '원쉬르 졌니?'와 '얼피덩 가거라'에 찔린 듯한
> 얼굴이었다.
> 　"아매. 말겨 줍소. 아매. 말겨 줍소."
> 　수돌 어머니를 보자 정수는 구원을 청했다. 〈안수길, 북간도, 1995, 346〉

　함경남도 및 함경북도 일부 지역에서는 '할머니'를 '아매'라 하고, '할
아버지'를 '아바이' 또는 '아바니'라 한다.

　'원쉬'는 '원수(怨讐)'를 말한다. 함경도 방언에서는 명사에 'ㅣ'가 결
합되는 현상이 있어 '원쉬'가 된 것이다. '원시'라 하기도 한다. '얼피덩'
은 '얼른'의 방언인데, 함북 지방에서는 '얼피덩', '얼씬' 따위가 널리 쓰
인다.

# 아배

- 표준어 : 아버지
- 품 사 : 명사
- 뜻풀이 : 남자인 어버이.
- 다른 방언형 : 아바지
- 사용 지역 : 평안도, 함경도

거북이는 배추꼬리를 씹으며 달디달구나 배추꼬리를 씹으며 꺼무테테한 **아배**의 얼굴을 바라보면서 배추꼬리를 씹으며 거북이는 무엇을 생각하누 〈이용악, 하늘만 곱구나, 李庸岳集, 1949, 40〉

새하려가는**아배**의지게에치워 나는山으로가며 토끼를잡으리라고생각한다/ 맞구멍난토끼굴을**아배**와내가막어서면 언제나토끼새끼는 내다리아레로달어 났다/나는 서글퍼서 서글퍼서 울상을한다 〈백석, 오리망아지토끼, 사슴, 1936, 22〉

'아버지'를 좀 친근하게 부르는, 평안도 및 함경도 일부 지방에서 쓰이는 방언이다. 북부 방언(황해, 평안, 함경도)에서는 '아버지'를 흔히 '아바지'라 한다.

# 아시

- 표준어 : 애
- 품  사 : 접두사
- 뜻풀이 : 아직 어린, 아직 여물지 않은.
- 사용 지역 : 함경도

"흥, 꿈자리구 뭐구, 얼핏 건너가서 **아시** 감쥐라두 캐와야지 꿈타려엉 하다가 뭇 주검이 나는 거 기다리겠음……"〈안수길, 북간도, 1995, 14〉

'아시'는 대부분의 방언에서 '애벌(초벌)', '애초', '처음'의 뜻을 지닌다. '애벌', '애초' 따위의 '애'는 '아싀'로부터 변화하여 접사화한 것이다. 서울을 포함한 중부 일부 지방에서는 '아싀>애'의 변화를 겪음으로써 그러한 변화를 겪지 않은 '아시'와 방언차를 보이게 되었다. 예문의 '아시 감쥐'는 '생긴 지 얼마 되지 않아 알이 굵지 않은 감자'를 말한다.

'아시'는 남북한의 여러 지역에서 널리 쓰인다. 남한에서는 방언이지만 북한에서는 문화어이다. 이 '아시'는 쓰이는 지역이 넓고 또 표준어로 대체하기 어려운 경우도 있으므로 표준어로 올려 쓸 수 있는 말이다. 함경도 방언에서, '아시'가 명사로 쓰일 때에는 '어떤 일을 몇 차례로 나누어 할 때, 맨 처음 단계로 하는 일'이란 뜻을 지닌다. 이 때 '아시'의 반의어는 '나백'이다.

아시'르 매라(김매기를 할 때, 애벌을 매라)
가대길'르 아시'르 번지'지'(극젱이로 첫 밭갈이를 하여 땅을 갈아엎지)

259

야! 이게 다' 살아난다. 아시'르 쳐서(야 이것이 다 살아난다, 한 번만 쳐서. 파리채로 파리를 잡을 때, 두서너 번 쳐야 될 것을 한 번만 쳐서 파리가 되살아난다는 말)

얼게빗'으루 아시'르 빗구' 그거 내백:우' 참빗'을'루' 써개'르 파구.(얼레빗으로 먼저 빗은 다음에 마지막으로 참빗으로 서캐를 파내고)

이 '아시'가 다른 명사와 어울려 합성어를 이룬다. 예: 아시김(애벌김), 아시서답(애벌빨래), 아시술(술을 고을 때 맨 처음에 증류시켜 얻어낸 술). 또 접두사로도 쓰이는데, 그 때는 '맨 처음, 첫' 또는 '어리거나 앳된'의 뜻을 지닌다. 예: 아시게(왕겨), 아시당초(애당초). 따라서 '아시감쥐'의 '아시'는 접두사로 쓰인 예가 된다.

# 아우래비

- 표준어 : 대응 표준어 없음
- 품  사 : 명사
- 뜻풀이 : ① 아홉 오라비.
          ② 남동생.
- 사용 지역 : 평안도

접동/접동/**아우래비**접동//津頭江가람까에  살든누나는/津頭江압마을에/와 서웁니다//옛날, 우리나라/먼뒤쪽의/津頭江가람까에 살든누나는/이붓어미싀 샘에 죽엇습니다//누나라고 불너보랴/오오 불설워/싀새음에 몸이죽은 우리 누나는/죽어서 접동새가 되엿습니다//아웁이나 남아되든 오랩동생을/죽어서 도 못니저 참아못니저/夜三更 남다자는 밤이깁프면/이山 저山 올마가며 슬피 웁니다 〈김소월, 접동, 培材 2호, 1923.3.〉

　소월의 대표작으로 평안도 지방에 전해 오는 민담을 시로 형상화한 것이다. 의붓어미의 시샘으로 누이가 죽고 그 죽은 누이의 영혼이 두견 이가 되어 남은 아홉 명의 남동생을 걱정하면서 구슬프게 운다는 내용 이다. 시가 널리 애독되는 만큼 이 시의 시어에 대한 관심도 높았다. 그 리하여 국어학과 국문학을 전공하는 분들이 여러 주석을 내놓았다. 특 히 안병희 교수는 국어음운사와 어휘사의 관점에서 '아우래비'의 어 구 성과 그 내적 구조를 분석·기술하면서 문학 작품에 등장하는 방언 어 휘가 국어학적으로 어떻게 연구되어야 할 것인지 언급하기도 하였다.
　위 시에서 논란이 많았던 시어는 '아우래비'와 '불설워'이다. '아우래 비'는 ①'아! 오래비'가 줄어든 말, ②아홉 오라비, ③남동생의 세 가지 로 풀이된 바 있다. ①은 시의 내용을 바탕으로 재해석한 것이고, ②

261

는 민담을 바탕으로 하고 여기에 국어학적 해석을 곁들인 풀이다. 이기문(1982)에서는, '아홉 오라비'가 줄어들어 '아우래비'가 되었다고 하였다. 그러나 이러한 풀이가 가진 난점은, 이 시어가 입말을 옮겨 놓은 것이라 하더라도 '아홉'의 끝소리 'ㅂ'이 탈락하기는 어렵다는 점이다. 좀 특별한 환경에서이지만 입말에서 '아호'니 '아우'가 나타나기는 한다. 평안도 방언에서 흔히 수를 셀 때 '…… 닐구, 야듭, 아호(아오), 열 ……'처럼 말하기도 하고 관형사로 쓰일 때 '아홉 개'를 입말에서는 '아우깨'(〈아욱개〈아웁개〈아홉 개)라 한다. 그러나 '오라비' 앞에서 '아홉'의 끝소리 'ㅂ'이 탈락할 수 있을지는 여전히 미지수다. ③은 안병희(1998)의 해석이다. 안병희 교수는 국어음운사와 어휘사의 지식을 동원하여 이는 중세국어형 '아ᅀ오라비'에서 변화한 말로 보고 있다. '아ᅀ'는 중세국어나 근대국어 단계에서는 같은 부모에서 태어난 사람들 중에서 나이가 적은 사람을 이르던 말이다. 따라서 나이가 많은 죽은 누나가 남동생을 '아우오래비'라 할 수 있다. '아ᅀ'는 근대국어 단계에 오면 '아오, 아으, 아아, 아우' 따위로 나타난다. 'ᅀ'은 중앙어로 말할 것 같으면 16세기에 그 수명을 다하였고 또 'ㆍ' 역시 일찍이 'ㆍ〉ㅡ' 변화를 입었다. 그런데 우리말의 명사는 '으'로 끝나지 않는다는 제약(制約)이 있어 이것이 '아오', '아우'가 되었다. '아오오라비'가 된 것이다. 오라비는 안 교수의 지적대로 여자의 남자 형제를 가리킨다. 실제로 함경도 지방에서는 지금도 '오라비'는 남자 형제를 지칭하는 말로 쓰인다. 이는 호칭어가 아니라 지칭어이다. 중부 방언권에서는 주로 여자의 남자동생을 지칭하는 말로 쓰이지만 북부 방언에서는 여자의 손아래 또는 손위 남자 형제를 지칭하는 말로 쓰인다. 여자의 손위 남형에 대한 호칭어는 '오라바니, 오라바이, 오루바이'와 같은 말이 쓰인다. 평안도에서도 그러했을 것으로 생각된다. 이러한 사실에 근거

하면 '아오-오라비'는 '아오라비〉아우라비〉아우래비'가 될 수 있다. 'ㅗ'가 단어의 첫 음절이 아닌 위치에 있으면 그 'ㅗ'는 대체로 'ㅗ〉ㅜ'의 변화를 겪는다. 그리고 북부 방언에서는 'ㅣ' 모음역행동화가 왕성하므로 '아오라비'로부터 '아우래비'를 이끌어내는 데에는 하등 문제 될 것이 없다. 이렇게 보면 '아우래비'는 '남동생'이라는 뜻을 가진 말이 된다.

'불설워'는 '몹시 서럽다'라는 뜻의 형용사이다. ⇒불서럽다.

'남아되든'은 '넘어 되던'이란 뜻이다. 이전에 '남다'는 〔餘, =남다〕와 〔越, =넘다〕의 의미를 모두 가지고 있었는데 지금은 〔餘〕와 〔越〕의 의미가 분화되어 '남다'와 '넘다'가 각각 그 의미를 나누어 갖게 되었다. 따라서 위 '남아되든'의 '남다'는 고어적이라 할 수 있다. 북부 방언은 이렇게 고어(古語)의 잔재가 많이 남아 있다.

# 아질타

- 표준어 : 아스라하다
- 품  사 : 형용사
- 뜻풀이 : 기억이 분명하게 나지 않고 가물가물하다.
- 사용 지역 : 함경도

> 시계가 자근자근 가슴을 때려/하잔한 마음을 산림이 부른다.//천년 오랜 연륜에 짜든 유적(幽寂)한 산림이/고달픈 한 몸을 포옹할 인연을 가졌나 보다.//산림의 검은 파동 위로부터/어둠은 어린 가슴을 짓밟는다.//발걸음을 멈추어/하나, 둘, 어둠을 헤아려본다/아득하다//문득 이파리 흔드는 저녁 바람에/쏴 — 무섬이 옮아오고//멀리 첫여름의 개구리 재질댐에/흘러간 마을의 과거가 **아질타**//가지, 가지 사이로 반짝이는 별들만이/새날의 향연으로 나를 부른다. 〈윤동주, 산림, 정본 윤동주 전집, 2004, 42〉

'아질하다'의 '하'에서 'ㅏ'가 줄어든 말이다. ≪표준국어대사전≫에는 '아질하다'가 '갑자기 정신이 아득하고 조금 어지럽다'의 뜻으로, '아찔하다'보다 여린 느낌을 주는 말로 풀이하고 있다. 그런데 위 작품에 쓰인 '아질타'는 '까마득히 오래되어 기억이 가물가물하다'는 의미로 해석되므로 '아스라하다'나 '아득하다'와 가까운 말이라 할 수 있다.

# 안깐

- 표준어 : 아낙네
- 품　사 : 명사
- 뜻풀이 : 남의 집 부녀자나 자신의 아내를 통속적으로 이르는 말.
- 다른 방언형 : 안깐이[앙깐이], 안까이[앙까이]
- 사용 지역 : 함경도

"**안깐**한테 무슨 죄가 있다고 갖다 옇는 기오?"
그 조선인 순사가 상대해 주었다.
"허허, 댁 부인한테 처음부터 양해를 구한 일이오. 개들의 콧대를 짓무어 놓기 위해선 할 수 없소. 미안하오."
"콧대르 꺾겠으문 꺾어 놓구, 다리뼉다귀르 튕게 놓겠으문 놓구, 그거는 재개내들 맘대루 하오마는 어째서 애무한 내 **안깐**으 죄인 다루듯 하느야 말이오." 〈안수길, 북간도, 1995, 448~449〉

　　함경도 지방에서 '아낙네' 또는 '아내'를 홀하게 이를 때 쓰는 말이다. '안[內]＋간(間)＋이'에서 비롯된 말로 보인다. 위 예문에서는 자신의 '아내'를 이르는 말로 쓰였다.
　　예문에서, '옇다'는 '넣다'의 방언이다. 본디 중세국어 '녛다'에서 변화한 말로 북부 지방과 남부 지방에서 널리 쓰인다. '넣다'는 특이한 변화를 겪어서 생긴 말이지만 표준어가 되었다. 한편, '짓무다'는 '즛므ᅀᆞ다'에서 변화한 말로 '짓마다'의 방언이다. '짓마다'는 '짓이기어 잘게 부수다' 또는 '흠씬 두들기다'라는 뜻을 가진 동사이다. '즛므ᅀᆞ다〉즛므으다〉짓무으다〉짓무다'의 변화를 겪었다. '애무하다'는 '아무 잘못 없이 꾸중을 듣거나 벌을 받아 억울하다'라는 뜻을 지닌 말이다.

# 앗아빼다

• 표준어 : 빼앗다
• 품  사 : 동사
• 뜻풀이 : 남의 것을 억지로 제 것으로 만들다.
• 사용 지역 : 함경도

한 아낙네가 은근하게 말했다.
"우리 쥔(主人)이 용저엉 가서 듣구 왔다는데, 은행에 오는 돈으 잃어베린 모양입데."
"돈으? 얼매나 되는데?"
"은해앵에 오는 돈이라잽메? 많을 끼앰둥."
"그럴 낍메. 그러기다가 육군하구 순사하구 백 멩이나 와서 뒤지잽메."
"돈두 많겠지마내두 순사르 둘이나 쥑이구 앗아빼 갔다구 합두구만……."
"우리 와룡동에 무시래 사람으 쥑이구 돈으 앗아빼 가는 사람이 있겠다구 그렇기 뒤지개질하는지 모르겠음……."
아낙네들은 단순한 강도로 생각하고, 와룡동에는 그런 불량한 사람이 없을 것이라고 생각했으나, 사실은 동리의 한 사람인 최봉설이 바로 와룡동 출신임은 모르고 있는 것이었다. 〈안수길, 북간도, 1995, 552〉

'빼앗다'의 함경도 방언이다. 표준어 '빼앗다'가 '빼다'와 '앗다'가 결합한 합성동사인 반면, '앗아빼다'는 '앗다'와 '빼다'의 순서로 결합한 합성동사이다. 어기의 결합 순서에서 표준어와 방언이 차이를 보인다. '무시래'는 '무슨 일로' 라는 뜻을 지닌 말인데 '므스+일+에'가 줄어 든 것이다. ⇒무시래.
위 작품에는 함경남도 및 함경북도의 남부 지역에서 쓰이는 전형적

266

인 상대경어법 어미가 많이 보인다. '잽메'는 본디 '-지+아니-+ㅂ메'가 줄어든 말로 표준어의 '잖소'와 같은 말이다. 돈이라 하재입메?〉돈이라잽메?(돈이라고 하잖소?). 'ㄹ'과 자음 뒤에서는 '-ㅂ메'가 결합하고 자음 뒤에서는 '-습메'가 결합한다. 이 '-ㅂ메/-습메'는 하오할 자리에서 쓰이는 서술형 및 의문형 종결어미이다. 예: 일을 합메(일을 하오). 밥우 먹습메(밥을 먹소). 합쇼할 자리에서는 '-ㅂ메다/-습메다'가 쓰인다. 이 어미와 함께 함경도 및 평안도 방언에서 흔히 쓰이는 '-ㅂ네/-습네'(합쇼할 자리에서는 '-ㅂ네다/-습네다')는 본디 '-숩ᄂ이/-습ᄂ이'에서 변화한 어미들이다. '-ㅂ네/-습네'에서 'ㅂ'과 'ㄴ'이 자음동화를 입어 '-ㅂ메/-습메'가 되었다. 이 밖에 함경남도의 중부 지역에서 쓰이는 '-ㅁ늬다/-슴늬다', '-ㅁ미다/-슴미다'도 있다. ⇒ㅂ꼬망.

267

# 앙궁

- 표준어 : 아궁이
- 품  사 : 명사
- 뜻풀이 : 방이나 솥 따위에 불을 때기 위하여 만든 구멍.
- 다른 방언형 : 벡아가리, 벡아궁지, 벡아구리, 벡악재기, 아구리, 아궁지, 악재기,
  악지
- 사용 지역 : 평안북도

> 섣달에 내빌날이드러서 내빌날밤에눈이오면 이밤엔 쌔하얀할미귀신의눈
> 귀신도 내빌눈을받노라못난다는말을 든든히녁이며 엄매와나는 **앙궁웋**에 떡
> 돌웋에 곱새담웋에 함지에버치며 대낭푼을놓고 치성이나들이듯이 정한마음
> 으로 내빌눈약눈을받는다/이눈세기물을 내빌물이라고 제주병에 진상항아리
> 에 채워두고는 해를묵여가며 고뿔이와도 배앓이를해도 갑피기를앓어도 먹을
> 물이다 〈백석, 古夜, 사슴, 1936, 20~21〉

평안도에서는 '아구리', '아궁지', '악재기' 및 여기에 '벅'(또는 '벡'(=
부엌))이 결합한 방언형이 널리 쓰인다. 따라서 '앙궁'은 시인 백석의
개인어 또는 오식(誤植)일 가능성이 있다. 위 시에는 엄마와 시적 주인
공인 내가 납일(臘日)에 눈(雪)을 받는 장면이 묘사되어 있다. 버치, 함
지, 양푼을 담장, 떡돌, '앙궁'에 놓고 눈을 받는다고 했는데, '앙궁'이
'아궁이'라면 '아궁이'에서 어떻게 눈을 받는지 이해하기 어렵다. 따라
서 '앙궁'을 '아궁이'로 보기에는 어려운 점이 있다. 필자가 접한 평안
도 방언 화자들은 '앙궁'을 아는 이가 없었다. '앙궁웋'의 '웋'는 의고적
(擬古的)인 표기로 실제로는 '우'로 발음되었을 것이다. 북한 지역에서
는 '위'를 '우'라 하는 까닭에 '우'는 북한의 문화어가 되었다.

# 어선없다

• 표준어 : 대응 표준어 없음
• 품    사 : 형용사
• 뜻풀이 : 뒤에서 감당해 주거나 의지할 사람이 없다.
• 사용 지역 : 함경도

> 말없이 처다보는 눈이/ 흐린 수정알처럼 외롭고/ 때로 입을 열어 시름에 젖는/ 너는 목소리 **어선없는** 듯 가늘다. 〈이용악, 그래도 남으로만 달린다, 낡은 집, 1938, 44〉

'어선없다'는 '뒤에서 감당해 줄 사람 또는 의지할 사람이 없다'는 뜻을 지닌 형용사이다. 어린아이들이 부모와 같이 든든한 사람이 옆에 있을 때, 부모를 믿고 큰소리를 치면 '어선있다'라고 한다. 또 '어선된다'라는 말도 있는데, '믿고 의지할 곳이 있어 든든하다'라는 뜻이다. 위 시는 그 어느 곳에도 의지할 데가 없어 고아처럼 떠돌 수밖에 없는 식민지 시대 유이민의 모습을 그리고 있다.

# 어저

- 표준어 : 이제
- 품    사 : 부사
- 뜻풀이 : 바로 이때. 지나간 때와 단절된 느낌을 준다.
- 다른 방언형 : 어즈
- 사용 지역 : 함경도

"아아들이나 데리구서리……튼튼하게 자라능가?"

"튼튼하네마는……."

계사처장 앞에서의 정수의 모습이 떠올랐으나 창윤이는 일체 그 사건은 입에 내지 않았기 때문이었다.

"몇 살이지?"

현도가 물었다.

"어저는 일곱 살이 되쟎능가?"

"그렇게 됐겠지. 우리 놈우 새끼가 다슷 살이잉까." 〈안수길, 북간도, 1995, 302~303〉

표준어 '이제'의 함경도 방언으로 함경도 전역에서 널리 쓰이는 말이다. '어저'가 단독으로 쓰이기도 하지만, 대개는 보조사 '-는/ㄴ'이 결합한 '어저는', '어전' 등의 형태로 많이 쓰인다.

'살이잉까'의 '-이잉까'는 '-이니까'의 'ㄴ'이 앞뒤 모음을 콧소리로 만들고 자신은 탈락한 것을 표기에 반영한 것이다. 원래는 '살잉잉까'로 표기되어야 한다.

# 얻어보다

ㄱ
ㄴ
ㄷ
ㄹ
ㅁ
ㅂ
ㅅ
ㅇ
ㅈ
ㅊ
ㅋ
ㅌ
ㅍ
ㅎ

- 표준어 : 찾아보다. 줍다.
- 품　사 : 동사
- 뜻풀이 : 현재 주변에 없는 것을 찾거나 사람을 만나려고 여기저기를 뒤지거나
　　　　살피다. 또는 그것을 찾거나 그 사람을 만나다.
- 다른 방언형 : 찾다
- 사용 지역 : 함경도

"얻어 봤어? 어디메서?"
"니가 잃어버렸던 기래두 내가 **얻어 봤응이** 내 해다." 〈안수길, 북간도, 1995,
336〉

'얻어보다'는 '찾다' 또는 '우연히 줍다'라는 뜻을 지닌 함경도 방언이
다. 고어(古語)에서도 '얻다'는 '찾다'는 뜻을 가지고 있었다.
위 예문을 표준어로 풀이하면 아래와 같다.

"찾았어? 어디서?"
"네가 잃어버렸던 것이라도 내가 찾았으니 내 것이다."

271

# 얼깃

- 표준어 : 얼레빗
- 품  사 : 명사
- 뜻풀이 : 빗살이 굵고 성긴 큰 빗.
- 다른 방언형 : 얼개
- 사용 지역 : 평안남도, 황해도

아침을 먹고나선 구훈장을 데리고 안방 웃간으로 들어갔다. 이방에서 형선이가 따어 느렸든 머리를 올려틀고, 옷을 바꾸어 입고 사모각대를 하게 마련이다.

문을 열어보니 방안이 텅 비었다.

"형선이 건너오구, 또 대야에 물이랑, **얼깃**이랑, 모두 준비해 오나라."

이렇게 부엌과 마즌방쪽을 향하야 분부를 내리고,

"자 구훈장 들어앉으소. 최주사두. 난 밖에 나가 마바리꾼이랑, 권매상꾼이랑 모두 조반들 먹었나, 좀 돌아 보구 올게니." 〈金南天 大河, 1939, 25〉

'얼깃'은 표준어 '얼레빗'의 평남 성천 방언이다. '성천'은 작가 김남천의 고향이기도 하다. 평안도, 함경도 지방에서는 흔히 '얼개'라 하는데, '얼깃'은 주로 황해도와 그 인접 지역에서 널리 쓰인다.

'마바리꾼'의 '마바리'는 '짐을 실은 말'을 뜻한다. '마바리꾼'은 돈을 받고 그 마바리를 몰고 다니는 사람을 이르는 말이다. 권매상꾼은 '물건을 팔러 다니는 사람'을 이르는 말이다.

# 얼주검

- 표준어 : 반죽음
- 품  사 : 명사
- 뜻풀이 : 거의 죽게 됨. 또는 그런 상태.
- 사용 지역 : 함경도

김 노인이 이번에는 종섭에게 매달렸다.

"이거 보게 말으 좀 하게. 쩡양쇠르 살려줘. 쩡양쇠르 자네가 잘 알쟎잉가. 아무 물정도 모르는 병신이 아잉가."

개난장으로 쩡양쇠가 죽어가는 동안 김 노인은 마당을 헤매면서 종섭에게 매달리는 것이었지만 허우대가 아깝게스리 종섭은 아무 맥도 추지 못하였다. 꽁무니를 빼는 것도 아니요 겁에 질려서 떨고 있는 것도 아니었다. 벌을 선 아이처럼 고개를 떨구고 어깨로 숨을 쉬며, 장승처럼 그렇게 서 있었다. 마침내 약장사가 칼을 던지고 말았다. 쩡양쇠의 어머니 혜산댁이 죽기를 한하고 쩡양쇠에게 엎어져서 같이 딩굴었기 때문이었다.

**얼주검**이 된 쩡양쇠를 업으려고 종섭이가 등을 돌린 것은 약장사가 저만큼 숲 속으로 사라진 뒤였다. 종섭의 숨결은 좀처럼 가라앉지 않았다. 〈이정호, 뚜깔리, 늪과 바람, 1989, 278~279〉

'얼주검'은 표준어 '반죽음'의 함경도 방언으로 '얼+죽+엄'으로 분석된다. '얼-'은 '덜된, 모자라는'의 뜻을 갖는 접두사이다. 안수길의 〈북간도〉에 나오는 '얼마우재'(서양 사람의 흉내를 내면서 경망스럽게 구는 사람, '마우재'는 러시아 인을 지칭하는 말), '얼되놈'의 '얼'이 그 예이다. '주검'은 '시신'의 뜻을 지닌 명사이다.

# 얼피덩

- 표준어 : 얼른
- 품　사 : 부사
- 뜻풀이 : 시간을 끌지 않고 빨리.
- 다른 방언형 : 얼푸덩, 어푸덩
- 사용 지역 : 함경남도

**"얼피덩 나를 따라옵소."** 〈안수길, 북간도, 1995, 215〉

　함남 지방에서는 '어푸덩, 얼푸덩, 얼피덩' 따위의 부사가 쓰이고 인접한 평안도에서는 '얼떵, 얼떤' 따위의 부사가 많이 쓰인다. 위 예문을 표준어로 풀이하면, "얼른 나를 따라오십시오."가 된다. '-ㅂ소'는 자음 'ㄹ'이나 모음으로 끝난 어간 뒤에 결합하는 명령형 종결어미로 합쇼할 자리에서 쓰인다. 'ㄹ'을 제외한 자음 뒤에서는 '-습소'가 결합한다.

# 영감 시앗은 미버두 아들 시앗은 아이 밉다

- 표준어 : 며느리 시앗은 열도 귀엽고 자기 시앗은 하나도 밉다
- 품  사 : 속담
- 뜻풀이 : 아들이 첩을 얻는 것은 좋아하면서도, 제 남편이 첩을 얻어 시앗을 보게 되면 못 견디어 한다는 말.
- 사용 지역 : 함경남도

정분은 으스름 어둠이 깔린 뒤에 집으로 돌아갔다. 막상 떠나려고 작정을 하니 가슴에서 소낙비가 내리는 것이었다. 손이 떨리고 눈도 침침하였다. 그래서 들쭉도 얼마 따지 못하였다. 밝은 빛에 식구들을 보기가 두려워서 부러 늦었다.

잠든 옥선이 뒤로 다리를 뻗으려는 그 때 원천댁이 불렀다. 다정한 목소리에 찔끔하였다.

"정분아, 이거 보아라. 만길 에미가 이런 걸 보냈구나. 노동판에서 저희 권솔이 풀칠하기두 심들 건데 이런 걸 보냈구나."

시렁에서 내려놓은 것은 노랑태 한 쾌와 마른 홍합이 목판 한 되나 될까. 그러나 정작 원천댁이 숨이 넘어가게 감동하고 있는 것은 그것이 아니라 백노지에 싼 옷감이었다. 노르스름하니 윤이 나는 명주였다. 아래위 한 벌인상 싶었다.

"만길 에미가 녹말장시 편에 이걸 보냈구나. 니 앞으로 보냈구나. 니가 어린 것을 키우느라구 욕으 보는 것을 전들 모르겠니. 괘심한 마련을 해서는 도루 보낼까 했다마는. 어쩌겠니, 세상에 뜻대루 아이되는 일이 더러는 있단다."

커다란 눈으로 정분이 원천댁을 쳐다보았다. 그 옷감은 정분이에게 온 것이 아니었다. 어제 저녁 산에서 내려왔을 때 원천댁과 녹말장수가 하는 말을 얼핏 엿들었다. 그 때는 갈피를 잡지 못하였다.

"치수를 몰라서 하지 못했다구 하드라이요. 노친네는 복두 많소."

"뼁주구 약 주는가? 몹쓸 에미내 같으이라구."
"영감 시앗은 미버두 아들 시앗은 아이 밉다오. 공연히 좋으면서."
녹말장수 노파가 낄낄 웃었다. 〈이정호, 뚜깔리, 늪과 바람, 1989, 260~261〉

여자는 남편이 첩을 들이는 것은 견디지 못하지만, 아들이 첩을 얻거나 다른 여자와 사통을 하는 것은 너그럽게 보아준다는 뜻으로 해석되는 함남 방언의 속담이다. 위 작품의 전작(前作)이라 할 수 있는 '감비 천불붙이'에서 주인공 종섭이 이웃에 사는 친구 덕구의 부인인 만길네와 관계를 맺고 아기를 낳은 뒤, 이 사실을 안 덕구가 아기를 버려 두고 만길네만 데리고 대처로 떠나간 일이 위 장면의 배경이 되는 사건이다. '시앗'은 '남편의 첩'을 가리키는 말이다. '에미내'는 보통 〔에미네〕로 발음되는데, '여편네' 또는 '아낙네' 정도의 뜻을 갖는 명사이다. '에미나이'는 '계집아이'의 방언이다.

# 오솝소리

- 표준어 : 조용히, 다소곳이
- 품　사 : 부사
- 뜻풀이 : ① 조용히 남모르게,
　　　　　② 부산을 떨거나 수선을 피지 않고 조용히.
- 다른 방언형 : 오솝소리
- 사용 지역 : 함경남도

"살인값이야 얼매 되지 않지마는 아무래두 여기서 오래 살다가는 페 못 나 겠응이 훌쩍 떠난 기겠지."

진식이 또 머리를 끄덕였다. 그리고,

"잘했지비, **오솝소리** ……" 〈안수길, 북간도, 1995, 343〉

함경도에서는 '오솝소리'와 '오솝소리'가 쓰이는데, 일반적으로 '오솝소리'가 널리 쓰인다. '수선을 떨지 않고 조용히'라는 뜻을 지닌 부사이다. 위 예문을 표준어로 풀이하면, "잘했지, 조용히 ……"가 된다.

'-지비'는 함남 지방과 함북 남부 지방에서 널리 쓰이는 종결어미로 표준어 '-지'의 방언이다. 하오할 자리에서 서술, 의문, 청유문에 두루 쓰인다.

# 오솝소리

- 표준어 : 다소곳이
- 품  사 : 부사
- 뜻풀이 : ① 조용히 (소리 없이) 남모르게.
        ② 부산을 떨거나 수선을 피지 않고 조용히.
- 다른 방언형 : 오솝소리
- 사용 지역 : 함경북도

**오솝소리** 맥을 버리고/ 가벼히 볼을 많이는 야윈 손 〈이용악, 밤, 낡은 집, 1938, 22〉

'오솝소리'는 '조용히 소리 없이 남모르게' 또는 '부산을 떨거나 수선을 피지 않고 조용조용히'라는 뜻을 지닌 부사이다. "오솝소리 오나라.", "도산으 쓰지 말고 일으 오솝소리 하오(부산을 떨지 말고 일을 조용조용히 하오.)" 등과 같이 쓰인다.

# 오시럽다

- 표준어 : 걱정스럽다
- 품　사 : 형용사
- 뜻풀이 : 걱정이 되어 마음이 편하지 않은 데가 있다.
- 다른 방언형 : 오시랍다
- 사용 지역 : 함경도

요사스런 웃음이 배암처럼 기어들 것만 같애/싸늘한 마음에 너는 **오시러운** 피를 흘린다. 〈이용악, 금붕어, 낡은 집, 1938, 38〉

함경도 방언에서는 흔히 '오시랍다'라 한다. '오시랍다'는 '어떤 일이 걱정이 되어 근심스럽고 불안하다'는 뜻을 지닌 형용사이다. 가령, "이상 나그내가 오셨는데 햄새가 없어서 오시랍았다."에서 '오시랍다'는 '윗 손님이 오셨는데 대접할 반찬이 없어서 걱정스러웠다'는 뜻이다.

# -올세다

- 표준어 : -올시다
- 품    사 : 종결어미
- 뜻풀이 : '하라우요체'의 서술형 종결어미.
- 사용 지역 : 평안남도

   여럿이 부축해서 신랑을 말께서 내려세우니, 파란 명주두루막이를입은 젊은 인접이 두사람, 그를 안내해 대문안으로 대리고 가고, 안부와 후행은 손대가나서서 사랑으로 인도한다.
   "최주사 수구러히 오섰읍네다."
하고 인사를하니, 어느새에 빼어 들었는지, 개화장을 둘르며 걸어오든 최관술이는, 바른손으로 국자보시를 벗어들고,
   "천만에말슴이올세다. 픽이나 바뿌시겠읍네다."
하고 전부터 안면이 있는 정좌수에게 마주 인사를한다.
   "춘부장께서도 안녕하시겠읍지오."
하고 다시 한번 정좌수가 인사말을하니,
   "덕분에 건강하올세다."
하고 대답한다. 그들은 사랑으로 들어갔다. 〈金南天, 大河, 1939, 39〉

   평안도 방언의 상대경어법 네 등급 중 최상위 등급인 '하라우요'체의 서술형 종결어미이다. 표준어의 '-올시다'에 대응되는 형태로, 화자의 나이가 지긋하거나 격식을 차려 말할 때 쓰인다.
   위 예문은 조카 형걸의 '손우수〔上客〕'로 간 최관술이 조카의 장인이 될 정좌수와 수인사를 나누는 장면으로, 가장 격식을 갖춘 점잖은 인사가 오가는 자리이다. '안부(雁夫)'는 '기럭아비'라고도 하는데 전통 혼

례에서 신랑이 신부 집에 가서 기러기를 상 위에 놓고 절하는 의식을 행할 때 기러기를 들고 신랑 앞에 서서 가는 사람을 말한다. '말께서'의 '-께서'는 '-에서'의 방언이다. 평안도와 함경도 방언에서 쓰이는데, 고어(古語)에서도 그리 쓰였다. ⇒ㅂ네다레.

# 옷괴침

- 표준어 : 고의춤
- 품   사 : 명사
- 뜻풀이 : 고의나 바지의 허리를 접어서 여민 사이.
- 다른 방언형 : 가부춤, 가비춤, 괴춤
- 사용 지역 : 평안남도

둘이 다 한시에 자리에서 일어났다. 박참봉은 머리맡에서 살짝을 내여, 머리카락을 몇번 상투있는 쪽으로 치 쓰러올리고, 안방에서도 들릴만큼 한번 목을 도꾸어 춤을뱉었다. 하기는 이 기침소리는 자고깨나면 이지음 유난히 목이 걸걸해지는, 가래를 도꾸노라구 하는것만이 아니라, 비복이나 마누라에게 자기가 기침(起寢)을 하였노라고 알기는 신호로도 되었다. 자릿기무을 북 끌어다가 양치를 울걱울걱 하고, **옷괴침**을 허리띠로 가눈뒤에 담뱃대를 끌어 나무잿터리에 떵떵 울렸다. 〈金南天, 大河, 1939, 22〉

'고의춤'의 평남 방언이다. '옷괴침'은 '옷[衣]'과, '바지'를 뜻하는 '고의'가 줄어든 '괴', 그리고 '바지나 치마처럼 허리가 있는 옷의 허리 안쪽'을 가리키는 표준어 '춤'의 방언형 '침'이 결합한 합성어이다. ⇒가부춤.

'살짝'은 '살쩍밀이'의 방언이다. 이전에 머리에 망건을 쓸 때 귀밑머리를 망건 속으로 밀어 넣는 데 쓰는 물건을 '살짝'이라 하였다. 대나무나 뿔로 얇고 갸름하게 만든다. '춤'은 '침[唾液]'의 평안 및 함경도 방언이다. '알기다'는 '알리다'의 방언으로 주로 함경도에서 쓰인다.

# 요

- 표준어 : 모이
- 품　사 : 명사
- 뜻풀이 : 닭이나 날짐승의 먹이.
- 다른 방언형 : 뇨, 뇰, 욜
- 사용 지역 : 함경북도

안아 보고 싶게 귀여운/산비둘기 일곱 마리/하늘 끝까지 보일 듯이 맑은 주일날 아침에/벼를 거두어 빼빽한 논에서/앞을 다투어 **요**를 주으며/어려운 이야기를 주고받으오.//날쌘한 두 나래로 조용한 공기를 흔들어/두 마리가 나오./집에 새끼 생각이 나는 모양이오. 〈윤동주, 비둘기, 정본 윤동주 전집, 2004, 30〉

'요'는 '모이'의 함북 방언으로, 특히 두만강 유역의 함경북도 북부 지방에서 널리 쓰인다. '요'보다 고형인 '뇨'는 주로 육읍(육진) 지방에서 쓰이며 그 이남의 '무산', '명천' 등지에서는 '요'가 쓰인다. 그런데 이 지역 화자들은 '욜' 또는 '뇰'이라고도 하는데 이는 '뇨, 요'에 대격조사 'ㄹ'이 결합하여 형성된 것이다. 즉, '뇨르 준다(모이를 준다)'의 '뇨르'를 언중들이 '뇰+으'('으'는 대격조사)로 재분석한 결과이다.

'요'는 중부방언권에 속하는 충청도와 강원도 지방에서도 쓰인다. 강원도에서는 'ㅣ'가 덧붙은 '외'라 한다. 그러나 그 뜻은 함경도 지방과 좀 다르다. 박경래(2009:227)에 의하면, 충청도와 강원도 지방에서는 집안의 가장이나 어른이 외지에 출타하면 그 사람이 집에 돌아올 때까지 그 사람 몫으로 아침에 새로 지은 밥을 식기에 담아 뚜껑을 덮고 안방 아랫목에 놓아 두는데 그 때의 '밥'을 '요'(또는 '외')라 한다.

또 전통 혼례에서, '초례를 지낼 때 초례상 위에 올려 놓는 밥'을 뜻하기도 한다. 한편, 경북 지방에서는 '사람이 한 끼에 먹는 밥의 양'을 뜻한다. 지방에 따라 뜻이 미묘하게 분화되어 있음을 알 수 있다.

# 움등

- 표준어 : 광
- 품 사 : 명사
- 뜻풀이 : 농기구나 일상 용품을 넣어두기 위해 움 위에 지어 놓은 광이나 헛간.
- 사용 지역 : 평안남도

역시 손을 없는이가 누구인지를 알고있는양, 돌려다 보지도 않고 쌍네는 슬며시 일어난다.

"왜 울어, 무슨일이 생겼는가."

부드럽게 말을 건느니, 쌍네는 한번 더 덜컥 울음을 삼키고 발을 옮겨놓아 **움등**으로 들어간다. 밑은 땅속으로 움이되고, 그우는 광이된 컴컴한 두칸 방이다. 떡시루, 모랭이, 다랭이, 체, 도투마리, 바가지짝, 쳇다리, 콩나물시루, —이런것이 지저분히 놓여있을뿐, 퀭하니 어득시근한 시서늘한 방이다. 귀신을 모신 당지기가 벗장밑에 선반으로 얹히어있고 그밑에 느러트린 백지짱이 너울 너울 창살로 숨어드는 바람에 나부낀다. 보부도 따라 들어갔다. 조용한 곳에서 호소래도 해 보고싶다는 쌍네의 심뽀가 엿뵈었고, 그것이 그대로 젊은 보부의 마음을 건드리는곳이 있었기 때문이다. 〈金南天, 大河, 1939, 344~345〉

표준어 '광'과 비슷한 뜻을 가진 평남 방언이다. '움'은 겨울을 대비하여 김치나 무, 감자 등을 보관하기 위해 파 놓는 구덩이를 말하는데, 그 위에 흙을 덮거나 짚 등으로 뚜껑을 만들어 덮는다. 위 작품에 나오는 '움등'은 '움+등[背]'으로 분석되며, 흙으로 덮어놓은 움의 등성이 부분에 일상 도구를 보관하기 위해 지어 놓은 광이나 헛간을 가리키는 말이다.

# 웃브다

- 표준어 : 우습다
- 품　사 : 형용사
- 뜻풀이 : ① 재미가 있어 웃을 만하다.
  　　　　② 대단치 아니하거나 하잘것없다.
- 다른 방언형 : 우뿌다
- 사용 지역 : 함경도

우물쭈물할밖에 없었다. 삼봉이 오금을 박았다.
"고톨밤(도토리)이니?"
'흥, 그까지 고톨밤?'
우쭐하는 생각이 들어 '감쥐'가 입 밖에 나가려고 했으나 또 참았다.
"앙이다."
"그러문?"
"……"
그래도 대답이 없으므로 삼봉이는,
"먹을 것두 없능 기 제기르 사겠다드라. 어떤 아이는 웃브드라."
그리고 부아를 돋우어 주듯이 장손이 탐내는 제기를 꺼내 찼다. 흰 새깃이
달린 제기였다. 삼봉이 형이 동생에게 만들어 준 것이었다. 제기는 깃을 흔
들면서 올라갔다가는 착착 발에 와 잘 붙었다. 〈안수길, 북간도, 1995, 24〉

　　표준어 '우습다'의 함경도 방언으로 함경도 전역에서 널리 쓰인다.
중세국어 시기의 '웆브다'와 같은 계통의 말이니 고어(古語)라 할 수
있다. '웃브다'는 '웃다'의 어간 '웃-'에, 동사를 형용사로 파생시키는 접
미사 '-브-'가 결합한 말이다. 실제 음성형은 〔우뿌다〕인데 작가가 형
태소 분석을 하여 '웃브다'로 표기한 것이다.

286

# 웃지개

- 표준어 : 길
- 품   사 : 명사
- 뜻풀이 : 저고리나 두루마기 같은 웃옷의 섶과 무 사이에 있는 넓고 긴 폭.
          길의 윗부분.
- 사용 지역 : 평안남도

산산히 풀어 헤친머리를 한편목에 느러트리고, 형준이와 한께 형선이가 토방으로 나서서 이편마루로 옮아 선다. 형준이는 벙글벙글 웃는데, 형선이는 웃 눈시욱을 내려깔고 얼굴이 붉으레해서 부끄러워 한다.
"어째 머릴 않 깎구 그러는가 했더니, 장가갈때 상투 한번 틀어서 색시한테 뵐라구 그랬구나."
하면서, 저이 외삼촌인 최관술이가 바라보며 웃으니, 신랑될 사람은 아무 말두 않 하고 씽긋히 웃기만 한다.
"왜, 좋으냐."
하고 껄껄웃다가, 문지방으로 들어갈때 평퍼짐한 **웃지개**를 보고는,
"아 저녀석, 저 억개통보게. 옛적으로 치자면 아들 삼형제는 밋겠다."
사실 열아홉살이라면 대단히 늦은 장가다. 지금 머리를 밴밴히 깎고, 히로를 붙여물고, 서울출입만 하는 최관술이 자신이, 열네살에 장가를 들었는데, 그때에는 이것도 늦은장가라고 아들 둘은 밋겠다고 야단 이었다. 〈金南天, 大河, 1939, 26〉

'지개'(또는 '지게')는 웃옷의 한 부분을 일컫는 '길'의 평안도 및 함경도 방언이다. '길'이라 함은 '저고리나 두루마기 같은 웃옷의 섶과 무 사이에 있는 넓고 긴 폭'을 말한다. 좀 자세히 말하면, '섶'은 저고리나 두루마기의 깃 아래쪽에 길게 댄 천을 말하고, '무'는 '윗옷의 양쪽 겨

287

드랑이 아래에 대는 딴 폭'을 말하는 것이니 요컨대, '지개'(=길)는 곧 '섶과 무 사이의 넓고 긴 폭'을 이르는 말이다. 위 예문에서 '웃지개'라 한 것은 '지개'의 윗부분 즉 옷의 '어깨 부위'를 말한 것이다. '웃지개가 펑퍼짐하다'고 한 것은 장가드는 신랑의 '어깨가 펀펀하고 넓다'는 뜻 으로 한 말이다. 떡 벌어진 어깨를 보고, 장가들기에 충분한 체격 조건 을 갖추었음을 위와 같이 표현한 것이다.

'눈시욱'은 '눈시울'의 방언으로 고어(古語)이다. ≪韓淸文鑑≫(1779) 에 '눈시욹, 眼邊'이라 되어 있다.

# 월렁월렁

- 표준어 : 대응 표준어 없음
- 품 사 : 부사
- 뜻풀이 : 큰 그릇에 채 차지 않은 액체가 가볍게 자꾸 움직이면서 내는 소리.
- 다른 방언형 : 왈랑왈랑, 월랑줄랑
- 사용 지역 : 함경남도

> 원천댁의 일손이 거칠고 빨라졌다. 껍질을 여물가마에 쏟고, **월렁월렁** 감자를 씻어서 더러는 밥솥에 얹고, 숭덩숭덩 썬 것은 동가마의 국물에 넣고, 이런 일을 순식간에 해치우고 종섭을 내려다보았다. 보면서 무안하여 비시시 웃었다. 〈이정호, 감비 천불붙이, 안개, 1977, 14〉

'월렁월렁'은 '큰 그릇에 채 차지 않은 액체가 가볍게 자꾸 움직이면서 내는 소리'라는 뜻을 지닌 의성어이다. 함경도 지방에서 널리 쓰이는 말이다. 그릇이나 작은 물건을 씻을 때 물이 일렁이면서 내는 소리를 말한다. 작은 느낌을 주는 말로 '왈랑왈랑'이 있으며 이 밖에 '월랑줄랑'과 같은 의성어도 쓰인다. 위 작품에서는, 여물을 끓이는 가마에 감자를 넣고 씻을 때 물이 움직이며 내는 소리를 묘사하는 데 쓰였다.

'숭덩숭덩'은 '연한 물건을 조금 큼직하고 거칠게 자꾸 빨리 써는 모양을 나타내는 의태어이다. '동가마'는 '옹솥'의 방언이다.

# -웨니

- 표준어 : -네
- 품　사 : 종결어미
- 뜻풀이 : '하시'체의 서술형 종결어미.
- 사용 지역 : 평안도

> 단장시켜주는 늙은이는 옛날에 기생으로있든이다. 항용 불러 평양집 어머니라고한다. 빗접거리와 분합과 분첩을 내놓고, 다시 족집개와 실꾸리를 꺼내어 대야옆에 펼처놓는다. 명주실을 가늘게 버여서, 이것으로 얼굴에 아직도 보르르한 솜털을 밀어버렸다. 배배 버여서 상에다대고, 쪽 밀면서 끌어제치면, 눈물이 폭폭 쏟아지게 때끔때끔하다. 다른곳은 그런대로 참을수있겠는데, 이마의 관자노리와 목덜미를 밀을때는, 땀이 바지바지 솟아나는것이 노상히 참을수가 없었다. 입을 다물고 힘을주었다. 평양집의손이 떨어질때엔 저도몰르게 긴 한숨이 터저나왔다.
> "뻐근하웨니. 체니루 색시되기가 엔간한줄암마."
> 이렇게 늙은이는 비수까지먹이며 암팡스럽게 털을 밀었다. 〈金南天 大河, 1939, 55〉

　　평안도 방언 상대경어법 네 등급 중 세 번째 등급에 속하는 '하시'체의 서술형 종결어미이다. 보통 '-웨'가 많이 쓰이지만, 위 예문에서는 '형선'과 혼례를 올리게 될 '보부'의 단장을 도우러 온 노파 '평양집'이 '보부'에게 하는 말에서 '-웨니'가 쓰였다. 이 '-웨니'의 경어법 등급은 '엔간한줄암마'를 통해 드러나는데, '-ㅂ마'가 바로 '하시'체의 의문형 종결어미이므로 '-웨니' 역시 '하시'체의 등급임을 알 수 있다. 표준어로 옮기면 "뻐근하네. 처녀로 색시 되기가 엔간한 줄 아는가?" 정도가 된다. '버이다'는 '비비 꼬다'라는 뜻의 동사. 고어(古語)로는 '뷔다'이다. 위 예문은 실을 꼬아서 얼굴에 난 잔털을 뽑아내는 장면을 묘사한 것이다. ⇒ㅂ네다레.

# -웨다으레

- 표준어 : -ㅂ니다그려
- 품　사 : 종결어미
- 뜻풀이 : '하라우요체'의 서술형 종결어미.
- 사용 지역 : 평안도

　　그러나 이렇도록 주밀스레 갈피갈피 생각하고 궁리해둔걸 채 털어놓기도
전에, 박참봉은 마누라 최씨의 의견을 그대로 단마디에 쫓아버리고 말았다.
이렇게 영감의 대답이 예상외로 홀갑아노니, 최씨는 외려 마음이 께름직 했
다. 요렇게 반갑게 대답이 나올리도 만무하고, 다긋통이 센 영감이 많은돈을
멕여서 사놓은 재산을, 이렇게 대소롭잖이 놓아줄 이치가 없는데, 혹은 속으
로 무슨 딴속을 채려볼 생각이 있지는 않은가, 두루두루 되색여 보아도 그럴
법한 생각이 도무지 머리에 떠오르질 않는다.
　　"개화문명이 모두 그렇다고 하니 시세에도 좇을겸, 아니할말로 아이들도
아이 차서 장성해가는데, 종차로 무슨 실수를 저질러 놓을런지도 염려가 되
고요, 이모 저모 그렇게 하는 것이 십상일것 같애서 권해 본 말슴이웨다으
레."〈金南天, 大河, 1939, 138〉

　　'-웨다으레'는 '-웨다+으레'로 분석된다. '-웨다'는 평안도 방언 상대
경어법 등급 중 최상위 등급인 '하라우요체'의 서술형 종결어미이다.
모음이나 'ㄹ'로 끝난 어간 뒤에 결합한다. 'ㄹ'을 제외한 자음으로 끝
난 어간 뒤에는 '-쉐다'가 결합한다. '-으레'는 '-레'와 더불어 문장 뒤에
붙는 보조사로 중부방언의 '-그려'에 해당하며, '하라우요'체의 종결어
미와 결합하여 청자에게 내용을 강조하는 구실을 한다. ⇒ㅂ네다레.

# 은댕이

• 표준어 : 언저리
• 품　사 : 명사
• 뜻풀이 : 둘레의 가 부분.
• 사용 지역 : 평안북도

눈이 많이 와서/산엣새가 벌로 날여 맥이고/눈구덩이에 토끼가 더러 빠지기도 하면/마을에는 그무슨 반가운것이 오는가보다/한가한 애동들은 어둡도록 꿩사냥을 하고/가난한 엄매는 밤중에 김치가재미로 가고/마을을 구수한 즐거움에 차서 은근하니 흥성 흥성 들뜨게 하며 이것은 오는것이다/이것은 어늬 양지귀 혹은 능달쪽 외따른 산녚 **은댕이** 에데가리밭에서/하로밤 뽀오한 힌김속에 접시귀 소기름불이 뿌우현 부엌에/산멍에같은 분틀을 타고 오는것이다 〈백석, 국수, 文章3-4, 1941.4.〉

이동순(1987)에서는 '은댕이'를 '언저리'로 풀이하고 있다. 위 시의 쓰임에서도 '산녚(산 옆)' 다음에 이어지므로 '언저리' 정도의 의미로 풀이할 수 있을 듯하다. 이숭원(2008:476)에서는 '산비탈에 턱이 져 평평한 곳'이라 하였다.

# 자래우다

- 표준어 : 기르다
- 품   사 : 동사
- 뜻풀이 : 아이나 동식물을 보살펴 자라게 하다.
- 다른 방언형 : 재래우다, 자리우다
- 사용 지역 : 함경도

露嶺을 단이면서까지/애써 **자래운** 아들과 딸에게 〈이용악, 풀버렛소리가득차잇섯다, 分水嶺, 1937, 19〉

'자래우다'는 함경도 지역에서만 쓰이는 말로 '기르다' 또는 '키우다'라는 뜻을 가진 동사이다. 이 방언형은 '재우다[使眠]'가 '자다[眠]'에 사동 접사 '-이＋우-'가 결합하여 파생된 것처럼, 자동사 '자라다[成長]'에 '-이＋우-'가 결합하여 파생된 사동사이다. 이처럼 접사 '-이＋우-'에 의한 파생어 형성은 함경도 방언의 두드러진 특징이다. 예: 갇기우다(갇히다), 닐기우다(읽히다), 돋이우다(돋우다), 묶이우다(묶이다), 속이우다(속이다), 앉이우다(앉히다) 등.

294

# 자리우다

- 표준어 : 기르다
- 품  사 : 동사
- 뜻풀이 : 아이를 보살펴 키우다.
- 다른 방언형 : 자래우다, 재래우다, 재리우다
- 사용 지역 : 함경도

아기를 받으려고 무릎을 세운 원천댁의 팔이 와들와들 떨었다.

'모질기두 하구나'

정분은 아기를 껴안고 내놓지 않았다.

정분이 가슴은 이제 차분히 가라앉아 있었다. 원천댁의 얼굴이 분명하게 보였다.

"어마에!"

"……?"

"어마에!"

옥선이를 따라서 할머니라고 호칭하던 정분이가 처음으로 어머니라고 부른 것이다.

"……!"

"내가 **자리우겠소**. 내가, 내가 **자리우겠소**."

엷고 일그러진 미소 위에 떨어지는 두 줄기의 은구슬. 아기의 얼굴에 진주알 하나가 뚝 떨어졌다.

아기가 파득 눈을 떴다. 눈동자가 움직였다.

아기의 눈에 처음으로 우주가 비친 것이었다. 〈이정호, 감비 천불붙이, 안개, 1977, 48〉

'자리우다'는 '기르다〔養育〕'의 함남 방언이다. 함경도 지방에서는 동

295

사 '자라-〔成長〕'에 사동 접미사 '-이우-'가 붙어 파생된 '자래우다' 또
는 '재래우다'가 널리 쓰인다. 예문에 보이는 '자리우다'의 둘째 음절
모음 'ㅣ'는 그 변화를 설명하기가 쉽지 않다. 함경남도의 남부 지역(함
흥, 흥남, 정평 등)에는 '재리우다'라는 방언도 쓰인다.

　'어마에!'는 '어머니'를 부르는 말이다. 함경도 방언에서는 친족을 부
를 때 그 친족을 나타내는 명사 뒤에 '-에'를 붙인다. 몇 예를 보이면
아래와 같다.

　　　어마이＋에 → 어마에!(어머니!, 함남)
　　　어마니＋에 → 어마네!(어머니!, 함북 북부)
　　　아바니＋에 → 아바네!(할아버지!, 함북 북부)
　　　아즈바니＋에 → 아즈바네!(삼촌!, 작은아버지!, 함북 북부)
　　　아즈마니＋에 → 아즈마네!(아주머니!, 함북 북부)
　　　맏(몯)아매＋에 → 맏(몯)아매!(큰어머니!, 함북 북부)
　　　맏(몯)아바니＋에 → 맏(몯)아바네!(큰아버지!, 함북 북부)
　　　아매＋에 → 아매!(할머니!, 함북 북부)
　　　클아매＋에 → 클아매!(할머니!, 함북 북부)
　　　클아바니＋에 → 클아바네!(할아버지!, 함북 북부)

# 장가락

- 표준어 : 가운뎃손가락
- 품　사 : 명사
- 뜻풀이 : 다섯 손가락 가운데 셋째 손가락. 한가운데에 있으며 가장 길다.
- 다른 방언형 : 당가락, 당손가락, 당손꾸락, 장손가락, 장손꾸락
- 사용 지역 : 평안도

> 　아이는 반달 끝에서 옆집 애의 말까지의 길을 닦았다. 이번에는 꼭 맞혀 이 반달 위에 무지개같은 동그라미를 그어놓으리라. 아이의 입은 다물어지고 눈은 빛났다. 뒤이어 아이는 옆집 애의 말을 겨누어 엄지손가락에 버텼던 장가락을 퉁기었다. 그러나 아이의 **장가락** 손톱에 맞은 말은 옆집 애의 말에서 꽤 먼 거리를 두고 빗지나갔다. 〈황순원, 별, 黃順元文學全集, 1973, 248〉

　'장가락'은 '長'과 '손가락'의 '가락'이 결합하여 형성된 말이다. '長'의 평안도 한자음은 '댱'이다. '댱'의 반모음 'ㅣ'가 탈락하여 '당'이 되었다. 때문에 '당손가락', '당가락'이 평안도 방언권에서 널리 쓰인다. 위 예문의 '장가락'은 '당가락'의 '당'을 표준어 발음 '장'으로 바꾸어 놓은 것이다. '장가락'은 강원도에서도 쓰인다. 인접한 함경도 지방에서는 '댱소꾸락', '당소꾸락', '장손까(꾸)락' 등의 방언이 쓰인다.

# 장몽이

- 표준어 : 대응 표준어 없음
- 품　사 : 명사
- 뜻풀이 : 장날이 되어 장터에 사람들이 와글와글 모여 붐비는 것.
- 사용 지역 : 평안북도

아무리 밤이좋은들 오리야/해변벌에선 얼마나 너이들이 욱자짓걸하며 맥이기에/해변땅에 나들이갔든 할머니는/오리새끼들은 **장몽이**나하듯이 떠들썩하니 시끄럽기도하드란 숭인가 〈백석, 오리, 朝光2-2, 1936.2.〉

'장몽이'는 '대개 5일 간격으로 정기적으로 열리는 시장'을 뜻하는 '장'에 동사 '몽-'과 명사 파생 접미사 '-이'가 결합한 파생어이다. 따라서 '장몽이'는 '장에 모이는 일'이라는 뜻이 된다. '몽다'는 '모으다[集]'의 고형으로 근대국어를 보여 주는 ≪三譯總解≫(1774)에서 볼 수 있다. 예: 여러돌 모흔 냥초롤(여러 달 모은 양초를).

# 장물

- 표준어 : 국
- 품　사 : 명사
- 뜻풀이 : 고기, 생선, 채소 따위에 물을 많이 붓고 장으로 간을 맞추어 끓인 음식.
- 사용 지역 : 함경도

원천댁은 솥을 장만한 뒤로 이 벽지로 흘러온 서글픔을 조금 덜었다. 더운 물이 넉넉해야 마음이 풍족했다. **장물**이고 찌개고 아궁이 밖에 불을 끌어내어 삼발을 얹든가, 화로에, 재글재글 끓이는 것이 영 시덥잖았고 심에 차지 않았다. 그저 음식은 가마솥에, 훨훨 타오르는 장작불로 끓여야 푸지고 제맛이 난다고 생각하였다. 〈이정호, 감비 천불붙이, 안개, 1977, 7〉

'장물'은 '국'의 함경도 방언이다. 표준어의 '국' 중에도 '장국'이 있는 것처럼, 어원상 '장물'은 '장(된장, 간장)을 풀어 간을 한 국'을 뜻하나 그 의미가 확대되어 '장을 풀지 않고 끓인 국'까지 함의하게 되었다. 예컨대, 돼지고기를 넣고 끓인 국은 '도투장물', 쇠고기를 넣고 끓인 국은 '쉐장물'(또는 '세장물'), 미역국은 '메엑장물'이라 한다.

# 장알

- 표준어 : 굳은살
- 품　사 : 명사
- 뜻풀이 : 손바닥에 박이어 단단하게 된 살.
- 다른 방언형 : 댱알
- 사용 지역 : 함경도

> 손바닥을 거울인 양 되려다보고/버릇처럼 **장알**을 헨다. 〈이용악, 오늘도 이 길을, 分水嶺, 1937, 44〉

'장알'은 '손바닥에 생긴 굳은살'을 뜻하는 함경도 방언이다. 함북 북부 지방에서는 '댱알'이라 한다. 따라서 '장알'은 '댱알(掌-)'에서 변화한 말임을 알 수 있다. 즉, '손바닥에 들어 있거나 박혀 있는 작고 둥근 물체'라는 뜻에서 생긴 말이다. 위 시에서는 노역(勞役)에 시달리는 시적 주인공의 모습을 그리기 위해 이 말을 썼다.

# 잿다리

• 표준어 : 디딤대
• 품  사 : 명사
• 뜻풀이 : 재래식 변소에 걸쳐놓은 두 개의 나무.
• 사용 지역 : 평안북도

내가 언제나 무서운 외가집은/초저녁이면 안팎 마당이 그득하니 하이얀 나뷔수염을 물은 보득지근한 북쪽제비들이 씨굴씨굴 모여서는 쨩쨩쨩쨩 쳇 스럽게 울어대고/밤이면 무엇이 기와골에 무리돌을 던지고 뒤울안 배남에 쩨 듯하니 줄등을 헤여달고 부뚜막의 큰솥 적은솥을 모주리 뽑아놓고 재통에 간 사람의 목덜미를 그냥그냥 나려 눌러선 **잿다리** 아래로 처박고/그리고 새벽녘 이면 고방 시렁에 채국채국 얹어둔 모랭이 목판시루며 함지가 땅바닥에 넘너 른히 널리는 집이다. 〈백석, 외가집, 現代朝鮮文學全集(1), 1938.4.〉

'잿다리'는 재래식 변소에서 발을 딛고 앉을 수 있도록 얹어 놓은 두 개의 나무토막을 말한다.

# 쟁고

- 표준어 : 자전거
- 품　사 : 명사
- 뜻풀이 : 사람이 타고 앉아 두 다리의 힘으로 바퀴를 돌려서 가게 된 탈것. 안장에 올라앉아 두 손으로 핸들을 잡고 두 발로 페달을 교대로 밟아 체인으로 바퀴를 돌리게 되어 있다. 바퀴는 흔히 두 개이며 한 개짜리나 세 개짜리도 있다.
- 다른 방언형 : 자덩거, 재덩거, 재앵거, 재잉고, 쟁거, 재정거
- 사용 지역 : 평안도

　　교실에서 운동장으로 오는길에, 손대봉이가 한반 학도 두서넛과 삼송정쪽에서 내려오는 것과 맞내었다. 그들은 한시간전에 공부를 끝마추고 산에서 시간을 기다리다가, 연합체조 연습에 참가하기 위하여 지금 운동장으로 내려오는 길이다. 형걸이를 보드니 대봉이는 두어발자국 뛰엄을 뛰듯하여 그의 옆으로 오면서,

　　"갈때에 **쟁고**구경 한께가자."

하고 형걸이의 등에 손을 얹듯한다. 형걸네 큰집, 알기쉽게말하면 박참봉네 거릿집 행길 건너집은 이칠성이네 집이다. 그가 평양서 몇일전에 자행거(自行車)를 사왔다는 것은, 이고을안에 하룻동안도 않 걸려서 쫙 소문이 퍼졌다.

〈金南天, 大河, 1939, 151〉

　'쟁고'는 '자전거'의 방언이다. '자전거'의 방언형은 대체로 '자전거(自轉車)'계와 '자행거(自行車)'계로 나뉜다. 전자는 일본어(日本語)에서 유래한 것이고 후자는 한어(漢語)에서 유래한 것이다. '재봉틀'이 '마선'계, '미싱'계, '재봉틀'계로 나뉘는 것처럼 신문물에 대한 명칭은 그 유래지와 전파 경로에 따라 다채롭게 나타난다. 위 예문의 '쟁고'는

'자행거(自行車)'에서 둘째 음절 초성 'ㅎ'이 탈락하고, 둘째 음절 모음 'ㅐ'에 의한 역행적 모음동화에 이어 음절 축약으로 '쟁:고'가 되었다. 이 방언형의 실제 음성형은 〔재앵고〕에 가깝다. '재앵거, 재앵고'는 평안도 지방보다는 오히려 함경도 지방에서 널리 쓰인다. 평안도 지방에서는 '자덩거, 재덩거, 재정거' 따위와 같은 방언형이 쓰인다.

# 저릎등

- 표준어 : 겨릅등
- 품   사 : 명사
- 뜻풀이 : 예전에, 뜨물에 버무린 좁쌀 겨를 겨릅대에 입혀서 만들었던 등. 등꽂이
  에 꽂아 놓고 썼다.
- 다른 방언형 : 겨릎등
- 사용 지역 : 함경도

> **그날밤/저릎등**이 시름시름 타들어 가고/소주에 취한 털보의눈도 일층 붉
> 더란다 (이용악, 낡은 집, 낡은 집, 1938, 72)

'저릎'은 '겨릅', 곧 삼〔麻〕줄기의 겉껍질을 벗겨낸 하얀 속대를 말한
다. '저릎등'은 '겨릎등'의 구개음화형이다. 표준어 '겨릅'은 어간말 자음
이 'ㅂ'이지만 함경도 방언에서는 'ㅍ'이기 때문에 작가가 '져릎'이라고
표기한 것이다.

핍쌀〔稗米〕이나 좁쌀을 씻을 때 나오는 뜨물을 가라앉힌 앙금에다가
겨를 섞어 반죽한 것을 겨릅대에 손으로 조물조물해서 얇게 발라 말린
다음, 불을 붙여 밤에 등잔 대용으로 사용하던 것이 '겨릎등'이다. 그냥
'등'이라고도 한다. '등경대'라고 하는 T자 꼴의 받침대를 만들어 그곳
에 이 겨릅대를 얹어놓은 다음, 불을 붙여 태워가며 빛을 얻는다. 연기
가 많은 것이 흠이지만 촛불과 같은 정도의 밝기를 가지며 하룻저녁에
대개 서너 개를 쓴다. 전기가 없고 또 석유가 있다 해도 무척이나 귀하
던 시절이고 보니 이 겨릎등은 가난한 민중들의 어둠을 밝혀주던 보배
로운 존재였던 것이다.

# 절게

- 표준어 : 머슴
- 품　사 : 명사
- 뜻풀이 : 주로 부유한 농가에 고용되어 그 집의 농사일과 잡일을 해 주고 대가를
　　　　　받는 사내.
- 다른 방언형 : 절가
- 사용 지역 : 평안도

　　박참봉의 장인되는 갱고지 전주 최씨네 작인으로 있는 김바우의 셋째 아들로 세상에 났으나, 형제가 많고 집이 가난하야 나이 차라도록 장가도 들지 못하고, 거듭하는 흉작과에 살림이 쪼들려서, 드디어 두칠이는 **절게**사리를 떠나게 되었던 것이다. 어엿한 부역병모가 있고, 형제동기가 수두룩한 몸으로, 절게 사리를 떠난다는것은 장본인으로서도 섭섭한 일이었으나, 도리켜 생각하면 이밖에 성가할 뾰죽한 딴 수가 보이지도 않을뿐더러, 제 하나가 히생이 되지않으면 그해 농사는커녕, 열 넘는 가족이 금시에 굶어뻗으러져야할 궁박한형편이었다. 그래서 김바우는 최초시를 찾아가서 사연을 아뢰고 박참봉 댁에 절게를 살게해줍시사고 간청을 대었다. 〈金南天. 大河. 1939. 129~130〉

　　두 마리의 개가 토장국 속에서 끓어날 즈음, 오른골을 포마드로 진득이 재워붙인 귄돌동장과 잠자리 날개같이 모시 고의적삼에 감투를 쓴 똥똥이 박초시가 이곳 동장네 **절가** 어께에다 소주 두 되를 지워가지고 왔다.
　　곧 술좌석이 벌어졌다. 먼저 익었을 내장부터 꺼내 술안주를 했다. 술이 두어 순배 돌자 큰 동장이 먼저 저고리를 벗어젖히며,
　　"자 웃통들 벗읍세. 그리구 우리 놀민놀민 한번 해보세."
　　했다. 〈황순원. 목넘이 마을의 개. 1981. 184〉

　　예문에 보이는 '절게', '작인'을 통하여 이전에 평남 지방에서 볼 수

있었던 사회 제도의 일면을 엿볼 수 있다. 평남에서는 주로 '절가'라는 말을 썼다. 황순원의 소설 〈목넘이 마을의 개〉에서도 '절가'라는 말이 나온다. '작인'은 소작인을 가리키는 말이고 '절게'는 주로 부유한 농가에 고용되어 그 집의 농사일과 잡일을 해 주고 대가를 받는 남자를 일컫는 말이니 '머슴'의 방언이라 할 수 있다. 여기서 파생된 말로 '절게방', '절게살이'란 말이 있다. '절게방'은 머슴이 거처하는 방을 말하고 '절게살이'는 '머슴살이'를 뜻한다. ⇒막서리.

# 점적하다

- 표준어 : 점직하다. 열없다
- 품　사 : 형용사
- 뜻풀이 : 어쩐지 서먹서먹하고 부끄럽거나 쑥스럽다.
- 사용 지역 : 평안도, 황해도

> 　그러면서 이제껏 오래된 무덤가에서 속이 타서 캥캥 울은 것이 멋업시 **점**
> **적해서** 오래 더 지랄을 불이지 못하고 입에 듬뿍 닭을 감처물고 제 굴로 길
> 향작을 잡엇다. 하턱이 빨으고 입이 뾰족하면 복이 업다고 늘 제관상을 흠만
> 보는 개울 골쩍이의 구새먹은 밤나무에 살고잇는 부헝이를 날이 밝기 전에
> 차적가서 그놈이 무색하게 냉소를 하리라하고 생각하니 여우는 기뻐서 깡충
> 깡충 산을 올라갓다. 〈백석, 닭을채인이야기(六), 朝鮮日報, 1935.8.25〉

　'점적하다'는 '부끄럽다(스스러움을 느끼어 매우 수줍다)'는 뜻 이외
에 자신이 행한 일이 그리 탐탁한 것이 아니어서 남 보기에 좀 겸연쩍
거나 쑥스럽다는 뜻을 가진 형용사이다.

　위 시어에 나오는 '감처물다'는 '감쳐물다'를 표기한 것으로 '아래위
두 입술을 서로 조금 겹치도록 마주 붙이면서 입을 꼭 다물다'라는 뜻
이다. '향작'은 '향(向)'(묏자리나 집터 따위가 바라보는 방향)을 말하므
로 '길향작'은 '가야 할 길의 방향(방위)'란 뜻이 된다. '빨으다'는 '물체
의 끝이 차츰 가늘어서 뾰족하다'라는 뜻을 지닌 '빨다'의 방언이다. 위
시에서는 아래턱이 뾰족한 여우의 주둥이를 묘사하는 데 쓰였다. 한편
'구새먹다'는 표준어로 '고목의 속이 썩어서 구멍이 나거나 속이 텅 비
다'라는 뜻의 동사이다.

# 정슴

- 표준어 : 점심
- 품  사 : 명사
- 뜻풀이 : 낮에 끼니로 먹는 음식.
- 다른 방언형 : 겸슴, 경슴, 점슴, 정심
- 사용 지역 : 함경도

"무세레 왔니. 더구나 얼라아르 업구서."

기봉이를 옆에다 앉혀 놓고 정분은 옥선이의 땀이 맺힌, 파아란 이마를 쓸었다. 가슴이 쓰리게 아팠다. 두 돌이 되어가는 기봉이가 발자국을 제대로 떼지 못하는 것보다 파리한 옥선이가 더 가엾었다.

"**정슴**으 먹었어? 할마이가 감지르 쪘어. 이모가 심들다구 덥은 감지르 갖다 주라구 해서." 〈이정호, 뚜깔리, 늪과 바람, 1989, 240〉

'정슴'은 '점심'의 함경도 방언이다. 함북 북부 지방에서는 대체로 '경슴' 또는 '경심'이라 한다. 위 작품에 보이는 '정슴'은 그 어원을 알기 어렵다. 함북 지방에서 쓰이는 '경심'은 이 '정슴'의 역구개음화형으로 보이나 분명하지는 않다. 표준어 '점심'은 뎜심(點心)에서 온 말이다. 16세기의 〈順天金氏墓出土簡札〉에서 '뎜심'을 볼 수 있다.

예문의 '무세레'는 흔히 '무시레'라 하는데, 이 말은 '무스+일+에'가 줄어든 말이다. '무슨 일로', '무엇 때문에'라는 뜻이다. '얼라아'는 '어린아이'의 방언으로 경상도, 강원도에서도 널리 쓰이는 말이다.

# 정지문

- 표준어 : 부엌문
- 품    사 : 명사
- 뜻풀이 : 함경도의 가옥 구조에서 정지에서 집 뒤로 낸 문.
- 다른 방언형 : 부석문, 조앙문
- 사용 지역 : 함경남도

덕구가 하는 일에 종섭이는 놀라기를 잘했다. 허점은 숨길 수 없는 것이었다. 은근히 겁을 먹고 만길네로 갔다.
바당문을 열자 콩기름 냄새가 뭉클했다. 만길네가 화로에 다리쇠를 걸치고 번철에다 감자부침을 하고 있었다. **정지문** 옆 벽에서는 관솔불이 타오르고.
"아따, 뉘기 제사날인가?"
"니 형님 귀빠진 날이다."
"에끼, 큰애비한테 버릇없이. 헌데 어쩐 일이오? 이 사람과는 말이 돼야지."
만길네는 배가 불러 뒤로 자빠지듯 앉아서 연기 때문에 눈을 껌벅이고 있었다. 〈이정호, 감비 천불붙이, 안개, 1977, 20〉

함경도식 가옥 구조에서, 마당에서 집 안으로 들 때는 '바당문(한 문)'으로 들어가게 되어 있는데, 바당문을 열고 들어가면 흙바닥으로 된 '바당'이 나오고 오른편에는 땅이 움푹 패인 '부수깨'(=부엌)가 있다. 부수깨의 위쪽은 벽이 없이 이어진, 구들을 놓은 정지(정지간)이 있으며, 부수깨의 오른쪽에는 '조앙문'(부석문)이 있어서 여기를 통해 뒤뜰로 나가게 된다. 위 예문에 보이는 '정지문'은 '조앙문'을 가리킨다.

# 젯바둠하다

- 표준어 : 잦바듬하다
- 품    사 : 형용사
- 뜻풀이 : 뒤로 넘어질 듯이 비스듬하다.
- 다른 방언형 : 제빠둠하다, 재빠둠하다, 자빠둠하다, 잦빠둠하다
- 사용 지역 : 평안도, 함경도

"보자보자해두 늘 **젯바둠해** 가지구." 〈안수길, 북간도, 1995, 105〉

'젯바둠하다'는 함경남북도에서 널리 쓰이는데, 서 있거나 걷거나 할 때 자세가 뒤로 젖혀져 넘어질 듯 비스듬하게 되었을 때 쓰이는 말이다. 예: 남자느 젯바둠:하게 겱는 게 보기' 돟디. 꼳꼳한 게 아니'구 두우루' 제키고 겱는 거.(남자는 뒤로 약간 젖히고 걷는 것이 보기 좋지. 몸이 꼿꼿한 것이 아니고 뒤로 젖히고 걷는 거.)

# 졈을손

- 표준어 : 저물녘
- 품 사 : 명사
- 뜻풀이 : 저물 무렵.
- 다른 방언형 : 졈을손, 저물손
- 사용 지역 : 평안북도

그러나 집일흔 내몸이어,/바라건대는 우리에게 우리의보섭대일쌍이 잇섯 드면!/이처럼 써도르랴, 아츰에졈을손에/새라새롭은歎息을 어드면서. 〈김소월, 바라건대는 우리에게 우리의 보섭 대일 쌍이 잇섯드면, 진달내꼿, 1925, 145〉

'손'은 단독형으로 쓰인 예를 확인할 수 없으므로 정확한 의미를 알기 어려우나 '무렵', '때', '녘' 정도의 의미를 갖는 명사로 추정된다. 이 기문(1982)에서는, 이것이 평안도 방언 특유의 형태소가 아닌가 추정 하면서, 김이협의 ≪평북방언사전≫에 보이는 '몟손'(p.205)의 설명을 참고로 제시하였다. ≪평북방언사전≫에서는 '몟손'을, "소정의 때. 기 다리던 시간. 끼니때를 뜻하는 말로도 쓰이지만, 주로 술꾼들이 한 잔 생각이 나는 저녁때를 두고 하는 말임. 이런 때에 이 말을 한 걸음 수 식하여 '석양(夕陽) 걸림손'이라고도 함."이라 풀이하고 있다.

위 시의 '보섭'은 '보습'의 방언이 아니다. '보섭'은 쟁기와 비슷하게 생긴 농기구로 땅을 갈아 일구는 데 쓴다. 표준어의 '보습'은 '보습날' 이라 한다. 표준어 '보습'은 쟁기나 극쟁이의 술바닥에 끼워 쓰는 삽날 비슷한 물건을 가리키지만 평안도나 황해도 지방에서는 '농기구'를 가 리킨다.

# 조고리

- 표준어 : 저고리
- 품　사 : 명사
- 뜻풀이 : 한복 윗옷의 하나. 길, 소매, 섶, 깃, 동정, 고름, 끝동, 회장 따위가 갖추
어져 있다. 겹저고리와 핫저고리가 있다.
- 다른 방언형 : 저고리
- 사용 지역 : 평안도, 함경도

덕칠의 보따리는 저녁 후에 터놓았다. 종섭에게는 맥고 모자였다.
"이거, 대처에서는 행세하는 어른들이 쓰는 겁니다. 형님."
"짚세기르 신고 모자나 쓰면 무얼 해."
"어마이에게는 **조고리** 한감으 떴오마는 맘에 드실라는지요."
백노지에 싼, 비둘기 빛깔의 호박단을 원천댁 앞으로 내밀었다.
"자, 이것은 옥서이끼다아."
덕칠이가 소리를 지르면서 쳐든 것은 책가방이었다. 어깨에 가로메는, 눈
부시게 빨간 우단 책가방이었다. 뚜껑에는 꽃을 수놓았다. 〈이정호, 뚜깔리, 늪과
바람, 1989, 287~288〉

'조고리'는 표준어 '저고리'의 평안도, 함경도 방언이다.

위 작품에서는 함경남도의 중부 일부 지역(북청, 풍산 등)에서 쓰이
는 상대경어법 어미 '-ㅂ미다/-습미다'가 쓰였다. 이 어미는 '-ㅂ네다/-
습네다', '-ㅂ메다/-습메다'와 함께 표준어의 '-ㅂ니다/-습니다'에 해당
한다. '-ㅂ미다/-습미다'는 그 사용 지역이 매우 좁다.

# 조아질

- 표준어 : 공기놀이
- 품　사 : 명사
- 뜻풀이 : 공기를 가지고 노는 아이들 놀이.
- 다른 방언형 : 공끼
- 사용 지역 : 평안북도

밤이깊어가는집안엔 엄매는엄매들끼리 아르간에서들웃고 이야기하고 아이들은 아이들끼리 웋간한방을잡고 **조아질**하고 쌈방이굴리고 바리깨돌림하고 호박떼기하고 제비손이구손이하고 이렇게화디의사기방등에 심지를멫번이나독구고 홍게닭이멫번이나울어서 조름이오면 아릇목싸움 자리싸움을하며 히드득거리다 잠이든다 〈백석, 여우난곬족, 사슴, 1936, 6〉

'조아질'은 '공기놀이'를 말한다.

예문의 '아릇간'은 아랫간, '웋간'은 의고적인 표기로 '윗간'을 이르는 말이다. '아릇방[아르빵]', '알방[알빵]'이라 이르기도 한다. 위 시에는 아이들이 하는 놀이가 나온다. 이동순(1987), 이숭원(2008)의 풀이를 참고하면, '쌈방이굴리고'는 주사위 놀이를, '바리깨돌림'은 주발 뚜껑을 돌리는 놀이를, '호박떼기'는 '앞사람의 허리를 잡거나 서로 팔짱을 끼고 있으면 술래가 한 사람씩 떼어 놓는 놀이'를, '제비손이구손이'는 두 사람이 마주 앉아 서로 다리를 끼우고 손으로 그 다리를 짚어가며 노는 놀이를 말한다. 이동순(1987)에 의하면, "다리를 마주 끼우고 손으로 다리를 차례로 세며, '한알 때 두알 때 상사네 네비 오드득 뽀드득 제비손이 구손이 종제비 빠땅'"이라 하며 놀았다 한다.

# 좀말

- 표준어 : 조랑말
- 품　사 : 명사
- 뜻풀이 : 몸집이 작은 재래종 말.
- 사용 지역 : 평안북도

　　묘지와 牢獄과 교회당과의 사이에서 생명과 죄와 神을 생각하기 좋은 雲興里를 떠나서 오백 년 오래된 이 고을에서도 다 못한 곳, 옛날이 헐리지 않은 中里로 왔다. 예서는 물보다 구름이 더 많이 흐르는 城川江이 가깝고 또 白帽冠峰의 시허연 눈도 바라보인다. 이곳의 좌우로 긴 灰담들이 맞물고 늘어선 좁은 골목이 나는 좋다. 이 골목의 공기는 하이야니 밤꽃의 내음새가 난다. 이 골목을 나는 나귀를 타고 일없이 왔다갔다 하고 싶다. 또 여기서 한 오리 되는 학교까지 나귀를 타고 다니고 싶다. 나귀를 한 마리 사기로 했다. 그래 소장 마장을 가보나 나귀는 나지 않는다. 촌에서 다니는 아이들이 있어서 수소문해도 나귀를 팔겠다는 데는 없다. 얼마 전엔 어느 아이가 재래종의 조선말 한 필을 사면 어떠냐고 한다. 값을 물었더니 한 오 圓 주면 된다고 한다. 이 **좀말**로 할까고 머리를 기울여도 보았으나 그래도 나는 그 처량한 당나귀가 좋아서 좀더 이놈을 구해보고 있다. 〈백석, 가재미·나귀, 白石全集, 1990, 131〉

　　표준어 '조랑말'에 대응되는 평북 방언으로, '좀＋말'로 분석된다. '좀-'은 평안도 방언에서 원래 '작은 것'의 의미를 갖는 접두사인데, 외래종 가축이 도입되면서 '토종, 재래종'의 의미를 갖게 되었다.

# 죄롭다

- 표준어 : 가엾다
- 품  사 : 형용사
- 뜻풀이 : 마음이 아플 만큼 딱하고 불쌍하다.
- 다른 방언형 : 제롭다, 좨롭다
- 사용 지역 : 함경도

> 네 애비 흘러간 뒤/소식 없던 나날이 무거웠다/너를 두고 네 어미 도망한 밤/흐린 하늘은 **죄로운** 꿈을 먹음었고 〈이용악, 검은구름이모혀든다, 낡은 집, 1938, 12〉

'죄롭다'는 '가엾다'와 가까운 뜻을 지닌 함경도 방언이다. 함경도에서는 '가엾다'라는 말은 쓰이지 않고 대개 '죄(좨)롭다', '불쌍(쌍)하다'라는 말이 쓰인다. 보기에 안쓰럽고 딱할 때 '죄롭다'라는 말을 쓴다. 예컨대, 외롭고 고독하게 지내거나 앓는 사람 또는 돈이 없어 구차하게 사는 사람들에게 연민의 정을 느낄 때 '죄롭다'라는 말을 쓴다. 예를 보이면 아래와 같다.

어선이 없으니까 좨롭더라구(아들 며느리가 없어 의지할 곳이 없으니 딱하고 불쌍하더라고).
노'인두 모'디기 앓으무 좨롭디. 그저 눕어' 앓는데' 좨롭다.(노인도 몹시 앓으면 불쌍하고 가엾지. 그저 누워서 앓는데 보기에 가엾다.)

315

# 주두리

- 표준어 : 주둥이
- 품　사 : 명사
- 뜻풀이 : 일부 짐승이나 물고기 따위의 머리에서, 뾰족하게 나온 코나 입 주위의
  부분.
- 다른 방언형 : 주뒤:, 주디:, 주딍이
- 사용 지역 : 함경도

한 칸 계사 그 너머 창공이 깃들어/자유의 향토를 잊은 닭들이/시든 생활을 주절대고/생산의 고로(苦勞)를 부르짖었다.//음산한 계사에서 쏠려 나온/외래종 레그혼./학원(學園)에서 새무리가 밀려 나오는/삼월의 맑은 오후도 있다.//닭들은 녹아드는 두엄을 파기에/아담한 두 다리가 분주하고/굶주렸던 **주두리**가 바지런하다./두 눈이 붉게 여물도록— 〈윤동주, 닭1, 정본 윤동주 전집, 2004, 37〉

　표준어 '주둥이'의 함경도 방언으로 함경도 전역에서 널리 쓰인다. '주두리' 외에 '주둥이'에서 변화한 '주디:, 주뒤, 주딍이'와 같은 방언형도 있다. 이 중에서 '주디:'가 일반적으로 널리 쓰이는 말이다.

# 주룬히

- 표준어 : 나란히
- 품  사 : 부사
- 뜻풀이 : 여럿이 줄지어 늘어선 모양이 가지런하게.
- 사용 지역 : 평안도

> 집에는 아배에 삼춘에 오마니에 오마니가 있어서 젖먹이를 마을 청능그늘 밑에 삿갓을 씨워 한종일내 뉘어두고 김을 매려 단녔고 아이들이 큰마누래에 작은 마누래에 제구실을 할때면 종아지물본도 모르고 행길에 아이 송장이 거적돼기에 말려나가면 속으로 얼마나 부러워 하였고 그리고 끼때에는 붓두막에 박아지를 아이덜 수대로 **주룬히** 늘어놓고 밥한덩이 질게한술 들여틀여서는 먹였다는 소리를 언제나 두고 두고 하는데 〈백석, 넘언집 범 같은 노큰마니, 文章 1-3, 1939.4.〉

'주룬히'는 '나란히' 또는 '가지런히'와 가까운 뜻을 가진 부사이다. 예문은 여러 개의 바가지가 부뚜막에 나란히 놓여 있는 모습을 묘사하고 있다. 《평북방언사전》에서 제시하고 있는 '주룬히'의 용례는 다음과 같다. 예: 길가에 구경꾼덜이 주루니 세서 보구 잇어요(길가에 구경꾼들이 나란히 서서 보고 있어요.)

위 시에는 평안도 방언이 많이 보인다. '아배'는 아버지, '오마니'는 어머니, '큰마누래'는 마마 즉 천연두, '작은마누래'는 홍역, '끼때'는 '끼니를 먹을 때', '질게'는 '반찬'을 뜻하는 말이다. '질게'는 흔히 '찔게'라 한다.

# 주룽주룽

- 표준어 : 주렁주렁
- 품 사 : 부사
- 뜻풀이 : 무엇이 가까이 많이 달려 있거나 한데 모여 있는 모양.
- 사용 지역 : 함경북도

> 시그널을 밟고 기차는 왱—떠난다. 고향으로 향한 차도 아니건만 공연히 가슴은 설렌다. 우리 기차는 느릿느릿 가다 숨차면 가(假)정거장에서도 선다. 매일같이 웬 여자들인지 **주룽주룽** 서 있다. 저마다 꾸러미를 안았는데 예의 그 꾸러민 듯싶다. 〈윤동주, 종시(終始), 정본 윤동주 전집, 2004, 160〉

'주룽주룽'은 '주렁주렁'의 함경도 방언이자 북한의 문화어이다. 이 말은 '무엇이 가까이 많이 매달려 있거나 한데 모여 있는 모양'을 뜻한다. 작은말로 '조롱조롱'이 있다. 눈, 코, 입이 가까이 붙어 있으면 '눈, 코, 입이 조롱조롱 붙어 있다'고 한다.

'주렁주렁'은 '사람들이 많이 딸려 있는 모양'이란 사전적 의미를 가지고는 있지만 그런 뜻으로 쓰이는 경우는 드물다. 단지 열매가 한 곳에 많이 매달려 있을 때 이 부사를 쓴다. 그러나 함북 지방에서는 사람이나 짐승이 한 곳에 많이 모여 있거나 줄을 지어 서 있을 때 '주룽주룽'이란 말을 많이 쓴다.

# 죽은 뒤 효도는 아들이 하고
# 살아생전 효도는 딸이 한다

- 표준어 : 대응 표준어 없음
- 품 사 : 속담
- 뜻풀이 : 부모가 살아 있을 때에는 딸이 아들보다 낫고, 부모가 돌아가신 뒤에는
  아들이 딸보다 낫다는 말.
- 사용 지역 : 함경남도

집나이가 가지고 온 보따리는 옷과 떡이었다. 세미콩떡에다 입쌀콩떡 몇
개를 고명으로 얹었다. 세미쌀이고 입쌀이고간에 콩떡을 보는 것이 원천을
떠난 이래 처음이었다. 침이 솟구치는 가운데 목판 한되거리나 됨직한 인절
미를 본 원천댁의 눈시울이 탄성과 함께 활짝 열리었다.

"세상에, 이 비싼 찰떡으 다 해오구. 딸이 제일입메. 딸이 제일입메."

옷은 김 노인의 것이었다. 옥양목을 반들하게 다듬이질하였는데 바지는
연회색 물감을 들였고 연옥색 인조견 조끼를 바쳤다.

"내일이 아버지 황갑이오."

**죽은 뒤 효도는 아들이 하고 살아생전 효도는 딸이 한다드이** 그 말이 맞
습메. 참 무던합메. 아바이 팔자가 그만하믄 괜찮습메."

"어마이 옷은 못했소. 어마이 황갑 때 그 때 해드릴께 서분해 하지 마오."

"서분하기는. 내사 니 아버지 황갑에 진솔 우티르 입혀드레서 죽어두 하이
없다."

젱양쇠 어머니 혜산댁이 끝내 치마를 뒤집어서 힝 코를 풀었다. 〈이정호, 뚜
깔리, 늪과 바람, 1989, 244〉

부모의 생전에는 정이 많은 딸이 부모 생각을 많이 하고 살갑게 부
모를 챙기므로 딸의 효도가 아들보다 낫고, 부모의 사후에는 아들이

부모의 제사와 분묘 관리를 도맡아 하므로 아들의 효도가 딸보다 낫다는 데서 나온 속담이다.

예문의 '집나이'는 '집난이'에서 변화한 말로 '출가한 딸'을 이르는 말이다. '집난이, 집나이'는 평안도와 함경도 지방에서 쓰인다. '세미'는 '좁쌀'의 함남 방언이고, '우티'는 '옷'의 함경도 방언이다. '입쌀콩떡'은 입쌀가루에 콩을 넣어 찐 떡을 말한다. '서분하다'는 '서운하다'의 방언이다.

# 쥐밀다

- 표준어 : 주무르다
- 품　사 : 동사
- 뜻풀이 : 손가락으로 어떤 물건을 쥐었다 놓았다 하면서 자꾸 만지다.
- 다른 방언형 : 쥐미리다
- 사용 지역 : 평안북도

꼭꼭, 꼬루루, 꾹꾹……잘끌른 닭들은 이제라도 모두 한꺼번에 목을 빼고
울어낼 것만 가텃다. 그런 때가 와서 디펑령감장이 웃동을 벗고 문을 열어제
친다면…… 일은 심상치 안헛다. 그러나 쪽제비가 된 시생이에게는 궁리가
낫다-이놈의 닭이색기들을 얼려서 잠을 들게 하야-. 시생이는 닭의장아래 납
작 업데엿다. 숨을 죽이고 기달이는 것은 어서 장안의 닭들이 잠을 드는 것
이다. 바람이 불어서 물매나무를 떠들어대게 하는 것이다. 손에 잡히는 마른
닭위 똥 즌 닭의 똥을 발진발진 **쥐밀면서** 시생이는 머리마테 뚤린 개구멍을
말구럼이 내다보앗다. 〈백석, 닭을채인이야기, 白石全集, 1990, 112〉

'쥐밀다'는 '주무르다'의 평북 방언이다. 동사 '쥐-〔執〕'와 '밀-〔推〕'이
직접 결합한 합성동사이다. 접미사 '-이-'가 결합한 '쥐미리다'도 쓰인
다.

# 즈려밟다

- 표준어 : 지르밟다
- 품   사 : 동사
- 뜻풀이 : 위에서 내리눌러 밟다.
- 사용 지역 : 평안도

나보기가 역겨워/가실 째에는/말업시 고히 보내드리우리다//寧邊에 藥山/진달내쏫/아름짜다 가실 길에 쑤리우리다//가시는 거름거름/노힌 그 쏫츨/삽분히 **즈려밟고** 가시옵소서//나보기가 역겨워/가실 째에는/죽어도 아니 눈물 흘니우리다 〈김소월, 진달내쏫, 開闢, 1922.7.〉

'즈려밟다'의 의미에 대해서는 이견이 많다. 권영민(1998)에 의하면 '즈려밟고'는 수차례에 걸쳐 개고(改稿)가 이루어졌다 한다. 처음 『개벽』지에 발표될 당시에는 '고히나 즈려밟고 가시옵소서(『개벽』 25호, 1922, 7)'로 되어 있던 것이 시집 〈진달내쏫〉(1925, 매문사)에는 '삽분히 즈려밟고'로 고쳐졌다. 그뒤 안서(岸曙)가 펴낸 〈소월시초(素月詩抄)〉에는 '사분히 지레밟고 가시옵소서'로 고쳐졌다.

위 예들을 평북 방언을 고려하여 살펴보기로 한다. 먼저 '즈려밟고'는 '즐-어 밟-고'가 될 터인데 '즐다'가 어떤 뜻을 지닌 말인지 확인하기 어렵다. 한편, '즈려 밟고'는 '즈리-어 밟-고'가 될 것인데 '즈리-어'의 '즈리다' 역시 불분명하다. 얼핏 '즈르다'(어떤 시간이나 거리를 앞당기다, 표준어는 '지르다')가 떠오르지만 이 '즈르다'는 '즐러, 즈르고'로 활용하므로 역시 적절하다고 보기 어렵다(함경도에서는 '즐거', 즈르고'로 활용). '-어'가 결합되면 '즈려'가 아닌 '즐러'가 되기 때문이다.

이기문(1982)에서는 이 '즈려밟다'가 평북 정주 방언의 '지레밟다', '지리밟다'에 해당하는 말로 보았다. '지리밟다'(=지르밟다, 우에서 지지르듯이 내리밟다)는 북한의 문화어로도 등재되어 있다. 이기문 교수는 '즈려밟다'와 '삽분히'가 표면적으로는 호응이 안 되는 것처럼 느껴지지만, 꽃을 사뿐히 밟으면 그 결과는 잔혹한 것이 되므로 표현의 참뜻을 이해할 수 있다고 하였다. 한편, 권영민 교수는 "길 위에 뿌려 놓은 그 진달래꽃을 다른 사람이 밟기 전에 임이 지레(먼저) 밟고 가라는 것이다."라고 하여 '먼저 밟고'로 풀이하였다.

이기문 교수의 견해에 의하면 '지레밟다', '지리밟다'의 '지리'는 '지리다', 곧 '지르다'에서 온 말일 터인데 이 경우 평안도 방언에서는 2음절 위치의 '르'가 '리'로 변화하였으므로 (예: 무띠르다〉무띠리다 따위) '지리다'로 나타나야 할 것이다. 그렇다면 '지레밟다'는 '지리+어 밟다'가 되고, '지리밟다'는 '-아/-어'가 없이 어간끼리 직접 통합한 합성동사가 된다. 다만, '지리-어'가 '질러'가 되지 않고 '지레'가 되는 것은 앞으로 더 조사해 볼 문제이다. 참고로, '무띠리다'는 '무띠리고', '무띨러'로 활용한다.

# 지낙

문학 속의 북한 방언

- 표준어 : 저녁
- 품  사 : 명사
- 뜻풀이 : 해가 질 무렵부터 밤이 되기까지의 사이. 또는 그때 먹는 밥.
- 다른 방언형 : 저낙, 지냑, 지약, 나조
- 사용 지역 : 함경도

"마당쇠네 간밤에 **지낙**으 두 번 한 거 아능가?" 〈안수길, 북간도, 1995, 342〉

'지낙'은 함경남북도는 물론이거니와 황해도 지역에서 널리 쓰이는 '저녁'의 방언이다.

# 지팡목

- 표준어 : 대응 표준어 없음
- 품　사 : 명사
- 뜻풀이 : 바당과 인접한 구들의 가장자리에 댄 나무.
- 사용 지역 : 함경남도

갓난것도 지치고 어른도 지친 자정쯤이었을까. 정분은 갓난것을 무릎에 놓고 졸았고 팔베개를 하고서 신세타령을 하던 원천댁은 그만 깜박했었다. 그러던 어느 순간, 괴상한 소리에 원천댁은 퍼뜩 눈을 뜬 것이었지만 다시 자는 척하지 않을 수 없었다. 종섭이와 정분이가 실랑이를 하고 있었다. 아이를 안고 있는 것은 종섭이었다. 종섭이가 밖으로 나가려고 **지팡목**에서 바당으로 막 한발을 내려디딘 그런 자세였다. 〈이정호, 뚜깔리, 늪과 바람, 1989, 228〉

함경도의 가옥 구조에서, 정지와 바당의 경계를 이루는 곳에서 정지 구들(＝방바닥)의 끝에 문지방처럼 댄 나무를 '지팡목'이라 한다. 위 작품에서는 주인공 종섭이 이웃 친구의 부인 만길네와의 사이에서 생긴 사생아를 내버릴 생각으로 막 바당으로 내려설 때, 종섭이가 한 쪽 발은 바당을 딛고 다른 한쪽 발은 정지의 끝 부분을 딛었을 때 그 '정지의 끝 부분'을 가리켜 '지팡목'이라 하였다.

# 지팡집

- 표준어 : 대응 표준어 없음
- 품    사 : 명사
- 뜻풀이 : 소작인이 지주로부터 대여 받은 살림집.
- 다른 방언형 : 띠팡, 디팡, 지팡
- 사용 지역 : 함경도

비는 동복산이의 **지팡집**에서 한 마장은 넉넉히 떨어져 있는 언덕배기에 세워졌다. 〈안수길, 북간도, 1995, 113〉

'지팡'이란 중국어 '띠팡(地方)' 즉, '지주가 소유하고 관할하는 토지'를 일컫는 말로서 중국의 북간도 지역이나 주변의 함경도 지방에서 널리 쓰이던 말이다. '지팡집'은 이 '지팡'에서 비롯된 말로, 지주가 소작인에게 대여한 집을 이른다. 이와 함께 '지팡살이'라는 말도 쓰였다. '지팡살이'는, "지난날 가난한 농민들이 지주한테서 땅, 살림집, 농기구 등을 빌려 가지고 농사를 지어 수확량의 대부분을 계약에 따라 착취당하면서 살아가던 생활"을 뜻한다.(〈중국조선어실태조사보고〉(민족출판사, 1993, p.509).

'띠팡'은 아래와 같이 이용악의 시에도 나타난다.

띠팡을 떠날 때 강을 건늘 때 조선으로 돌아가면 빼앗겼던 땅에서 농사지으며 가 갸 거 겨 배운다더니 조선으로 돌아 와도 집도 고향도 없고.〈이용악, 하늘만곱구나, 李庸岳集, 1949, 39〉"

위에서 '띠팡을 떠날 때'는 '소작살이를 하던 중국인 지주의 관할지역으로부터 벗어날 때'라는 뜻으로 풀이된다.

# 질게

- 표준어 : 반찬
- 품　사 : 명사
- 뜻풀이 : 밥에 곁들여 먹는 음식을 통틀어 이르는 말.
- 다른 방언형 : 찔게
- 사용 지역 : 평안북도

> 집에는 아배에 삼춘에 오마니에 오마니가 있어서 젖먹이를 마을 청능그늘 밑에 삿갓을 씌워 한종일내 뉘어두고 김을 매려 단녔고 아이들이 큰마누래에 작은 마누래에 제구실을 할때면 종아지물본도 모르고 행길에 아이 송장이 거적뙈기에 말려나가면 속으로 얼마나 부러워 하였고 그리고 끼때에는 붓두막에 박아지를 아이덜 수대로 주룬히 늘어놓고 밥한덩이 **질게**한술 들여틀여서는 먹였다는 소리를 언제나 두고 두고 하는데 〈백석, 넘언집 범 같은 노큰마니, 文章 1-3, 1939.4.〉

'질게'는 반찬을 뜻하는 말인데, 흔히 '찔게'라 하며 평안도와 황해도 북부 지방에서 쓰이는 방언이다. 그런데 평안도와 함경도 지방에서는 '질게' 중에서도 물고기로 요리한 음식은 '반찬'이라 한다.

한편, 시의 제목에 보이는 '노큰마니'는 '증조할머니'를 말한다. '아배'는 아버지, '오마니'는 어머니의 방언이다. '큰마누래'는 '마마' 즉 '천연두', '작은마누래'는 '홍역', '끼때'는 '끼니를 먹을 때'라는 뜻을 지진 방언이다. 북부지방에서는 대체로 천연두를 '마누래'라 하고 남부지방에서는 '손님'이라 한다.

# 질쿠냉이

- 표준어 : 길쌈
- 품  사 : 명사
- 뜻풀이 : 실을 내어 옷감을 짜는 모든 일을 통틀어 이르는 말.
- 다른 방언형 : 질쿠, 질쿠나이, 질쿠내이
- 사용 지역 : 평안도

대봉이는 이무 시집간 손우엣누이와 단 두동기 간이니, 말하자면 그는 손장이의 독자다. 독자라고 귀해하기는 다른 집자식들의 몇배 더했으나, 그리 부자는 되지못한때문에 그닥지 훌륭한 곳에 대봉이의 혼처를 정하지는 못했다. 밀양박가, 그중에 박리균네가 그래도 양반이라고 그는 마방을 하는 리균이 동생 성균이의 맛딸, 지금 열아홉에 나는 금네(金女)와 혼사를 작정하였다. 벌서 폐박도 끝나고 초여름이오면 장가를 들을 판인데, 금년 열여듭살채 잡히는 그는 그집에 장가드는걸 그닥 닭아워진 않는다. 그집이 공연한 양반타령뿐으로 실속은 아무것도 없는 건달판인것도 그리 반갑지 않은 조건이었으나, 그보다도 금네가 마음에 들지 않았다. 동네가 같음으로 몇년전 까지도 그는 금네를 눈익히 보아올수 있었다. **질쿠냉이**를 잘한다는 소문과, 마방인 때문인지 음식솜시가 놀랍다는 칭송이 자자하다고 하나, 대봉이에게 그런건 다 매력이 되질못한다. 오히려 무명혀고, 명주싸고, 물래질 하는 그런 질쿠냉이를 잘 한다던가, 그런 것 보다는, 언문이래도 몇자 안다던가, 아니 통히 그런것보다도, 얼골이 얌천하고 살커리나 흠석 하다면야 별 불만도 없을 것 같다. 〈金南天, 大河, 1939, 160~161〉

'질쿠냉이'는 주로 평안도 지역에서 널리 쓰이는 특이한 방언이다. 그 '질쿠냉이'의 실제 발음은 '-냉이'의 비음(=콧소리) 'ㅇ'이 약화되어 '질쿠내이'와 가깝다. 인접한 함경남도의 남부 지역에서는 '질퀴, 질키,

질퀴내'와 같은 방언형이 분포한다. '질쿠냉이'의 어원은 분명하지 않은데, '냉이'는 '낳이'(=피륙을 짜는 일)에서 온 말로 보인다.

위 예문에는 여러 유형의 길쌈이 나오는데, '오히려 무명혀고, 명주 싸고, 물래질 하는 그런 질쿠냉이를 잘 한다던가'가 그 예이다. '무명 혀다'는 '솜에서 실을 켜다'(=솜에서 실을 뽑아내다)라는 뜻이고, '명 주싸다'는 '누에고치에서 실을 뽑아내다'라는 뜻이다. '혀다', '싸다' 및 중세국어형 '혀다', 표준어 '켜다'는 모두 *hhyʌda에서 나온 말이니 어 원이 같다. '싸다'는 *hhyʌda가 ㅎ-구개음화 및 'ㆍ〉ㅏ'의 변화를 입은 어형이다(〔yʌ〕는 반모음 'ㅣ'와 'ㆍ'로 이루어진 상승이중모음. 훈민정 음(訓民正音) 합자해에서 'ㅣ'와 'ㆍ'의 합음(合音)이라 한 이중모음.)

그런데 '혀다', '싸다'가 같은 어원에서 나온 말이라면 같은 방언권 (평안남도 남부)에서 응당 같은 방언형이 쓰여야 할 터인데, 무명은 '혀다'라 하고 명주는 '싸다'라 하였다. '혀다', '혜다'는 '켜다〔績〕'의 평안 도 방언형이니 별 문제가 없으나 ㅎ-구개음화를 겪은 '싸다'는 좀 특이 하다 할 수 있다. 이는 ㅎ-구개음화가 왕성한 인접 함경남도 지역이나 황해도 지역의 방언형이 잦아든 것이거나 그 영향에 의한 것으로 보인 다.

# 집난이

- 표준어 : 딸
- 품   사 : 명사
- 뜻풀이 : 시집간 딸.
- 다른 방언형 : 집나이
- 사용 지역 : 평안도

봄은 가나니 저믄날에,/꼿츤 지나니 저믄봄에,/속업시 우나니, 지는꼿츨,/속업시 늣기나니 가는봄을./꼿지고 닙진가지를 잡고/밋친듯 우나니, **집난이**는/해다지고 저믄봄에/허리에도 감은첫치마를 눈물로 함쌕히 쥐여짜며/속업시 우노나 지는꼿츨,/속업시 늣기노나, 가는봄을. 〈김소월, 첫치마, 開闢, 1922.1.〉

'집난이'는 '출가한 딸'을 친정에서 부르는 말로서 평안도 및 황해도 지역에서 널리 쓰인다. 북한 지방에서 널리 쓰이는 까닭에 북한의 문화어가 되었다. '집+나+ㄴ+이'(집을 나간 사람)와 같은 구성으로 이루어진 합성어이다.

# 짓두광주리

- 표준어 : 반짇고리
- 품 사 : 명사
- 뜻풀이 : 바늘, 실, 골무, 헝겊 따위의 바느질 도구를 담는 그릇.
- 다른 방언형 : 깃두광주리, 짓두광지, 지뚜광지, 지뚜광주리, 기뚜광주리
- 사용 지역 : 함경도

찻길이 뇌이기 전/노루 멧돼지 쪽제피 이런것들이/앞뒤 산을 마음놓고 뛰여단이던 시절/털보의 셋재 아들은/나의 싸리말 동무는/이집 안방 **짓두광주리** 옆에서/첫 울음을 울었다고 한다. 〈이용악, 낡은 집, 낡은 집, 1938, 73~74〉

짓두광주리는 '반짇고리'의 함경도 방언이다. 주로 버드나무나 싸리나무의 가는 오리를 결어서 둥그스름하게 만든다. 너비는 어른 한 뼘 이상이며 둘레에 고운 천을 대기도 한다. 용도는 가위나 실, 천 조각과 같은 바느질에 필요한 물건을 넣어 두기도 하고 또 부싯돌이나 자잘한 잡살뱅이 따위를 넣어 두기도 한다. 위 시에서 '짓두광주리'라는 말을 쓴 것은 아이를 출산할 때 필요한 가위 따위의 물건이 '짓두광주리'에 담겨 있었기 때문일 것이다. ⇒싸리말.

# 짜듯하다

- 표준어 : 쨍쨍하다
- 품　사 : 형용사
- 뜻풀이 : 햇볕이 따갑게 내려 쪼이다.
- 다른 방언형 : 째듯하다
- 사용 지역 : 평안도, 함경도

> 어린 종다리 파아란 航空을 시험할 째면/나는 봄볏 짜듯한 땅우에 나서리
> 라 〈이용악, 冬眠하는 昆蟲의 노래, 分水嶺, 1937, 33〉

함경도에서 '짜듯하다'는 아래와 같이 쓰인다. (['])는 이 부호 앞의 음
절이 고조로 실현됨을 표시)

① 해' 짜드:사무' 얼'매 따갑소!(해가 내려 쪼이면 얼마나 뜨겁소!)
② 덥'소! 날이 째'드사니. 해 맑진 거 째'드사다 가오.(덥소! 날이
햇볕이 내려 쪼이니. 햇볕이 맑고 선명한 것을 '째드사다'고 하오.).

①은 '짜듯하다'와 같은 말인 '짜드사다'의 용례를 보인 것인데 그 뜻
은 '햇볕이 따갑게 내려 쪼이다'이다. ②는 '째듯하다'의 용례로 '날이
맑다' 정도의 뜻으로 쓰였다. 이를 종합해 보면 '짜듯하다'는 '날이 맑
고 내려 쪼이는 햇볕이 따갑' 정도의 뜻을 지니고 있음을 알 수 있
다. 함북 방언에는 '째짓째짓하다'(=내려 쪼이는 햇볕이 뜨끈뜨끈하
다), '양짬, 볕짬'(=습기를 제거하거나 해충 따위를 제거하기 위하여
이불이나 옷 따위를 햇볕에 쪼이는 일) 따위와 같은 말이 있다. 모두

'햇볕'과 관련된 말이다.

한편, 평북 방언을 보여 주는 백석의 시어에는 다음과 같이 '째듯하다'라는 말이 있다. "내일 같이 명절날인 밤은 부엌에 째듯하니 불이 밝고 솥뚜껑이 놀으며 구수한 내음새 곰국이 무르끓고 ……."(古夜). '째듯하다'에 대하여, ≪조선말대사전≫에는 "(빛이) 선명하고 뚜렷하다."라 되어 있고, '째듯째듯'에 대해서는 "내리 비치는 햇볕이 몹시 따갑다."라 풀이 되어 있다. '짜듯하다'와 '째듯하다'는 같은 어원에서 나온 말로 보인다.

# 짜작돌

- 표준어 : 자갈
- 품  사 : 명사
- 뜻풀이 : 강이나 하천의 바닥에서 물에 갈리고 씻겨 반질반질하게 된 잔돌.
- 다른 방언형 : 자갈, 자개돌, 째개돌, 짜갈
- 사용 지역 : 함경도

**짜작돌**을 쓸어놓은 듯 흐리터분한 머리에/새벽은 한없이 스산하고/가슴엔 무륵무륵 자라나는 불만 〈이용악, 오늘도 이 길을, 分水嶺, 1937, 44〉

함경도에서는 '자갈'을 흔히 '째개돌', '짜작돌'이라 하는데 함경북도 중남부 지역에서는 '짜작돌'을 많이 쓴다. 평안도 지방에서는 '자개', '자개돌'이라 하는데, 함경도 방언형과 평안도 방언형이 어두 경음화에 의하여 차이를 보인다.

# 짭짜리

- 표준어 : 소금
- 품  사 : 명사
- 뜻풀이 : 짠맛이 나는 백색의 결정체.
- 사용 지역 : 함경남도

> 그 공사중인 교사 앞에 새울꾼들이 제멋대로 앉아 창윤이 어머니와 아내
> 가 국자로 사발에 퍼주는 국떼기를 맛있게 먹고 있었다.
> **"짭짜리르 줍소."**
> "짐치는 없음둥?"
> "어째 이렇게 멀키만 하오." 〈안수길, 북간도, 1995, 375〉

'짭짜리'는 '소금'을 달리 이르는 말이다. 원래 함경도 일대에서 널리
쓰이는 방언형은 '소곰'이다. 위 소설에서는, '가래떡(떡국)'의 방언 '국
떼기'를 설명하면서 이 '국떼기'에 소금을 넣어 간을 맞춘다는 구절이
위 예문의 앞에 나온다. 그 뒤에 이어진 위 예문에서 '소금'을 '짭짜리'
라 하고 있다.

'짐치'는 '김치'의 방언이다. 함남 및 함북 남부 지방은 ㄱ-구개음화
가 아주 왕성하게 일어났다. '멀키'는 '멀겋기'가 줄어든 말이다.

# 쩡양간

- 표준어 : 변소
- 품    사 : 명사
- 뜻풀이 : 대소변을 보도록 만들어 놓은 곳.
- 다른 방언형 : **졍낭**, **졍낭간**, 서각, 재통, 쩡양, 통싯간, 통숫간
- 사용 지역 : 함경남도

쩡양쇠는 옆집의 막내아들이었다. **쩡양간**에서 낳았다고 쩡양쇠였다. 김 노인 내외는 사남매를 두었는데 지금은 쩡양쇠와 세 식구가 구차하게 살고 있었다. 둘째는 어려서 잃었고 맏아들은 돈벌이를 떠났다는데 종무소식이라고 하였다. 외딸을 여읜 곳은 한대(漢垈)라던가. 호수(赴戰湖) 북녘 끝 저편, 곧은 길 사십 리를 배로 건너야 하는 오지라고 하였다. 〈이정호, 뚜깔리, 늪과 바람, 1989, 243〉

'쩡양간'은 평북 방언 '졍낭간'과 어원이 같은 말이다. '졍낭간'의 첫 음절 '졍'이 'ㄱ-구개음화'를 입어 '쩡양간'의 '쩡'(〈쪙〈졍)이 된 것이다. '졍낭간'과 '쩡양간'의 어원은 분명하지 않으나, 김영배(1997)에서는 '졍낭간'의 어원을 '隔廊間(격랑ㅅ간)'으로 보고, 이 '격랑ㅅ간'이 비음동화 및 어두경음화를 거쳐 '졍낭간'이 된 것으로 추정하고 있다. 그러나 '격낭간'으로부터 '쩡양간'의 '양'을 설명할 수 없다는 난점이 있다. 현재의 방언형만을 고려하여 재구하면 '*졍냥간'이 된다. 평안도 방언에서는 '냐, 녀, 뇨, 뉴'가 '나, 너, 노, 누'로 변화하고, 함경남도에서는 '야, 여, 요, 유'로 변화하였기 때문이다.

# 쪽제피

- 표준어 : 족제비
- 품　사 : 명사
- 뜻풀이 : 족제빗과의 동물. 수컷은 28~40cm, 암컷은 16~32cm이다. 몸은 누런 갈색이며 입술과 턱은 흰색, 주둥이 끝은 검은 갈색이다. 네 다리는 짧고 꼬리는 굵으며 길다. 적에게 공격을 받으면 항문샘에서 악취를 낸다. 털가죽은 방한용 옷에 쓰고 꼬리털로는 붓을 만든다. 한국, 일본, 대만 등지에 분포한다.
- 다른 방언형 : 족제피
- 사용 지역 : 함경도

찻길이 뇌이기 전/노루 멧돼지 **쪽제피** 이런것들이/앞뒤 산을 마음놓고 뛰여단이던 시절/털보의 셋재 아들은/나의 싸리말 동무는/이집 안방 짓두광주리 옆에서/첫 울음을 울었다고 한다. 〈이용악, 낡은 집, 낡은 집, 1938, 73~74〉

'쪽제피'는 '족제비'의 함경도 방언이다.

예문의 '뇌이기'는 '놓이기'의 방언이고, '짓두광주리'는 '반짇고리'의 방언이다.

# 쭝구리다

- 표준어 : 쭈그리다
- 품    사 : 동사
- 뜻풀이 : 팔다리를 우그려 몸을 작게 움츠리다.
- 다른 방언형 : 쪼그리다, 쭈구리다
- 사용 지역 : 함경북도

애비도 종 할애비도 종 한뉘 허리 굽히고 드나들던 토막 기울어진 흙벽에 **쭝구리고** 기대앉은 저 아이는 발가숭이 발가숭이 아이의 살결은 흙인 듯 검붉다 〈이용악, 흙, 李庸岳集, 1949, 47〉

'쭝구리다'는 '쭈그리다'의 함북 방언이다. '쭝구리다'는 이 지역에서 널리 쓰이는 '쭈구리다'와 '웅쿠리다'의 혼성어이다. '한평생'과 유의어를 이루는 '한뉘'는 중부지역에서는 잘 쓰이지 않지만 함경도 지방에서는 사용 빈도가 높은 말이다.

# 체니

- 표준어 : 처녀
- 품　사 : 명사
- 뜻풀이 : 결혼하지 아니한 성년 여자.
- 다른 방언형 : 처나, 처네, 체나, 체네
- 사용 지역 : 평안도

"형선이가 장가 간다구 오눌아침은 늦었구나."
　경례를 치를때만 엄숙하고, 이것이 끝나면 그들은 너, 나 하는 작난 친구다.
　"남이 장가드는데 내가 늦을턱이 뭔가. 앞집**체니** 시집가는데, 뒷집총각은 목매려간다던가."
　농말을 하면서도 형걸이는 좀 언짢았다. 시간에 늦어진것은 아니나, 어느 때보다 늦게온것은 사실이고, 또 늦어진 까닭이 형선이의 장가든다는데 있었다는것도 부인할수없는 사실이기 때문이다. 〈金南天, 大河, 1939, 82〉

　평안도 방언에 분포하는 '처녀'의 방언형으로는 '처나, 처네, 체나, 체네, 체니'가 있는데 이 중에서 '체네'가 가장 널리 쓰인다. '처녀+이〉처네〉체네'의 변화형이다. '체니'는 '체네'의 둘째 음절 모음 'ㅔ'가 고모음화를 겪어 형성된 방언형으로 보인다. 그리고 '체나'는 '처녀+아(아이)〉체나'의 변화를 겪은 방언형이다.

# 축업다

- 표준어 : 축축하다
- 품　사 : 형용사
- 뜻풀이 : 물기가 있어 젖은 듯하다.
- 다른 방언형 : 축축하다
- 사용 지역 : 평안북도

---

한째는 만흔날을 당신생각에/밤까지 새운일도 업지안치만/아직도 째마다
는 당신생각에/**축업은** 벼개까의꿈은 잇지만 〈김소월, 님에게, 진달내옷, 1925, 18〉

---

이기문(1982)에서는, '축업다'가 '축축하다'의 어근 '축'에 형용사 파
생접미사 '-업-'이 결합되어 생긴 말일 것으로 추정하였다. '-업-'은 '주
관적인 감정 상태'를 나타내는 접미사이므로 '축업다'는 '축축하다' 즉,
'물기가 있어 젖은 듯하다'라는 뜻을 지닌 형용사라 할 수 있다. 이기
문 교수는 이 같은 파생어로 '눅눅하다'에서 파생된 '누겁다'를 더 소개
하였다. '추겁다'라고 표기하지 않고 '축업다'라고 표기한 것은 어원 의
식에 의한 것이다.

한편, 평안도 방언의 'ㅂ' 불규칙 용언의 'ㅂ'은 모음으로 시작하는
어미 '-아X/-어X' 또는 '-으X' 앞에서 '오/우[w]'로 실현된다. 따라서
'축어워', '축어운'으로 표기해야 하나 '축업은'으로 표기한 것은 이 시
가 쓰일 무렵의 표기 관행을 따른 때문이다. 이에 대하여 이기문 교수
는 "이런 표기법은 그 당시 널리 사용된 것으로 특히 岸曙가 즐겨 썼으
니 소월이 이것을 채택한 것이라 생각된다."고 하였다.

# 츨츨히

- 표준어 : 칠칠히
- 품　사 : 부사
- 뜻풀이 : 나무, 풀, 머리털 따위가 잘 자라서 알차고 긴 모양.
- 사용 지역 : 평안도, 함경도

이 녀석 속눈썹 **츨츨히** 길다란 우리 아들도/한번은 갔다가/섭섭히 돌아와야 할 시골사람 〈이용악, 시골사람의 노래, 李庸岳集, 1949, 112〉

함북 방언 '츨츨히'는 '츨츨하다'로부터 파생된 부사이다. '츨츨하다'는 표준어 '칠칠하다'와 가까운 뜻을 갖지만, 함북 지방에서는 흔히 '생김새가 크고 시원스럽게 잘나다'라는 뜻으로 쓰인다.

# 치벽하다

- 표준어 : 지벽하다
- 품  사 : 형용사
- 뜻풀이 : 외진 곳에 치우쳐서 구석지다.
- 다른 방언형 : 츠벽하다
- 사용 지역 : 함경도

어느 모로나 서울 자랑하려는 이 양반으로서는 가당한 대답일 게다. 이분에게 아현 고개 막바지에, -아니 **치벽한** 데 말고-가까이 종로 뒷골목에 무엇이 있던가를 물었다면 얼마나 당황해했으랴. 〈윤동주, 종시(終始), 정본 윤동주 전집, 2004, 159〉

표준어 '지벽하다(地僻--)'와 가까운 뜻을 가진 함경도 방언이다. 위 예문에서 보듯 '치벽하다'는 외지고 구석진 곳을 이르는 말이다. 함경북도 북부 지역에서는 '츠벽하다'라 하므로 '치벽하다'는 '츠벽하다'에서 변화한 말이라 할 수 있다. 이 말은 본디 '측벽하다(側僻--)'에서 변화한 말이다. '치벽하다'는 북한어의 문화어로 올라 있다.

# 커우대

- 표준어 : 마대(麻袋)
- 품　사 : 명사
- 뜻풀이 : 굵고 거친 삼실로 짠 커다란 자루.
- 다른 방언형 : 마대, 잘기
- 사용 지역 : 함경도

"다른 기 앙이라 계사처에서 꼬량 열 **커우대**를 바쳐야 된다구 하네." 〈안수
길, 북간도, 1995, 332〉

　'커우대'는 함경도 지방에서 쓰이는 말이지만 본디 한어(漢語) '口袋
〔kŏudài〕'를 차용한 말이다. 지금은 '마대'라는 말을 많이 쓴다. '커우
대'는 비교적 이른 시기에 차용한 말이어서 20세기 전후의 함경도 방
언에도 나타난다. 이전에 중국의 조선족 자치주 교포 사회에서 한 커
우대는 6말(斗)이었다 한다. 위 예문의 '꼬량'(＝수수, 高粱)도 역시
한어(漢語)에서 차용한 말이다.

# 큰마누래

- 표준어 : 천연두, 마마
- 품    사 : 명사
- 뜻풀이 : 천연두 바이러스가 일으키는 급성의 법정 전염병. 열이 몹시 나고 오슬
          오슬 떨리며 온몸에 발진(發疹)이 생겨 딱지가 저절로 떨어지기 전에 긁
          으면 얽게 된다. 전염력이 매우 강하며 사망률도 높으나, 최근 연구용으
          로만 그 존재가 남아 있다.
- 다른 방언형 : 손님, 마마, 마누래
- 사용 지역 : 평안북도

> 집에는 아배에 삼춘에 오마니에 오마니가 있어서 젖먹이를 마을 청능그늘
> 밑에 삿갓을 씨워 한종일내 뉘어두고 김을 매려 단녔고 아이들이 **큰마누래**에
> 작은 마누래에 제구실을 할때면 종아지물본도 모르고 행길에 아이 송장이 거
> 적뙈기에 말려나가면 속으로 얼마나 부러워 하였고 그리고 끼때에는 붓두막
> 에 박아지를 아이덜 수대로 주룬히 늘어놓고 밥한덩이 질게한술 들여틀여서
> 는 먹었다는 소리를 언제나 두고 두고 하는데 〈백석, 넘언집 범 같은 노큰마니, 文章
> 1-3, 1939.4.〉

지금은 없어진 전염병이지만 이전에는 전염력이 강한 데다 걸리면
죽거나 살아도 얼굴에 자국을 남기는 무서운 질병이 천연두(天然痘)였
다. 이 질병을 북부 지방(평안도, 함경도, 황해도)나 제주도에서는 '마
누래, 마누라' 등으로 불렀다. 그보다는 덜하지만 역시 살아서는 한 번
꼭 치러야 하는 전염병으로 홍역(紅疫)이 있다. 이 병도 역시 잘못되
면 목숨을 잃게 된다. 그만큼 천연두와 홍역은 두려움의 대상이었다.
마누래는 '마누라'에 '이'가 결합한 말이다. 북부 지방 특히 함경도
지방에서는 명사 끝에 '이'가 결합하여 쓰이는 경우가 일반적이다. 한

편, '마누라'는 본디 '마노라'에서 변화한 말로 이 말은 노비가 상전(上典)을 이르거나 또는 임금이나 왕후를 이르던 말이었다. '마누라'는 이처럼 원래는 대상을 극존대하던 호칭어였던 것이다. 이 때문에 치사율이 높은, 천연두를 옮기는 역신(疫神)을 극존대하여 '마누라'로 부르게된 것이다. '천연두'를 '마마'라 달리 이르는 것도 그 까닭에서이다. 이역신을 높이 위함으로써 무서운 전염병에서 벗어나고자 한 것이다. 그리하여 천연두를 '큰마누래'라 하고 그보다는 좀 덜한 홍역을 '작은마누래'라 불렀다. 홍역을 옛날에는 '도야기'라 하였는데 여기서 변한 '돼기' 또는 '홍돼기'라는 말이 역시 북부의 평안도와 함경도 지방에서 널리 쓰였다. '돼기'는 고유어로 된 병명(病名)이지만 '마누래'는 이 병을에둘러 이르는 말이다.

질병을 주술적인 방법으로 퇴치하는 방법은 이와 같이 대상을 극존대하는 경우가 있는가 하면 또 상대적으로 보잘것없는 '감기'나 '안질(眼疾)' 따위는 경멸적인 말로 매몰차게 불러서 내쫓기도 하였다. '감기'를 '개좆부리, 개좆머리, 개뿔딱지'라 하고 '안질'을 '개씨바리(←개씹앓이)'라 한 것이 그런 예이다.

# 큰마니

- 표준어 : 할머니
- 품  사 : 명사
- 뜻풀이 : 아버지의 어머니.
- 다른 방언형 : 컬마니, 클마니
- 사용 지역 : 평안북도

눈이 많이 와서/산엣새가 벌로 날여 맥이고/눈구덩이에 토끼가 더러 빠지기도하면/마을에는 그무슨 반가운것이 오는가보다/한가한 애동들은 여둡도록 꿩사냥을 하고/가난한 엄매는 밤중에 김치가재미로 가고/마을을 구수한 즐거움에 차서 은근하니 흥성 흥성 들뜨게 하며 이것은 오는것이다/이것은 어늬 양지귀 혹은 능달쪽 외따른 산녑 은댕이 에데가리밭에서/하로밤 뽀오햔 흰김속에 접시귀 소기름불이 뿌우현 부엌에/산멍에같은 분틀을 타고 오는것이다/이것은 아득한 녯날 한가하고 즐겁든 세월로 부터/실같은 봄비속을 타는듯한 녀름 볕속을 지나서 들쿠레한 구시월 갈바람속을 지나서/대대로 나며 죽으며 죽으며 나며 하는 이 마을 사람들의 으젓한 마음을 지나서 텁텁한 꿈을 지나서/집웅에 마당에 우물든덩에 함박눈이 폭폭 싸히는 여늬 하로밤/아베앞에 그어린 아들앞에 아배앞에는 왕사발에 아들앞에는 새끼사발에 그득히 살이워 오는것이다/이것은 그 곰의 잔둥에 업혀서 길여났다는 먼 녯적 **큰마니**가/또 그 집등색이에 서서 자채기를 하면 산녑엣 마을까지 들렸다는/먼 녯적 큰 아바지가 오는것같이 오는것이다 〈백석, 국수, 文章3-4, 1941.4.〉

함경도와 평안도의 친족명칭은 체계(體系)도 그러하거니와 개별 친족명칭이 중부방언권의 그것과는 사뭇 다르다. 그 하나는 할아버지나 할머니의 친족명칭에 '큰'이나 '클'이 붙는다는 점이다. 남한에서는 경북 일부 지역의 반촌 마을에서 이런 유형의 친족명칭이 쓰인다. '할아버지'나 '할머니'의 '할'은 본디 '크다', '많다'의 뜻을 지녔던 고어(古語) '하다'에서 나온 말이다. 그런데 이 '하다' 대신에 '하다'와 의미를 공유한 '크다'가 결합한 친족명칭이 바로 '큰마니'이다. 즉, 이 친족명칭은 '크+ㄴ+어마니'와 같은 형태소 구성체에서 변화한 것이다. 같은 평북 지방에서 널리 쓰이는 '클마니'는 '크+ㄹ+어마니'로 분석된다. 본문의 '큰 아바지'는 '할아버지'의 방언이다.

# 타니

- 표준어 : 귀고리
- 품　사 : 명사
- 뜻풀이 : 여자들이 귓불에 다는 장식품.
- 다른 방언형 : 월개탄, 월기탄, 월개탄, 월개탕
- 사용 지역 : 평안남도

어머니도 언니도, 올케도, 한가지 여자의몸으로 태여나서, 이렇게 이뿌게 생겨날수있는것은 어느신령님의 점지하시는 일인가싶이, 그리고 자기네들도 젊었을 처녀시절에 이렇도록이나 아름다웁고 이뻐본적이 있었든가싶이, 멍하니 보부의 단장한 얼골을 바라보고 있을뿐이다. 다시 딸기 처럼 밝안, 밤알만한 알에, 은실과금실을 수놓은 두알의 타니가, 얼골보다도 더 하이얀 두 귀밑에 매여달렸다. 목을 약간 음직이는대로 **타니**는 풍경처럼 귀엽게 하늘하늘 떨고있다. 〈金南天, 大河, 1939, 58〉

'타니'는 '귀고리'의 평남 방언이다. 이 '타니' 계통의 방언은 북부 지방에서만 쓰인다. 인접한 황해도 지방에서는 '타내'라 하며, 함경도에서는 '월개탄' 또는 '월기탄'이라 한다. 이를 참고하면 위 '타니'는 '탄'에 접사 '-이'가 결합하여 형성된 방언이라 할 수 있다. '탄'의 어원은 분명하지 않다.

'탄'이 맨 처음 등장하는 문헌은 최초의 한국어 대역사전인 푸칠로의 ≪로한ᄌ뎐≫(*Opyt Russko-Korejskago Slovarja*(S. Peterburg, 1874)이다(pp.572-573).

Sergi - worguythani, kuyyəkkori ········· 월귀탄이, 귀여고리.

19세기 중엽의 함경도 지방에서 '귀걸이'를 '월귀탄이'이라 했음을 알 수 있다. 그러나 '월귀'나 '탄'이 어디서 유래한 말인지는 알 수 없다.

# 타래곱

- 표준어 : 곱
- 품　사 : 명사
- 뜻풀이 : 고기에 낀 지방. 또는 지방이 엉기어 굳은 것.
- 다른 방언형 : 타래, 곱.
- 사용 지역 : 함경도

> 다시 만나면 알아 못 볼/사람들끼리/비웃이 타는 데서/**타래곱**과 도루모기와/피터진 볏 찌르르 타는/아스라한 연기 속에서/목이랑 껴안고/웃음으로 웃음으로 헤어져야/마음 편쿠나/슬픈 사람들끼리 〈이용악, 슬픈 사람들끼리, 오랑캐꽃, 1947, 76〉

'타래'는 '실·새끼·노끈 따위를 사려서 뭉쳐 놓은 것'이고 '곱'은 함경도 방언에서 동물의 창자에 붙은 누런 지방을 뜻하는 말이다. 함경도 방언에서 식물성 기름은 '기름'(또는 '지름')이라 하지만 동물성 기름은 '곱'이라 한다.

'타래'는 지금은 사어(死語)가 되어 쓰이지 않는 '탈다'(＝한 방향으로 꼬이게 하다)라는 동사에서 파생된 명사이다(함경도 지방에서는 지금도 '탈다'라는 동사를 쓴다). 따라서 '타래곱'은 '타래처럼 꼬여 있는, 동물의 창자에 붙어 있는 지방(脂肪)', 또는 '타래처럼 꼬여 있는 지방이 많은 창자'라는 뜻이 된다. 후자의 뜻을 지닌 표준어는 '곱창'이다. 위 시의 '타래곱'은 바로 이 '곱창'을 가리켜 한 말로 보인다. 함북 지방에서는 소의 작은창자를 '곱밸', 큰창자를 '큰밸'이라고 하는데, '곱밸'은 '곱이 많이 끼어 있는 창자'라는 뜻으로 붙여진 이름이다.

351

첫 행에서 '알아 못 볼'이라 한 것은 '알아 보지 못할'을 함경도 방언의 어법으로 표현한 것이다. 함경도 방언의 가장 두드러진 특징은 이렇게 부정 부사 '아니'(또는 '아이', '안'), '못'(또는 '모')이 놓이는 위치가 다른 방언과 퍽 다르다는 점이다. 이 특징 하나만으로도 상대가 함경도 사람임을 금방 알 수 있다. 아래에 부정부사가 쓰인 예를 보인다.

일으 거 하갯는데 버뜩 대 못 들구서 이래시문 둏올까 뎌래시문 둏올까 매삼질한단 말이오(일을 하려는데 버쩍 대들지 못하고 이러면 좋을까 저러면 좋을까 안절부절못한단 말이오).

영원히 없어 못 디래르 노력해야 돼디(영원히 없어지지 않도록 노력해야 되지).

어딜 떠 못 나구 영게셔 한늴 살았디(어디로 못 떠나고 여기서 한평생을 살았지).

내 이런 조애르 써 못 봤다니(내가 이런 종이를 써 보지 못했소).

예문에 보이는 '비웃'은 '정어리'의 함경도 방언이다. '정어리'와 '타래곱'은 기름이 많다는 점에서 공통적이다. '비웃', '타래곱', '볏'은 모두 기름이 많고 값이 싼 먹을거리인데, 위 시에서는 이들 방언을 통하여 가난한 사람들의 삶을 그리고자 하였다.

# 토리개

ㄱ
ㄴ
ㄷ
ㄹ
ㅁ
ㅂ
ㅅ
ㅇ
ㅈ
ㅊ
ㅋ
ㅌ
ㅍ
ㅎ

- 표준어 : 씨아
- 품　사 : 명사
- 뜻풀이 : 목화의 씨를 빼는 기구. 토막 나무에 두 개의 기둥을 박고 그 사이에 둥근 나무 두 개를 끼워 손잡이를 돌리면 톱니처럼 마주 돌아가면서 목화의 씨가 빠진다.
- 다른 방언형 : 타리개
- 사용 지역 : 평안도

대들보우에 베틀도 채일도 **토리개**도 모도들 편안하니/구석구석 후치도 보십도 소시랑도 모도들 편안하니 〈백석, 연자ㅅ간, 朝光2-3, 1936.3.〉

　목화의 씨를 빼는 기구인 '씨아'의 평안도 방언이다. 직사각형의 나무토막을 몸체로 삼아 두 개의 기둥을 박고, 그 사이에 둥근 나무 두 개를 맞물려 끼운 다음 오른쪽에 손잡이를 댄다. 그리고 직사각형 몸체에 긴 널빤지를 꿰어 연결시키고 그 위에 걸터앉아 오른손으로 손잡이를 돌리면서 왼손으로 돌아가는 가락 사이에 목화를 넣으면 씨만 남고 솜은 뒤로 빠진다.

　예문의 '보십'은 '쟁기'의 일종이다. 북한의 문화어로는 '보습'이다. '후치'는 김을 맨 후에 흙을 좌우로 갈라 덮는 데 사용하는 농기구이다.

# 팻기

- 표준어 : 팥
- 품  사 : 명사
- 뜻풀이 : 콩과의 한해살이풀. 높이는 30~60cm이며, 잎은 어긋나고 세쪽 겹잎인 데 잔잎은 달걀 모양으로 뾰족하다. 여름에 노란 꽃이 잎겨드랑이에서 피고 가늘고 둥근 통 모양의 긴 꼬투리에 4~15개의 씨가 들어 있다. 씨 는 유용한 잡곡이다. 인도가 원산지로 한국, 일본, 중국 등지에서 널리 분포한다.
- 다른 방언형 : 파끼, 파치, 팣, 패끼, 포치, 퐂
- 사용 지역 : 함경도

> 콩은 콩대로 좁쌀은 좁쌀대로 각각 다른 마대가 마련되어 있었다.
> "쉬이는 여기네."
> 수수를 또 다른 마대에 쏟아 넣는 총각, 말은 없었으나 부르튼 심정이기는 누구나 마찬가지였다.
> 진식이도 그렇다. 백태(白太)를 가지고 왔다. 팥 마대에 넣으려고 했다.
> "앙이오. 그거는 **팻기** 마대요."
> 향청 서사가 질겁하듯 말했다. 〈안수길, 북간도, 1995, 341〉

'팻기[패끼]'는 '팥'의 함경도 방언이다. 함경도에 분포하는 '팣', '패 끼', '퐂'은 중세국어 시기의 '퐁ㄱ'과 '퐃'으로부터 변화한 것이다. '패끼' 는 중세국어 '퐁ㄱ'의 후대형 '퐊'에 '이'가 결합한 후 'ㅣ' 모음역행동화 를 입은 방언형이며 '팣'은 '퐃'의 'ㆍ'가 'ㅏ'로 변화한 것이다. '퐂'은 육 진의 회령, 종성, 온성 등지에서 쓰이는데, '퐃'의 'ㆍ'가 원순자음 'ㅍ' 아래에서 원순모음화(ㆍ〉ㅗ)를 입어 생겨난 방언형이다.

예문에서 '쉬이([süi], [sɥii])'는 '수수'의 방언이다. 이 방언은 평안

도, 함경북도 남부, 함경남도 등 꽤 넓은 지역에서 쓰인다. 현재 함경
도 지역에서는 '시ː'라 한다. 다만, 함경북도 북부 지역에서는 '밥슈끼',
'밥수끼'라 한다. 이 '밥슈끼, 밥수끼'는 모음으로 시작하는 조사와 결
합할 때는 '밥슈'(밥슈끼(주격), 밥슈꾸(대격), 밥슈께(처격))'으로 교
체된다. 그리고 자음으로 시작하는 조사와 결합할 때는 '밥슈'로 교체
된다. 자음으로 시작하는 조사와 결합할 때는 '밥슈끼'로 교체되기도
한다.

# 페럽다

- 표준어 : 이상하다, 괴이쩍다
- 품　사 : 형용사
- 뜻풀이 : 의심스럽거나 알 수 없는 데가 있다.
- 다른 방언형 : 벨랍다, 벨랗다, 벨하다, 페랍다
- 사용 지역 : 함경도

---

감자를 알맞게 쪘다. 그중 먹음직한 것을 골라 베보자기에 싸고 나머지를 뚝배기에 담아서 솥에 넣었다. 베보자기에 싼 것을 다시 무명보자기로 싸서 안고 덜렁덜렁 혼자 산으로 가기가 멋쩍어 만길이를 업으려고 뒷집으로 갔던 것이다. 만길네와 원천댁의 이야기 소리가 토방까지 들렸다.

"배가 몹시 부르다이. 산달이 언젭메?"

"그런데 어마에, **페럽소.**"

"짐작으 못하겠음메? 그럴 수도 있지비."

"그기 없어진 달부터 치믄 이달이 막달이 틀림없는데."

"그럼 됐지, 무시기 **페럽슴?**"

"나는 짐작이 없다이요, 그것이."

"무슨 소릴 합메? 만길애비하구 한자리르 한 기억이 없단 말입메?"

"예—"

"그런 일으 누가 머리에 다 옇어 두간디? 잊업버리는 수도 있읍먼다."

원천댁의 말에는 웃음이 섞여 있었다. 대수롭게 여기지 않는 원천댁이 안타까우면서 만길네도 실상 자신이 없는 애매한 말투였다. 〈이정호, 감비 천불붙이, 안개, 1977. 33〉

---

'페럽다'는 '이상하다, 괴이쩍다'와 비슷한 뜻을 가진 함경도 방언이다. '페럽다'는 또 '성격이나 행동이 괴팍스럽고 이상스럽다'는 뜻이 있

다. '페럽다'와 유의어라 할 수 있는 방언으로 '벨랗다, 벨라다, 벨하다'
가 있다.

위 예문에는 함남 지방에서 쓰이는 종결어미들이 다수 보인다. '부르
다이'의 '-다이'는 본디 '-다니'에서 'ㄴ'이 탈락한 어미로, 하오할 자리
에서 화자가 듣거나 보거나 경험하여 알고 있는 사실을 확인해서 일러
줄 때 쓰이는 종결어미이다. 함북 북부 지역에서는 '-다니'라 한다.

'-ㅂ메/-습메' 역시 하오할 자리에서 쓰이는 서술형 종결어미이다.
'-지비'는 함남 방언의 대명사처럼 잘 알려진 어미로 하오할 자리에서
쓰이는 종결어미이다. 억양에 따라 서술, 명령, 의문, 청유형으로도 쓰
인다. 표준어 '-지'에 해당하는 종결어미이다. 합쇼할 자리에서는 '-ㅂ
지비/-습지비'를 쓴다.

'-ㅁ/-슴'은 하오할 자리에서 서술이나 의문을 나타내는 종결어미이
다. 보통 친근한 사이에서 쓰인다.

'-ㅂ먼다/-습먼다'는 주로 3인칭 주어를 가지는 문장의 술어에 쓰이
며, 청자에게 어떤 사실을 전달하는 뜻을 지닌다. 자음으로 끝난 어간
뒤에는 '-습먼다'가 결합하므로 예문의 '있읍먼다'는 원래 '있습먼다'로
표기되었어야 했다. ⇒ㅂ꼬망.

'어마에'는 '어마이('어머니'의 방언)'를 부르는 말이다. 함경도 지방
에서는 친족을 부를 때 그 친족을 나타내는 명사 뒤에 '-에'를 붙인다.
아바네!(←아바니＋에, 할아버지!), 아즈마네!(←아즈마니＋에, 아주머
니!). ⇒자리우다.

357

# 풍채

- 표준어 : 풍구
- 품   사 : 명사
- 뜻풀이 : 곡물에 섞인 쭉정이, 겨, 먼지 따위를 날려서 제거하는 농기구. 한쪽에
  큰 바람구멍이 있고, 큰 북 모양의 통 내부에 있는 여러 개의 넓은 깃이
  달린 바퀴를 돌려서 낟알과 잡물을 가려낸다.
- 다른 방언형 : 풍기, 풍선, 풍션, 풍석, 풍셕
- 사용 지역 : 함경도

머리에 프로펠러가,/연자간 **풍채**보다/더—빨리 돈다.//땅에서 오를 때보다/하늘에 높이 떠서는/빠르지 못하다/숨결이 찬 모양이야.//비행기는—/새처럼 나래를/펄럭거리지 못한다/그리고 늘—/소리를 지른다./숨이 찬가 봐.
〈윤동주, 비행기, 정본 윤동주 전집, 2004, 48〉

곡식에 섞인 쭉정이나 겨 등을 바람으로 날려서 제거하는 농기구를 '풍구'라 하는데, 위 '풍채'는 '풍구'의 방언이다. '풍차(風車)'에, 명사에 붙는 '이'가 결합하여 '풍채'가 된 것이다.

풍구는 여러 가지 형태가 있다. 하나는, 널판으로 짜서 만드는데 안에는 바람을 일으킬 수 있는 팔랑개비 모양의 날개가 있고 위에는 곡식을 넣는 구멍이 있다. 손잡이가 있어서 이 손잡이를 돌려 바람을 일으킨다. 이것을 함북 지방에서는 '풍셕, 풍석, 풍션, 풍선'이라 한다. 다른 하나는 '풍차(風車)' 모양으로 생긴 기구로, 사람이 서서 돌리면 여러 개의 날개가 돌아가며 바람을 일으킨다. 그 바람 앞에서 탈곡한 알곡을 내리면 쭉정이, 겨, 먼지 따위가 날아가 제거된다. 위 시에 나오는 '풍채'는 연자방앗간에서 쓰는 것이니 전자일 것으로 생각된다.

‘연자간 풍채’에서 ‘연자간’은 ‘연자방앗간’을 말하는데, 함경도 지방에서는 흔히 ‘석맷간’ 또는 ‘셕맷간’이라 한다. ‘나래’는 날개의 방언으로 함경도 지방을 비롯 여러 지역에서 쓰인다. 북한의 문화어이다.

ㄱ
ㄴ
ㄷ
ㄹ
ㅁ
ㅂ
ㅅ
ㅇ
ㅈ
ㅊ
ㅋ
ㅌ
ㅍ
ㅎ

# 필악

- 표준어 : 악다구니
- 품  사 : 명사
- 뜻풀이 : 기를 써서 다투며 욕설을 하는 것.
- 다른 방언형 : 아가리질, 악새질, 악다귀질
- 사용 지역 : 함경남도

> 원천댁의 불호령이 떨어졌다.
> "네레놓지 못하겠니?"
> "어쩌서 그러오? 만날 업구서 일으 했는데 오늘따라 어쩌서 그러오?"
> "업어두 좋게 업으믄사. 팔굽질으 아이하는가, 썩어지라고 **필악**으 아이하
> 는가. 어서 네레 놓아라." 〈이정호, 뚜깔리, 늪과 바람, 1989, 225〉

'필악'은 필사적으로 대들며 악을 쓰고 욕설을 퍼붓는다는 뜻이다. '팔굽질'은 '팔꿈치로 치거나 찌르는 짓'이라는 뜻을 지닌 명사로, 북한의 문화어이다. '썩어지다'는 욕으로 하는 말이다. 예: 썩어질 놈!

# 하늑이다

- 표준어 : 하느작이다
- 품   사 : 동사
- 뜻풀이 : 물결 따위가 가볍게 움직이다.
- 사용 지역 : 평안도

문기슭에 바다해ㅅ자를 까꾸로 붙인집/산듯한 청삿자리 우에서 찌륵찌륵/
우는 전복회를 먹어 한녀름을 보낸다//이렇게 한녀름을 보내면서 나는 **하늑**
**이는**/물살에 나이금이 느는 꽃조개와함께/허리도리가 굵어가는 한사람을 연
연해 한다. 〈백석, 三湖(물닭의 소리1), 朝光4-10, 1938.10.〉

'하늑이다'는 위 시에서도 볼 수 있듯 '물결 따위가 가볍게 움직이다'
의 뜻을 갖는 평안도 방언이다. '하늑'은 표준어에서도 '하느작이다'의
어근 '하느작'의 준말로 쓰인다. '하느작'은 '나뭇가지나 천 따위의 가늘
고 긴 물체가 가볍게 흔들리는 모양', '물건 따위가 나슨하게 된 모양',
'물결 따위가 가볍게 한 번 움직이는 모양'을 뜻하는 부사이다.

# 한길갓치

---

- 표준어 : 한결같이
- 품 사 : 부사
- 뜻풀이 : 처음부터 끝까지 변함없이 꼭 같이.
- 사용 지역 : 평안북도

---

> 어버이님네들이 외오는말이/"딸과 아들을 기르기는/홋길을 보쟈는 心誠이로라."/그러하다, 分明히 그네들도/두 어버이틈에서 생겻서라./그러나 그 무엇이냐, 우리 사람!/손 드러 가르치든 먼 훗날에/그네들이 쏘다시 자라커서/**한길갓치** 외오는 말이/"홋길을 두고 가쟈는 心誠으로/아들 딸을 늙도록 기르노라." 〈김소월, 훗길, 진달내숫, 1925, 115〉

'한길갓치'는 평안도 방언이 아니고 소월 자신의 개인어이다. 평안도 방언에서는 구개음화가 이루어지지 않기 때문에 '같이'는 '갓치'가 될 수 없다.

'한결같이'의 중세국어형은 '호굴ᄋ티(〈호굴ᄀ티)'인데 16세기 이후 근대국어 단계에는 '호굴ᄀ티, 호굴ᄎ티' 등으로 표기되어 나타난다. 이 '호굴ᄀ티'가 중앙어에서는, '결'(=나무, 돌, 살갗 따위에서 조직의 굳고 무른 부분이 모여 일정하게 켜를 지어 생긴 무늬)에 유추되어 '한결같이'로 변화하였고 현재 표준어가 되었다. 표준어 사정이 이루어지기 전이기 때문에 소월은 이 단어가 지닌 의미 즉, '처음부터 끝까지 변함없이'라는 뜻을 '길[道]'에 의탁하여 '한길갓치'라 한 것이다. 다시 말하면, '처음부터 끝까지 곧게 뻗어난 길'이란 의미에 이끌려 '한길갓치'라 한 것이다. 이는 이 시의 제목 '훗길'과도 자연스럽게 어울릴 수 있다.

한편, '외오다'는 표준어 '외우다'와는 뜻이 좀 다르다. 북부의 평안도와 함경도 지방에서는 주로 '마음속에 새겨 두고 자꾸 되풀이하여 말하다' 또는 '입버릇처럼 늘 말하다'라는 뜻으로 쓰인다. 예: 우리 선생'으 끄냥 외웁'꾸마(우리가 선생을 잊지 못하여 마냥 선생님에 대하여 말합니다).

# 한께

- 표준어 : 함께
- 품   사 : 부사
- 뜻풀이 : 한꺼번에 같이. 또는 서로 더불어.
- 다른 방언형 : 항께
- 사용 지역 : 평안도, 함경남도

---

　　교실에서 운동장으로 오는길에, 손대봉이가 한반 학도 두서넛과 삼송정쪽에서 내려오는 것과 맞내었다. 그들은 한시간전에 공부를 끝마추고 산에서 시간을 기다리다가, 연합체조 연습에 참가하기 위하여 지금 운동장으로 내려오는 길이다. 형걸이를 보드니 대봉이는 두어발자국 뛰엄을 뛰듯하여 그의 옆으로 오면서,

　　"갈때에 쟁고구경 한께가자."

하고 형걸이의 등에 손을 얹듯한다. 형걸네 큰집, 알기쉽게말하면 박참봉네 거릿집 행길 건너집은 이칠성이네 집이다. 그가 평양서 몇일전에 자행거(自行車)를 사왔다는 것은, 이고을안에 하룻동안도 않 걸려서 쫙 소문이 퍼졌다.

〈金南天 大河, 1939, 151〉

---

　'한께'는 '함께'의 방언으로 평안도 외에 함남, 경남, 전남 등 넓은 지역에서 쓰인다.

　'함께'의 중세국어형은 '훈쁴'로, 둘째 음절의 자음군 'ㅽ'의 첫 자음 'ㅂ'에 의해 첫 음절 '훈'의 끝소리 'ㄴ'이 자음동화를 입어 'ㅁ'이 된 것이 '함께'이다. 국어에서는 'ㄴ'과 'ㅂ'이 어울리면, 선비→[섬비], 신부→[심부]처럼 'ㄴ'이 'ㅁ'으로 변한다. '한께'는 이 자음동화를 겪지 않은 방언형이다.

# 한불

- 표준어 : 대응 표준어 없음
- 품    사 : 부사
- 뜻풀이 : 무엇이 일정한 범위의 공간에 쭉 널려 있는 모양.
- 사용 지역 : 평안북도

---

七星고기라는 고기의 쩜벙쩜벙 뛰노는 소리가/쩻쩻하니 들려오는 湖水까지는/들죽이 **한불** 새까마니 익어가는 망연한 벌판을 지나가야 한다. 〈백석, 咸南道安, 文章1-9, 1939.10.〉

---

위 '한불'은 '혼 불〔一件〕'에서 변화한 말이다. '혼불'의 '불'은 중부 방언에서는 대체로 '벌'로 변화하였다. 그러나 함경도와 평안북도 일부 지방에서는 'ㆍ〉ㅗ' 원순모음화를 겪어 '볼'로 변화하였다. 평북 방언에는 '봃다(빻다, 북한의 문화어)'라는 말이 있는데 이도 역시 'ㅂㅅ다〔碎〕'가 원순모음화를 입어 변화한 말이다. 따라서 '한불'의 '불'은 '볼'에서 변화하였음을 알 수 있다(한볼〉한불, 비어두 위치에서 'ㅗ〉ㅜ' 변화). 백석의 〈七月백중〉에도 "마을에서는 세불 김을 다 매고 들에서"(마을에서는 세 벌 김을 다 매고 들에서)라 하여 '불'이 쓰인 예가 있다.

이 '한불'이 부사로 굳어져 한 단어처럼 쓰이게 되면서 '일건으로'(=한가지로), '일색으로' 또는 부사 '쪽, 쭉(무엇이 고르게 늘어서거나 가지런히 벌여 있는 모양)'과 비슷한 의미를 갖게 된 것이다. ≪조선말대사전≫에는 '한벌'이란 부사가 표제어로 올라 있는데 '일정한 범위의 공간에 사람이나 물건 따위가 쭉 널려 있는 모양'으로 뜻풀이 해 놓았다. 이승원(2008)에서도 위 사전의 뜻풀이를 참고하여 '한벌'을 '한꺼번에'로 풀이하였다.

백석의 시에는 '한불'이 여러 차례 등장한다. 그 뜻과 용법을 좀 더 분명히 살피기 위해 '한불'이 쓰인 예를 아래에 소개한다.


　① 노란싸리닢이한불깔린토방에 햇츱방석을깔고(노란 싸릿잎이 쪽 깔린 토방에 올해 자란 칡으로 짠 방석을 깔고, 〈여우난곬〉)
　② 울밖 늙은들매낡에 튀튀새 한불앉었다(울 밖의 늙은 들메나무에 티티새가 쪽 앉았다, 〈黃日〉)
　③ 풀밭에는 어느새 하이얀 대림질감들이 한불 널리고(풀밭에는 어느새 하얀 다림질감이 쪽 널리고, 〈박각시 오는 저녁〉)
　④ 동해여 아마 이것은 그대의 바윗등에 모래장변에 날미역이 한불 널린 탓인가 본데 미역 널린 곳엔 방게가 어성기는가(동해여, 아마 이 것은 그대의 바윗등에 모래장변에 날미역이 쭉 널린 탓인가 본데 미역 이 널린 곳엔 방게가 이리저리 자꾸 기어다니는가. 〈東海〉)


위 문장의 문형(文型)은 '명사(-이/가), 어떤 공간에 쭉(쪽), 동사(어찌하다)'로 집약된다. 다시 말하면 '무엇(이), 어디(에, 에서), 쭉(쪽) ~하다'가 된다. 따라서 '한불'을 '한결같이'나 '한꺼번에'로 풀이하는 것은 적절하다고 하기 어렵다. '한꺼번에'는 어떤 동작이 동시에 이루어진다는 뜻을 지니기 때문에 동작의 결과나 그 상태를 나타내는 '한불'과는 의미 차이를 보이기 때문이다. 따라서 '들죽이 한불 새까마니 익어가는 벌판'은 '들쭉이 벌판에서 쭉 새카맣게 익어가는'이란 뜻으로 풀이되어야 한다. 새까마니는 '새까맣+니'로 분석된다. '-니'는 표준어로 말하면 부사형 어미 '-게'에 대응되는 어미로 북부 방언과 전라도 방언에서 두루 쓰인다.

예 ②에 나오는 '들매낡에'는 '들메나무-에'를 평안도 방언으로 적은 것이다. 잘 알려진 바와 같이 중세국어 단계에서는, '나모'가 모음으로 시작하는 조사 앞에서는 '낡'으로 교체되고 자음으로 시작하는 조사 앞에서는 '나모'로 교체되었다. 이러한 특이한 곡용은 지금도 평안도 북부 지방과 함경도 지방에 그대로 남아 있다.

예 ④에 나오는 '어성기다'는 평안도 및 강원도 일부 지역에서 쓰이는 '어성어성하다, 어성거리다'와 관련될 듯하다. '어성거리다'는 '서성거리다'와 비슷한 뜻을 지닌 말이다. 따라서 '어성기다'는 '게가 이리저리로 기어가다'라는 뜻을 지닌 동사가 된다. '어성거리다, 어성어성하다, 어성기다'는 '벌렁거리다, 벌렁벌렁하다, 벌렁 (눕다)'와 평행한 조어법을 보여 준다고 할 수 있다. 다만, '어성'이 단순히 단어 형성에만 참여하는 어근적 단어인지 '벌렁'처럼 하나의 단어로 쓰일 수 있는 것인지는 확인하기 어렵다. 일반적으로 '-거리다'와 결합하는 의태성 어근은 독자적으로 쓰이지 않는다('웅성거리다'의 '웅성', '꿈틀거리다'의 '꿈틀' 등). 첩어를 구성하는 경우에만 독자적으로 쓰일 수 있다('웅성웅성', '꿈틀꿈틀' 등). 평안도 방언 화자는 이 '어성기다'를 '어성 기다'로 분석하고 이해한다.

# 한아방이

- 표준어 : 할아버지
- 품  사 : 명사
- 뜻풀이 : 아버지의 아버지.
- 다른 방언형 : 한아바이, 아바이
- 사용 지역 : 함경남도

"**한아방이** 어떻게 돌아갔는지 압메?" 〈안수길, 북간도, 1995, 59〉

　함경도 및 평안도의 친족명칭은 중부 방언의 친족명칭과 큰 차이를 보인다. 대체로 부계친과 모계친의 구별이 없으며, 순수 고유어로 된 친족명칭이 많이 쓰인다. 함경남도의 중부 지역에서는 '할아버지'를 '아바이'(〈아바니)라고 하는데, 남부 지역에서는 할아버지를 '한아방이(〈한+아바니)'라 한다. '한아방이[hanabāi]'는 '아버지'를 뜻하는 '아방이[abāi](〈아바니)'에 접두요소 '한'이 결합한 말이다. 그런데 정작 이 소설의 무대가 되는 두만강 중류의 종성(鐘城), 회령(會寧)에서는 할아버지를 '아바니'라 하며 그 인근 지역에서는 '클아바니, 큰아바니, 한아바니'라 한다. 따라서 '한아방이[hanabāi]'는 작가의 출생지인 함경남도 남부 방언형이 되는 셈이다. 이 지방을 비롯한 함경도 방언(북부의 육진 지역 제외)에서는 'ㅣ' 모음 앞에 'ㄴ'이 있으면 그 'ㄴ'은 앞 모음을 비모음(鼻母音, 콧소리 모음)으로 만들고 자신은 탈락한다. 이 비모음을 달리 적을 방법이 없기 때문에 작가는 '한아방이'라 표기한 것이다.

# 한통치

- 표준어 : 몽둥이
- 품  사 : 명사
- 뜻풀이 : 조금 굵고 기름한 막대기. 주로 사람이나 가축을 때리는 데에 쓴다.
- 사용 지역 : 함경남도

> 해가 지고 어두워지도록 정분인 돌아오지 않았다.
> "큰간나 작은간나, 돌아오기만 해라. **한통치**(몽둥이)에 사뎅이르 분질러
> 놓을 테잉까."
> 부지깽이로 아궁지를 쑤시면서 기승을 부리는 것이었지만 그것은 허세였
> 다. 눈앞이 캄캄하였다. 〈이정호, 뚜깔리, 늪과 바람, 1989, 232〉

일반적으로 함경도 지방에서는 '몽둥이'를 '몽뒤', '몽데'라 하므로 어
원적으로 이들과 전혀 다른 '한통치'는 특이한 방언형이라 할 수 있다.
때문에 작가가 괄호를 두어 '한통치'는 '몽둥이'의 방언이라 하였을 것
이다. 아직은 '한통치'의 어원이나 그 분포 지역을 알기 어렵다.

'간나'는 여자아이를 좀 낮추어 이르는 말이다. '사뎅이'는 '등'의 방
언이다. '사디ː'라 하기도 한다.'

# 해비

- 표준어 : 여우비
- 품  사 : 명사
- 뜻풀이 : 볕이 나 있는 날 잠깐 오다가 그치는 비.
- 다른 방언형 : 햇비
- 사용 지역 : 함경도

아싸처럼 내린다/보슬보슬 **해비**/맞아주자, 다 같이/옥수숫대처럼 크게/닷
자 엿 자 자라게/해님이 웃는다./나 보고 웃는다. 〈윤동주, 해비, 정본 윤동주 전집,
2004, 47〉

'해비'는 '여우비'의 함경도 방언이다. 함북 방언을 구사하는 중국의
조선족 교포나 중앙아시아의 카자흐스탄에 거주하는 고려인은 '햇비'
라 한다.

# 해오리

- 표준어 : 해오라기
- 품　　사 : 명사
- 뜻풀이 : 왜가릿과의 새. 몸의 길이는 56~61cm이고 뚱뚱하며 다리가 짧다. 등
  쪽은 검은색, 배 쪽은 흰색, 날개는 회색이며, 다리는 겨울에는 누런색,
  여름에는 붉은색이다. 4~8월에 2일 간격으로 3~6개의 알을 낳는다.
  물고기, 새우, 개구리, 곤충 따위를 잡아먹으며, 소나무, 삼나무 따위의
  숲 속에서 주로 밤에 활동한다. 여름새로 유라시아, 아프리카에 널리 분
  포하는데 우리나라에는 경기도 이남에 도래한다.
- 다른 방언형 : 해오라기
- 사용 지역 : 함경북도

하늘이 **해오리**의 꿈처럼 푸르러/한 점 구름이 오늘 바다에 떨어지련만/마음에 안개 자욱히 피어오른다 〈이용악, 장마 개인 날, 낡은 집, 1938, 48〉

'해오리'는 '해오라기'의 함북 방언이다. '해오라기'는 '해오리'에 접미
사 '-아기'가 결합되어 형성된 말이다. '메추라기'도 '메초리'에 '-아기'
가 결합된 말인데 함북 방언에서는 '메초리'라 한다. '해오라기'와 '메추
라기'의 단어 형성이 같음을 알 수 있다. 옛 문헌에도 '해오리'가 보인
다. 예: 힝오리 옷밤이 바람가비 비둘기 부헝이 제비 참시 등 물이 좌
우의 나렬ᄒ여(〈삼설기〉 27, 三 08).

# 햄새

- 표준어 : 반찬
- 품  사 : 명사
- 뜻풀이 : 밥에 곁들여 먹는 음식을 통틀어 이르는 말.
- 다른 방언형 : 햄, 채
- 사용 지역 : 함경도

> **"햄새가 맛이 있어서 잘 먹었소꼬망."** 〈안수길, 북간도, 1995, 286〉

'햄새'는 함북 지방에서 일상적으로 널리 쓰이던 말인데 지금은 노년층에서만 근근이 쓰인다. 그냥 '햄'이라고도 한다. '햄새'는 '햄'에 '나물'을 뜻하는 '새'가 붙어서 된 합성어이다. 예: 나무새, 남새. '햄새'와 '햄'은 모두 음장을 가지고 있어 실제로는 '해앰새〔hεεmsέ〕, 해앰〔hεεmí〕'로 발음된다.

# 헤여가다

- 표준어 : 대응 표준어 없음
- 품  사 : 동사
- 뜻풀이 : 팔다리를 움직이며 헤치어가다.
- 사용 지역 : 함경북도

영영 돌아가신 아버지의 외롬이/가슴에 옴츠리고 떠나지 않는 것은 나의 슬픔/몰풀 새이 새이 **헤여가는** 휘황한 꿈에도/나는 두려운 아이 몸소 귀뿌리를 돌린다. 〈이용악, 푸른 한나절, 李庸岳詩全集, 1988, 151〉

'헤여가다'는 동사 '헤다'에 '가다'가 결합한 합성동사이다. '헤여가다'는 '팔다리를 움직이며 헤쳐가다'의 뜻으로 풀이된다.

표준어의 '헤다〔泳〕'는 '헤엄치다'의 뜻을 갖는다. 그러나 위 예문에서는 풀 사이를 헤치고 지나가는 동작을 '헤여가다'로 표현하고 있다. 기원적으로 '헤다'는 본디 '팔다리를 이리저리 움직이다'라는 뜻을 지닌 동사였던 것으로 보이는데, 이것이 '물 위에서 팔다리를 움직이다'라는 뜻으로 굳어진 것으로 생각된다.

# 헤지버리다

---

- 표준어 : 헤집다
- 품　사 : 동사
- 뜻풀이 : ① 긁어 파서 뒤집어 흩다.
　　　　　② 정돈되어 있는 일이나 물건을 이리저리 어지럽게 흩어 놓다.
- 사용 지역 : 함경남도

---

"거기, 아아르 네레 놓아라."
　원천댁은 눈알을 곤곤이 세우고 있었다. 칼끝이 감자에 꽂힌 그대로였다. 가마솥 뚜껑을 훔치던 정분이의 손도 멈추었다.
"네레 놓으믄 감지르 **헤지버레서** 어마이가 일으 못하실기오."
　정분은 곧 손을 움직였다. 더 힘을 주어 싹싹 훔치었다. 원천댁과 눈을 맞춘 것은 순간이었다. 원천댁이 왜 또 심통이 났는가 알 수 없었지만 그것을 생각할 겨를이 없었다. 〈이정호, 뚜깔리, 늪과 바람, 1989, 224〉

　함경도에서는 '닭이 흙으 헤지버린다'와 같이 말하는데, 이 경우의 '헤지버리다'는 '헤집다'의 사전적 의미 즉, '긁어 파서 뒤집어 흩다'와 일치한다.

　그러나 위 예문에서는, '이리저리 어지럽게 흩어 놓다'라는 뜻으로 쓰였다. 위 예문에서는 두 돌이 다 된 어린아이를 내려놓으면, 그 아이가 원천댁이 다듬던 감자에 손을 대서 이리저리 어지럽게 흩어 놓을 것을 염려하는 정분의 말에서 '헤지버리다'가 쓰였다.

# 호둘기

- 표준어 : 대응 표준어 없음
- 품  사 : 명사
- 뜻풀이 : 가볍게 걸쳐 입은 옷. 또는 그런 옷차림.
- 사용 지역 : 평안남도

벌서 구경꾼은 네다섯 모였는데 캄캄하야 똑똑치는 않으나, 세사람중의 두사람은 조곰전에 제집을 나간 외방사람인게 분명하얐다. 한자는 길우에 꺾우러저서 두꺼비처럼 우무럭거리며 신음소리를 울리고있고, 또한자는 **호둘기** 바람인 웬한 청년과 얼러붙어 돌아가고 있다. 〈金南天, 大河, 1939, 312〉

'호둘기'는 위 예문에서의 쓰임을 참고하면 '격식을 갖추지 않고 가볍게 입는 옷이나 옷차림'을 뜻하는 말로 보인다. 김남천의 〈대하〉에서 자주 쓰였다.

예문 속의 '웬하다'는 '어리석고 미련하다'는 뜻을 지닌 방언이다.

# 홀

- 표준어 : 문득, 갑자기
- 품  사 : 부사
- 뜻풀이 : ① 어떤 행위가 갑자기 이루어지는 모양.
   ② 놓여 있던 작은 것이 가볍게 떠올라 사라져 버리는 모양.
   ③ 새가 갑자기 날아가 버리는 모양.
- 사용 지역 : 함경도

—닭은 나래가 커두/왜, 날잖나요/—아마 두엄 파기에/**홀**, 잊었나 봐. 〈윤동주, 닭2, 정본 윤동주 전집, 2004, 59〉

'홀'은 함경도 사람들의 일상적인 구어에 자주 들을 수 있는 다의어(多義語)이다. 위 '뜻풀이'에서 제시한 뜻 외에 몇 가지 뜻을 더 보이면 다음과 같다.

① 쥐었거나 잡았던 것이 갑자기 그 상태를 벗어나는 모양.
② 동작이나 행동을 단번에 가볍게 하거나 쉽고 능란하게 하는 모양.
③ 아무 생각이 없이 그냥.
④ 주저하거나 아까워하지 아니하고 결단성 있게 행동하는 모양.

위 시에서는 '문득'이라는 뜻으로 즉, '어떤 행위가 갑자기 이루어지는 모양' 정도의 뜻으로 해석하는 것이 자연스럽다.

376

# 흐리우다

- 표준어 : 흐리다, 숨기다
- 품　사 : 동사
- 뜻풀이 : ① 잡것을 섞어서 맑지 아니하게 하다.
　　　　　② 어떤 사실이나 행동, 생각 따위를 남들이 알지 못하게 감추다.
- 다른 방언형 : 흐리다
- 사용 지역 : 함경도, 평안북도

나는 세계관, 인생관, 이런 좀더 큰 문제보다 바람과 구름과 햇빛과 나무와 우정, 이런 것들에 더 많이 괴로워해왔는지도 모르겠습니다. 단지 이 말이 나의 역설이나, 나 자신을 **흐리우는** 데 지날 뿐일까요. 〈윤동주, 화원에꽃이핀다, 정본 윤동주 전집, 2004, 155〉

　표준어 '숨기다'와 가까운 뜻을 지닌 동사이다. '흐리다'의 어기 '흐리-'에 사동 접미사 '-우-'가 결합한 것이다. 원래의 의미는 '잡것을 섞어서 맑지 아니하게 하다'이지만, 위 시에서는 그 의미가 확장되어 '남들이 자신의 생각을 알지 못하게 감추다'의 뜻으로 쓰였다.

### ▶ 문법 형태

383

**ㅇ**

387

## 인용 작품집 목록

### 김남천

≪大河≫, 1938, 人文社(≪한국소설문학자료집≫ 1, 영인본).
채호석 편(1995), ≪전환기와 작가(외): 김남천 편≫, 범우사.

### 김소월

오하근 편(1995), ≪원본 김소월전집≫, 집문당.
김용직 편(1996), ≪김소월 전집≫, 서울대학교출판부.

### 백석

≪사슴≫, 1936, 鮮光印刷株式會社.
이동순 편(1987), ≪백석시전집≫, 창작사.
金澤東 편(1990), ≪白石全集≫, 새문사.
김재용 편(1997), ≪백석전집≫, 실천문학사.

### 안수길

<북간도>, ≪思想界≫, 1959-1967(≪한국소설문학대계≫ 28, 1995).

### 윤동주

홍장학(2004), ≪정본 윤동주 전집≫, 문학과지성사.

### 이용악

≪分水嶺≫, 東京: 三文社, 1937.
≪낡은 집 -李庸岳 第二詩集≫, 東京: 三文社, 1938.
≪오랑캐꽃 -李庸岳詩集≫, 雅文閣, 1947.
≪李庸岳集≫, 同志社, 1949.

尹永川 편(1988), ≪李庸岳詩全集≫, 創作과 批評社.

## 이정호

≪안개≫, 創作과 批評社, 1977.
≪늪과 바람≫(이정호 창작집), 청사, 1989.

## 황순원

<목넘이 마을의 개>, ≪개벽≫, 1948(文學과 知性社, 1980).
≪黃順元文學全集≫, 三中堂, 1973.

곽충구(1993), <함경도 방언의 친족명칭과 그 지리적 분화>, ≪진단학보≫ 76.

곽충구(1996), <이용악 시의 시어에 나타난 방언과 문법의식>, ≪문학과 언어의 만남≫, 신구문화사. [이기문 외(2001) 편, ≪문학과 방언≫, 2001, 역락]

곽충구(1998), <동북·서북방언>, ≪문법 연구와 자료≫(이익섭 선생 회갑기념논총), 태학사.

곽충구(1998), <육진방언의 어휘>, 심재기 편: ≪국어 어휘의 기반과 역사≫, 태학사.

곽충구(2007), <방언의 사전적 수용>, ≪국어국문학≫ 147, 국어국문학회.

국립국어연구원(1999), ≪표준국어대사전≫, 동아출판사.

권영민(1998), <'사뿐히 즈려밟고 가시옵소서'의 의미>, ≪새국어생활≫ 8-4, 국립국어연구원.

김영배(1987), <白石 詩의 방언에 대하여>, ≪한실이상보박사회갑기념논총≫.

김영배(1997), ≪증보 평안방언연구≫, 태학사.

김용직(1996), <방언과 한국문학—문학 작품에 나타난 방언의 문제—>, ≪새국어생활≫ 6-1, 국립국어연구원. [이기문 외(2001) 편, ≪문학과 방언≫, 2001, 역락]

김용직(2001), ≪김소월전집≫, 서울대학교출판부.

김이협(1981), ≪평북방언사전≫, 한국정신문화연구원 어문연구실.

김태균(1986), ≪함북방언사전≫, 경기대출판부.

박경래(2009), <새로 발굴한 방언(4)>, ≪방언학≫ 10.

사회과학원(1992), ≪조선말대사전≫, 평양:사회과학출판사.

정원석·서윤환 편(2010), ≪함흥지방 방언집≫, 한국 어린이 문화 연구소

안명철(1999), <'벗나무'와 '봇나무'>, ≪인문연구≫ 30(인하대 인문과학연구소).

안병희(1998), <시(詩)의 올바른 해석을 위하여 - '오라비(娚)'를 예증으로>, ≪한글사랑≫ 9(가을호).

윤영천(1988), <이용악시전집—부·산문>, 창작과비평사.

이기갑(2003), ≪국어 방언 문법≫, 태학사.

이기문(1982), <소월시의 언어에 대하여>, ≪백영 정병욱 선생 화갑 기념논총≫, 신구문화사. [이기문 외(2001) 편, ≪문학과 방언≫, 2001, 역락]

이기문(1998), <후추와 고추>, ≪새국어생활≫ 8·4. 국립국어연구원.

이동순(1987), ≪백석시전집≫, 창작사.

이상규(2005), ≪위반의 주술, 시와 방언≫, 경북대학교 출판부.

이숭원(2008), ≪백석을 만나다(백석 시 전편 해설)≫, 태학사.
이태영(2004), <문학 작품에 나타난 방언의 기능>, ≪어문론총≫ 41.
전정구(2007), ≪김정식 작품 연구≫, 소명출판.

## 저자 약력

### 곽충구

서울대학교 사범대학 국어교육과
서울대학교 대학원 국어국문학과 석사, 박사
한국정신문화연구원 방언조사연구원
충북대, 동덕여대 교수 역임
현, 서강대 문학부 국어국문학과 교수

〈저서〉
『함북 육진방언의 음운론』(1994, 태학사)
『한국언어지도집』(2001, 공편, 대한민국 학술원)
『함북 북부지역어 연구』(2002, 공저, 태학사)
『방언학 사전』(2002, 공편, 태학사)
『중국 이주 한민족의 언어와 생활』(2008, 공저, 태학사)
『중앙아시아 이주 한민족의 언어와 생활』(2009, 태학사)


### 박진혁

서강대학교 문학부 국어국문학과 졸업
서강대학교 대학원 국어국문학과 문학 석사, 박사 과정 수료
가톨릭대, 세명대, 안산공대 강사

〈논저〉
『중국 이주 한민족의 언어와 생활』(공저, 2008, 태학사)
「중국 훈춘지역 조선어의 복합어 성조」(서강대 석사 학위 논문)
「원 함북 경흥지역어 'N하다', 'N을 하다'의 성조와 'N하다' 구성의 형태론적 해석」(2008, 어문연구, 36-4, 한국어문교육연구회)

국립국어원 문학 속의 방언 총서 05

**문학 속의 북한 방언**

초판 인쇄   2010년 11월 12일
초판 발행   2010년 11월 22일

지 은 이   곽충구 · 박진혁
펴 낸 이   최종숙
펴 낸 곳   글누림출판사 / 서울 서초구 반포4동 577-25 문창빌딩 2층
전    화   02-3409-2055 FAX 02-3409-2059
홈페이지   http://www.geulnurim.co.kr
이 메 일   nurim3888@hanmail.net
등    록   2005년 10월 5일 제303-2005-000038호

정    가   27,000원

I S B N   978-89-6327-073-9  94710
          978-89-6327-068-5 (전5권)